自然金

自然银

自然铜

自然铂

自然铋

自然硫

金刚石

石墨

辉铜矿

铜蓝

黄铜矿

斑铜矿

黝铜矿

方铅矿

车轮矿

闪锌矿

辉银矿

淡红银矿

方钴矿

辉钼矿

辉铋矿

辉锑矿

辰砂

毒砂

雌黄

雄黄

黄铁矿

萤石

冰晶石

石盐

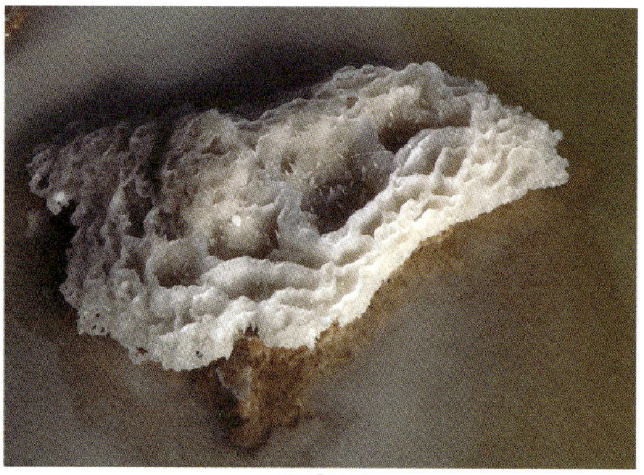
光卤石

赤铜矿

刚玉

赤铁矿

金红石

锡石

软锰矿

石英

紫水晶

玛瑙

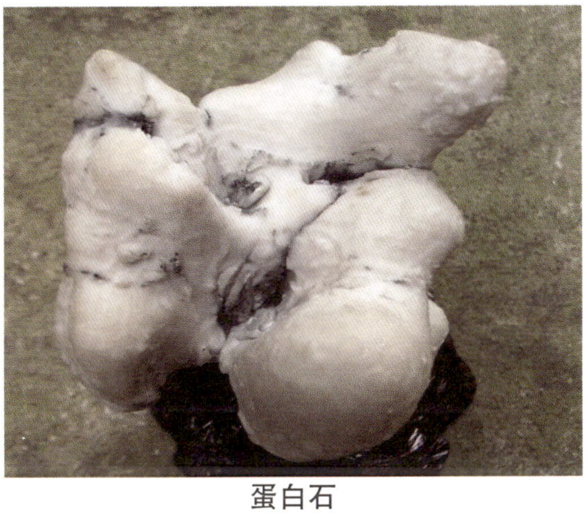

蛋白石

钛铁矿

尖晶石

金绿宝石

铬铁矿

磁铁矿

烧绿石

水镁石

铝土矿

硬锰矿

橄榄石

似晶石

石榴子石

锆石

榍石

蓝晶石

红柱石

黄玉

十字石

符山石

黝帘石

绿帘石

褐帘石

电气石

绿柱石

普通辉石

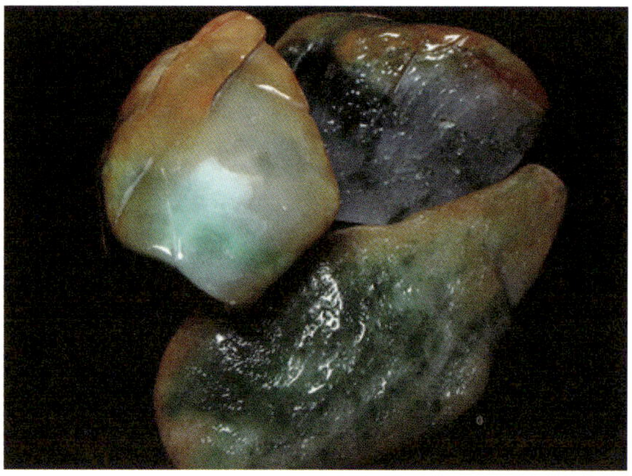

硬玉

软玉

普通角闪石

滑石

叶腊石

蛇纹石

硅孔雀石

白铅矿

云母

绿泥石

蛭石

海绿石

鱼眼石

葡萄石

钾长石

天河石

斜长石

白榴石

霞石

方钠石

香花石

方柱石

钙沸石

浊沸石

硼镁石

独居石

磷灰石

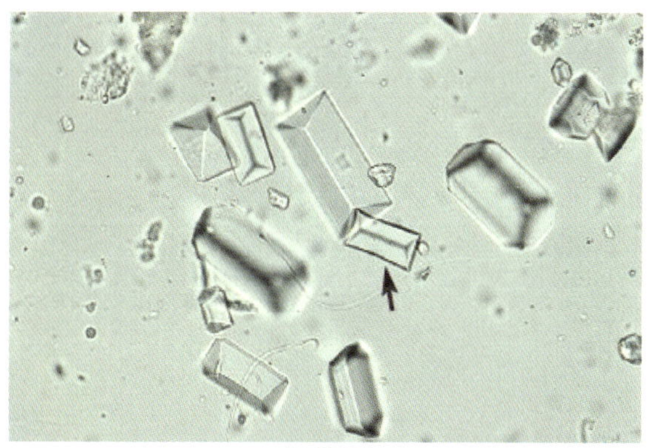
鸟粪石

绿松石

白钨矿

黑钨矿

重晶石

天青石

透石膏

纤维石膏

刑 事 侦 查 实 用 百 科 丛 书

XINGSHI ZHENCHA SHIYONG BAIKE CONGSHU

刑事侦查与岩石矿物

XINGSHI ZHENCHA YU YANSHIKUANGWU

总 主 编　杨玉章

本册主编　王清利

群　众　出　版　社

河南科学技术出版社

图书在版编目（CIP）数据

刑事侦查与岩石矿物 / 王清利主编. —郑州：河南科学技术出版社，2019.6
（刑事侦查实用百科丛书 / 杨玉章总主编）
ISBN 978-7-5349-8226-2

Ⅰ. ①刑… Ⅱ. ①王… Ⅲ. ①岩矿分析-刑事侦查 Ⅳ. ①D918②P585

中国版本图书馆 CIP 数据核字（2016）第 146287 号

出版发行：群众出版社　　地址：北京市丰台区方庄芳星园三区 15 号楼
邮编：100078　　电话：（010）83903254
河南科学技术出版社　　地址：郑州市郑东新区祥盛街 27 号
邮编：450016　　电话：（0371）65737028　65788139
策划编辑：李肖胜　曲　先
责任编辑：曲　先
责任校对：丁秀荣
封面设计：张　伟
版式设计：栾亚平
责任印制：张艳芳
印　　刷：河南日报报业集团有限公司彩印厂
经　　销：政法系统内部发行
开　　本：889mm×1194mm　1/16　　印张：13.25　　字数：450 千字
版　　次：2019 年 6 月第 1 版　　2019 年 6 月第 1 次印刷
定　　价：98.00 元

"刑事侦查实用百科丛书"编委会

《刑事侦查与岩石矿物》编写人员

主　　编　王清利

副 主 编　华亚伟　马亚鹏　马明友

编　　者　冯燕鹏　郭千一　张亚萍　张小杰

黄　坤　吕　航　罗　莉　王甜甜

曹培培　朱东鹏

总序言

目前，全国政法系统正在深入学习贯彻习近平新时代中国特色社会主义思想，扎实推进新时代平安中国建设、法治中国建设、政法队伍建设，为决胜全面建成小康社会、夺取新时代中国特色社会主义伟大胜利创造安全稳定的社会环境、公正规范的法治环境、优质高效的服务环境。新时代需要新担当、新作为，培养一支"信念过硬、政治过硬、责任过硬、能力过硬和作风过硬"的政法队伍，造就一支"对党忠诚、服务人民、执法公正、纪律严明"的公安队伍成为当务之急。

近些年来，以审判为中心的诉讼制度改革不断深入，错案终身追究制度及与之相关的配套制度逐步确立，特别是《中华人民共和国刑事诉讼法》（2012年修正）确立的一系列诉讼原则和证据制度，进一步强化了对犯罪嫌疑人人权的保障，扩大了律师在侦查阶段的诉讼职能，规范和约束了侦查权的行使，提高了审判证明的标准，尤其是明确规定了证据确实、充分必须符合的具体条件。这一切都体现出我国法治的进步，同时也对侦查办案质量提出了新的、更高的要求，侦查过程中侦查人员必须坚持以证据为中心，全面取证，规范取证，以确实、充分和具有排他性的证据体系有效支持诉讼的顺利推进。

在实际案件侦破工作中，随着信息技术的不断发展及其在侦查工作中的全面运用，一些侦查员过分依赖视频侦查、技术侦查、网安侦查这三种新的侦查手段，此所谓新"三板斧"。这种现象导致侦查员对现场物证的全面发现提取和对犯罪行为人主观行为动机的系统分析趋于弱化，对微量物证的提取和检验的重视程度弱化，对运用多学科、多专业专门知识综合分析、研究、鉴定现场物证的意识弱化，一些行之有效的传统侦查方式方法被日益边缘化。

毋庸置疑，在信息化社会、大数据时代，信息技术日益成为侦查的主导技术，电子证据成为侦查的重要证据类型，但犯罪证据多样化的现实情况以及侦查取证需要各个门类科学技术支撑的总体状况并未发生根本性的改变。侦查取证的过程中，面对各种各样的证据，侦查员必须具备各方面的专业知识或者有查询这些知识的能力，而这些知识内容庞杂，可参考的书籍和资料也相当分散。在一些案件的侦查过程中，侦查员经常会因为对一些微量物证的利用价值分析不到位或检验鉴定不到位而丧失很多破案机会。为了有效打击犯罪、保护人民生命及财产安全，为一线刑侦人员办案提供充分的智力支持，2012年，我国知名刑侦专家、河南省公安厅副巡视员杨玉章先生发起并组织了这套"刑事侦查实用百科丛书"（以下简称"丛书"）的编撰工作。

"丛书"共26卷，首批出版的12卷基本涵盖了刑事侦查工作日常涉及的专业领域，包括《刑事侦查与行为证据》《刑事侦查与痕迹》《刑事侦查与有毒物品》《刑事侦查与植物》《刑事侦查与动物》《刑事侦查与昆虫》《刑事侦查与地理》《刑事侦查与土壤》《刑事侦查与水文》《刑事侦查与塑料制品》《刑事侦查与岩石矿物》《刑事侦查与纺织品》。为了高质量地完成该丛书的编撰工作，本书成立了编委会，杨玉章同志任丛书总主编，各卷设立了主编。自2012年编撰伊始至成书，编委会多次召开不同形式的论证会和研讨会，对编撰工作进行了有效的组织领导和质量审核。“丛书”在编撰过程中得到了中国科学院、北京自然博物馆、河南省公安厅、郑州市公安局、河南大学、郑州大学等20多家合作单位近300名专家和学者的鼎力支持，“丛书”是相关专业领域专家学者集体智慧的结晶，更是我国当代刑事侦查交叉学科研究水平的集中展示。

在“丛书”编撰过程中，各卷作者始终围绕三条主线进行编撰：一是注重侦查导向，即各卷所述知识始终围绕服务刑侦破案这一核心，注重对认定案件性质、划定案件范围、刻画犯罪行为人脸谱等工作提供专业知识支撑；二是注重与人关联，即各卷所写知识内容必须与人相关，经常出现、运用在五行八作、三教九流的正常人类生产活动之中；三是注重时空维度，即各卷内容注重揭示、阐明相关事实、现象与特定时间节点、空间分布（经纬度）之间本质的、必然的、普遍的、稳定的固有联系。这三条主线贯穿各卷始终。“丛书”涉及20余门学科，共计600余万字、2000余张图片，图文并茂，理论联系实战，是对与刑事侦查工作关联紧密的多种学科资源的系统整合，学科门类齐全，知识架构完整。“丛书”的编撰是一项具有鲜明侦查专业特色的重大跨学科工程，在一定程度上填补了国内侦查应用研究的空白，具有独特的学术价值和实用价值。“丛书”既可作为广大刑事侦查人员的业务工具书，也可作为公安院校广大师生的教学参考用书。

“丛书”在编写过程中引用了很多经典的实战案例，作为相关学科和专业知识在实战中应用的范例，力图使读者在使用“丛书”时能获得鲜明、生动、直观的阅读体验。

“丛书”内容浩繁，编写队伍庞大，因编者水平有限，其中知识、文字、图片的疏漏和不足之处在所难免，期望读者不吝指正，待再版时予以完善。

郝宏奎

2018年8月

前　言

刑事侦查涉及方方面面的痕迹物证，其中，部分物证与矿物或岩石有着千丝万缕的联系，有直接的，也有间接的。《刑事侦查与岩石矿物》涵盖了矿物学、岩石学、古生物学及宝玉石学等几方面的内容。

《刑事侦查与岩石矿物》主要包括三部分内容：一是矿物和岩石标本的常用鉴定方法。包括矿物、岩石及宝玉石的鉴定方法。二是矿物和岩石的成分、物理性质及鉴定特征。某些矿物和岩石可能成为刑事案件的直接证据，对于这些物证的准确鉴定对于案件侦破可能起到非常重要的作用。三是宝玉石和某些古生物化石的鉴定方法和评价依据。宝玉石和某些古生物化石具有较大的经济价值，可能成为某些抢劫、盗窃的对象，了解其鉴定方法和评价依据，对于案件侦破也会起到一定的辅助作用。

自然界现已发现的矿物有 3 000 余种，依据与人类生产或生活关系的密切程度对其进行认真筛选，筛选出矿物词条近 400 条，包括单质矿物、硫化物及其类似化合物、卤化物矿物、氧化物及氢氧化物矿物和含氧盐矿物。

自然界中的岩石种类尚无确切之数，本着典型、全面的原则筛选岩石学词条近 400 条，包括岩浆岩、沉积岩和变质岩。

古生物化石是地质时期的生物遗体或遗迹，是自然界留给人类的宝贵财富之一，对于研究生物界乃至地球的演化历史均具有极其重要的意义。一些稀缺化石成为自然博物馆及科研机构收藏研究的重要对象，同时也成为不法商人牟取非法利益的目标。本卷将我国出产的化石精品予以收录，包括古植物化石和古动物化石，约 300 条。

随着经济的迅速发展，宝玉石不再是少数人美化生活的用品，而成为大众消费的重要商品，也是投资的主要目标之一。随着近 20 年来投资、收藏队伍的迅速扩大，宝玉石价格的上涨也达到了近乎疯狂的地步。粗略估算，翡翠价格近 10 年约上涨了 100 倍。正是由于宝玉石成为巨额财富的载体，所以，由此引发的侵财案件呈上升趋势。本卷系统介绍了宝玉石的特性及鉴定评价方法，收录常见玉石和宝石共约 40 条。

《刑事侦查与岩石矿物》由于涉及内容较多，涉及地质学下属的多个二级学科，加之编者水平有限，先前很少涉及刑事侦查，刑事侦查的需求与地质学专业知识的结合可能存在脱节之处，不当之处恳请读者予以批评指正，编者不胜感谢！

编　者

2018 年 6 月

目　录

第二篇 矿物类

第三篇 岩石类

第四篇 宝玉石

第五篇　古生物化石

第一篇　岩石矿物的鉴定及测试分析方法

引　言

本篇共分五章，系统地介绍了岩石矿物标本的常用鉴定方法。第一章介绍了肉眼鉴定岩石矿物手标本的方法。第二章介绍了透射偏光显微镜鉴定透明矿物的方法。第三章介绍了反射偏光显微镜鉴定不透明矿物的方法。第四章介绍了影响矿物的阴极发光的因素及常见矿物的阴极发光特征。由于石英是分布最为广泛，几乎是随处可见矿物，所以对不同成因石英的阴极发光特征进行了重点介绍。第五章介绍了矿物的各种标型特征。本章旨在介绍不同成因、不同产地的同种矿物可能具有不同的标型特征，为确定矿物来源提供一些参考性依据。

第一章　肉眼鉴定岩石矿物手标本的方法

不同的矿物，外表特征和物理性质有所不同，因此，可以用肉眼对矿物进行鉴定。一般可从矿物的外形、光学性质、力学性质等方面来对矿物进行鉴定。

第一节　矿物的形态特征

一、矿物的单体形态

矿物单体在一定外界条件下，总是趋向于形成特定的晶体，称为结晶习性（简称晶习）。如石英晶体呈柱状，云母呈片状，黄铁矿呈立方体，石榴子石呈四角三八面体等。根据矿物晶体在三维空间的发育程度，可将晶习大致分为三类：①一向延伸型，晶体沿一个方向特别发育，其余两个方向发育差，晶体细长，如针状、柱状（辉锑矿、电气石）、纤维状（蛇纹石石棉）等；②二向伸长型，晶体沿两个方向特别发育，第三方向不发育或发育差，呈片状（如云母、石墨）和板状（如重晶石）等；③三向等长型（等轴状），晶体沿三个方向大体相等发育，有等轴状、粒状，如石榴子石、黄铁矿、磁铁矿等。

二、矿物的集合体形态

在自然界中，呈完好的单晶产出的矿物较少，多数是多个单晶成群产出，即成为集合体状态产出。这里所说的矿物集合是指同种矿物的多个单晶聚集在一起的整体。集合体可根据矿物结晶程度大小分为两类。

（一）晶质矿物集合体的形态

1. 显晶质集合形态

用肉眼或放大镜可辨认出矿物颗粒界线的集合体。显晶质集合体形态取决于矿物单体形态和它们的集合方式。如柱状、针状集合体是柱状或针状单体的不规则聚合体；如纤维状集合体是针状单体大致平行密集排列而成，放射状集合体是柱状或针状单体以一点为中心向外呈放射状排列而成；粒状集合体是由三向等长的单体呈不规则聚合而成；又如簇状集合体是由一组具有共同基底，且其中发育最好的晶体与基底近于垂直的单晶体群所组成。

2. 隐晶质集合体形态

隐晶质集合体是用放大镜也看不清单体界线的集合体。按其紧密程度可分为致密块状和疏松土状集合体。

（二）非晶质矿物集合体的形态

非晶质矿物没有一定的晶形，它的颗粒在显微镜下也难以辨认，主要是根据其外表形态或形成方式来分类，常见的有下列几种：

1. 分泌体

在岩石中形状不规则或球状的空洞，被胶体等物质由洞壁向中心逐层沉淀填充而成，其平均直径大于 1cm 的，叫晶腺；小于 1cm 的，叫杏仁体。如玛瑙是 SiO_2 胶体物质在晶腺中周期性扩散所造成的环带。

2. 结核体

是围绕某一核心（砂粒、碎片等）自内向外逐渐生长而成的球状体，内部常为同心状构造，多为胶状成因。直径小于 2mm 的球状结核体大小如鱼卵者，称为鲕状体；直径大如豌豆（2～5mm）者，称为豆状体，如鲕状豆状赤铁矿、鲕状石灰岩等。

3. 钟乳状集合体

是由同一基底逐层向外生长而成，呈圆锥形或圆柱形等形态的矿物集合体。通常由胶体凝聚或溶液蒸发逐渐沉积而成，如石灰岩溶洞中的钟乳石和石笋（均为方解石）等。

4. 葡萄状集合体

葡萄状集合体（外形犹如成串的葡萄），如硬锰矿。

5. 肾状集合体

肾状集合体（外形为半椭球体）。

当非晶质矿物的集合体无一定外形且较致密时称为块状集合体；呈松散粉末状时称为粉末状集合体，如高岭石。

第二节　矿物的物理性质

矿物的物理性质主要由矿物的化学成分和内部构造所决定，不同的矿物具有不同的物理性质。因此，我们运用肉眼和一些简单的工具（小刀、放大镜、瓷棒、磁铁等）和试剂（稀盐酸）对矿物的物理性质进行鉴别，可达到认识、区别矿物的目的。矿物的物理性质包括光学性质、力学性质等，我们着重讨论能够观察到的物理性质。

一、光学性质

矿物的光学性质是指自然光作用于矿物表面之后所发生折射和吸收等一系列光学效应所表现出来的各种性质，包括矿物的颜色、条痕、透明度及光泽等。

（一）颜色

矿物的颜色是矿物对不同波长的自然光吸收后所呈现的颜色。按矿物颜色产生的原因，可分为自色、他色和假色。

1. 自色

是指矿物自身固有的颜色，它与矿物的化学成分和结晶结构有关。自色比较固定，对鉴定矿物有重要意义，如方铅矿的铅灰色。

2. 他色

矿物因含外来带色杂质或气泡等引起的颜色叫他色，如石英，纯净石英为无色，杂质的混入可使石英染成紫色、玫瑰色、烟灰色等。

3. 假色

由于矿物表面氧化等原因产生的颜色叫假色，如方解石、云母等矿物，在其解理面上所见的虹彩的晕色，斑铜矿表面的锖色（蓝紫色斑状）。为了便于比较和统一，矿物颜色的描述常以标准色谱（红、橙、黄、绿、青、蓝、紫、白、灰、黑等色）来说明。当矿物颜色与标准色谱有差异时，可加上适当的形容词，如淡绿色、暗红色、灰白色等。另外，也可依最常见的实物来描述矿物的颜色，如砖红色、草绿色等。具体描述矿物时，下列矿物可作比色矿物：红色——辰砂；白色——方解石；黄色——雌黄；铁黑色——磁铁矿；褐色——褐铁矿；铅灰色——方铅矿；绿色——孔雀石；铜黄色——黄铜矿；蓝色——蓝铜矿；橘红色——雄黄；黑色——黑电气石；金黄色——自然金；钢灰色——镜铁矿。

此外，有些矿物的颜色是介于两种标准色谱之间的，常用二名法来描述，如黄绿色，即矿物以绿色为主稍带黄色。

（二）条痕

矿物的条痕是指矿物粉末的颜色，一般是矿物在未上釉的瓷棒上擦划后所留下的粉末颜色。条痕色可以与矿物颜色一致，也可不一致。由于条痕色消除了假色的干扰，减弱了他色的影响，突出了自色，因而它比矿物颜色更稳定，更具有鉴定意义。如块状赤铁矿，其颜色可以是铁黑色，也可以是红褐色，但条痕都是樱红色。观察条痕时要注意：

（1）要在干净、白色无上釉的瓷棒上进行，试条痕时不要用力过猛，只要留下条痕即可。

（2）硬度大于瓷棒的矿物一般不留下条痕，需研磨成细粉末观察。

（3）浅色矿物的条痕多为浅色、白色，对鉴定矿物意义不大。

（三）光泽

矿物表面反射光波的能力称为矿物的光泽。矿物的光泽按反射光的强弱可分为四级。

1. 金属光泽

矿物反射光能力强，似金属光面（或犹如电镀的金属表面）那样光亮耀眼，如自然金、方铅矿、黄铁矿等。

2. 半金属光泽

矿物反射光能力较弱，似未经磨光的铁器表面，如磁铁矿。

3. 金刚光泽

矿物反射光能力弱，比金属和半金属光泽弱，但强于玻璃光泽，如金刚石、锡石等。

4. 玻璃光泽

矿物反射光能力很弱，如玻璃表面的光泽，如石英（晶体表面上的光泽）、长石等。金刚光泽和玻璃光泽称为非金属光泽。

由于反射光受到矿物的颜色、表面的平坦程度及矿物的集合方式等因素的影响，常出现一些特殊光泽。

（1）油脂光泽：反射光在透明、半透明矿物不平坦断面上散射成油脂状光亮，如石英断面。

（2）树脂光泽：在不平坦断面上呈现如松香等树脂般的光泽，如浅色闪锌矿。

（3）丝绢光泽：纤维状集合体表面所呈现的丝绸状反光，如纤维石膏。

（4）珍珠光泽：矿物平坦断面上呈现的似贝壳内壁一样柔和多彩的光泽，如白云母。

（5）土状光泽：粉末状或土块状集合体的矿物表面暗淡无光像土块那样的光泽，如高岭石。

观察光泽时，要转动标本，注意观察反光最强的矿物的小平面（晶面或解理面），不要求整个标本同时反光都强。

表 1-1　矿物的光泽、颜色、条痕、透明度的相互关系

光泽	颜色	条痕	透明度
金属光泽	金属色或黑色	深色或金属色	不透明
半金属光泽	深色	浅色或彩色为主，有时为深色	半透明
非金属光泽	金刚光泽，浅色或彩色	无色或白色为主，有的为浅色	透明
玻璃光泽	无色或白色	无色或白色	透明

二、力学性质

矿物的力学性质是指矿物受外力作用（刻划、敲打等）后所呈现的性质，如硬度、解理和断口等。

（一）硬度

硬度是指矿物抵抗外来机械作用力（刻划、敲打等）的程度。鉴别矿物的硬度，可以把待测矿物的硬度与某些标准矿物的硬度进行比较，即互相刻划加以确定。摩氏硬度计就是用这种方法确定硬度的：用 10 种矿物互相刻划，按硬度相对大小顺序把矿物硬度分为 10 级，排列在后边的矿物均能刻动前面的矿物。这 10 种标准矿物见表 1-2。

表 1-2 矿物的硬度等级和代表矿物

硬度等级	1	2	3	4	5	6	7	8	9	10
代表矿物	滑石	石膏	方解石	萤石	磷灰石	正长石	石英	黄玉	刚玉	金刚石

在实际工作中，通常采用简单的方法来测试矿物的相对硬度，即把硬度分为三级：①低硬度，硬度小于 2.5，可用指甲刻动；②中等硬度，硬度 2.5~5.5，可用小刀或钢针刻动，手指甲刻不动；③高硬度，硬度大于 5.5，小刀刻不动。矿物的硬度是鉴定矿物的重要物理参数和特征之一。

测试矿物硬度时应注意：①矿物的硬度是指单个晶体的硬度，而纤维状、细分散土状集合体对矿物硬度有影响，难以测定矿物的真实硬度。②受风化影响的矿物，其硬度往往偏低。因此，测试硬度时必须选矿物晶体的新鲜面，而且用力不宜过猛，以避免测试结果不准。

（二）解理和断口

矿物晶体或晶粒受外力作用（如敲打）后，沿一定方向出现一系列相互平行且平坦光滑的破裂面的性质称为解理。矿物的这种破裂光滑平面称为解理面。矿物受外力作用后，在任意方向上呈各种凹凸不平的断面的性质称为断口。解理和断口互为消长关系，即解理发育者，断口不发育，相反，不显解理者，断口发育。矿物的解理按其解理面的完好程度和光滑程度不同，通常划分为四级：

1. 极完全解理

解理面极完好，平坦且极光滑，矿物晶体可劈成薄片，如云母、辉钼矿。

2. 完全解理

矿物晶体容易劈成小的规整的碎块或厚板状，解理面完好，平坦、光滑，如方解石、方铅矿等。

3. 中等解理

破裂面不甚光滑，往往不连续，解理面被断口隔开成阶梯状，如辉石、白钨矿等。

4. 不完全解理

一般难发现解理面，即使偶见到解理面，也是小而粗糙。因此，在破裂面上常见有不平坦断口，如磷灰石、锡石等。有的把无解理者称为极不完全解理，晶体的破裂面完全为断口，如黄铁矿、石榴石等。断口可描述为贝壳状断口（如石英断口）、参差状断口（如黄铁矿、磁铁矿等）。

观察解理和断口时应注意：

（1）解理面是鉴定矿物的一个重要标志，观察解理时，通常先看晶体破裂后是否出现闪光的平面（转动标本时，有无闪光的小平面），就可知有无解理面。然后，再根据解理面的完整程度确定解理的等级。

（2）观察解理时，注意区别晶面和解理面，解理为受力后产生的破裂平面，一般较新鲜，平坦有较强的反光；而矿物的晶面，有的表现出各种花纹或麻点，通常无明亮的反光，其表面显得黝黯。

三、其他物理性质

（一）相对密度

矿物的相对密度是指纯净、均匀的单矿物在空气中（一个标准大气压）的重量与同体积纯水在4℃时的重量之比，相对密度是鉴定和对比矿物的依据，其精确数值要通过专门测试才能确定。通常是用手掂估矿物的轻重，将矿物的相对密度分为三级：

（1）重矿物：相对密度>4，如方铅矿、重晶石等。

（2）中等矿物：相对密度为 2.5~4，如石英、方解石等。

（3）轻矿物：相对密度<2.5，如石墨、云母、自然硫等。

（二）弹性

弹性指矿物受外力作用（在弹性极限内）能发生弯曲形变，当外力取消后仍能恢复原状的性质，如云母。

（三）挠性

挠性指矿物受外力作用能发生弯曲变形，但外力取消后不能恢复原状的性质，如绿泥石。

（四）脆性

脆性指矿物受外力作用后易裂成碎块或粉末的性质，如方铅矿。

（五）磁性

磁性指矿物可被磁场吸引，甚至本身能吸引铁屑的性质。通常用普通磁铁测试，能被磁铁吸引者称为磁性矿物，如磁铁矿。

除了上述物理性质可作为鉴定矿物的特征外，还常用一些简单的化学方法来鉴定矿物的成分，如用冷稀盐酸来测试方解石，可发生化学反应并释放出二氧化碳，产生许多小气泡。

第二章　用透射偏光显微镜鉴定透明矿物的方法

在偏光显微镜下鉴定透明矿物的光学性质主要通过单偏光、正交偏光、锥光三个系统进行。在单偏光镜下主要观察矿物的凸起、晶形、颜色、多色性、吸收性及解理等；正交偏光镜下则主要观察矿物的最高干涉色、消光类型、消光角、延性符号、双晶等，它们是鉴定非均质体矿物的另一些光性特征；锥光镜下主要是确定非均质体矿物的轴性、光性、光轴角和光抽散等，它们对区别某些矿物具有重要意义。上述透明矿物的光学性质和常数是我们对每种矿物进行描述的主要内容，也是编制透明矿物鉴定检索表的基本数据。

第一节　单偏光系统下观察的主要内容

一、矿物的凸起

折射率是透明矿物最基本也是最主要的光学常数，但在薄片中无法直接测出每个矿物的折射率值，而只能借助于直观的凸起初步鉴定。矿物的凸起决定于矿物本身的折射率和树胶折射率之差（加拿大树胶折射率为 1.54）。长期以来。人们习惯将凸起分为 7 个等级（表 1-3），以方便鉴定。

表 1-3　矿物的凸起等级、折射率及代表矿物

凸起等级	折射率范围	主要代表矿物	凸起参考等级
负高或负中	<1.48	蛋白石、萤石	负高
负低	1.48~1.54	钾长石、白榴石、方沸石、钠长石	约为负中
正低	1.54~1.60	石英、中基性斜长石	负低至正低
正中	1.60~1.66	透闪石、电气石、磷灰石	正低至正中
正高	1.66~1.78	辉石、橄榄石、十字石	正中至正高
正极高	>1.78	榍石、锆石	正高至正极高

二、矿物的晶形、解理和裂理

（一）矿物的晶型

薄片中所见到的矿物形态，并不是其完整的晶形，而是矿物某一切面的轮廓；因此要想判断某矿物的晶形，必须观察该矿物的各个切面，综合考虑；如角闪石常见到长方形轮廓，同时也能见到近六边形或菱形轮廓，综合判断后可认为角闪石为长柱状；又如长石常见的是近方形和长方形轮廓，可判断其为板状。

（二）矿物的解理和裂理

在薄片中矿物的解理表现为沿一定结晶方向平行排列的细缝线，即解理缝。裂理（或称裂开、裂纹）是沿双晶面破裂或沿细微包裹体分布的缝线，一般不如解理缝线平直，多数表现弯曲，定向性不明显。

（三）矿物的颜色

矿物的颜色指单偏光镜下白光（七色光组成）透过晶体后呈现的颜色，即未被晶体吸收的部分色光的混合色。如果各色光被矿物等量吸

收，透过矿物后仍为白光则该矿物不显示颜色，称无色矿物。

（四）矿物的多色性和吸收性

对于均质体矿物的非垂直光轴（光轴面）切面而言，当转动物台时若见到颜色有变化称为多色性；若见到颜色深浅有变化称吸收性。这是由于非均质体矿物具有各向异性，对各色光波的选择吸收和吸收程度随振动方向而变化的结果。

第二节　正交偏光系统下观察的主要内容

均质体矿物由于各向同性，所以任何一切面在正交偏光系统下均表现为全消光（转动物台消光不变）。因此，均质体矿物只有在单偏光镜下观察（有些矿物非均质化除外）。对于非均质体矿物，除在单偏光系统下观察外，还需在正交偏光甚至锥光系统下观察，以便将相似的矿物区分开。

一、消光类型及延性符号

（一）消光类型和消光角

消光类型是指矿片处在消光位时，其解理缝（双晶缝）或晶体轮廓等与目镜十字丝（代表上下偏光振动方向）的相互关系。当矿片处于消光位时：

（1）解理（双晶）或晶体轮廓与十字丝之一平行时，称平行消光。

（2）两组解理或晶体轮廓平分十字丝时，称对称消光。

（3）解理或晶体轮廓与十字丝之一斜交时，称斜消光。

（二）延性符号

延性符号指晶体的长方向（如柱状、针状、板状矿物）与光率体长、短半径的关系。当晶体的长方向与光率体长半径（慢光）平行或夹角小于45°时为正延性；当晶体长方向与光率体短半径（快光）平行或夹角小于45°时为负延性。应当注意的是，矿物晶体长方向与慢光方向平行（或夹角小于45°）时，延性可正可负；如果长形矿物消光角为45°时，延性不分正、负。

二、干涉色及双折射率

干涉色（表1-4）是非均质体的非垂直光轴或光轴面的切片，在正交偏光下，当白光不同波长的七色光通过晶体时，由白光干涉而成的。这种干涉结果是光程差起主导作用，即一定的光程差对应一种干涉色。

表1-4　干涉色和双折射率

干涉色级序		干涉色	双折射率范围	代表矿物
一级	底	灰、灰白、黄白	0.002~0.009	磷灰石、长石、绿柱石、石英
	顶	亮黄、橙、紫红	0.010~0.019	紫苏辉石、蓝晶石、重晶石
二级	底	蓝、绿、黄绿	0.020~0.029	矽线石、普通辉石、透闪石
	顶	黄、橙、紫红	0.030~0.037	透辉石、粒硅镁石、橄榄石
三级	底	绿蓝、蓝绿、绿	0.038~0.045	橄榄石、白云母、滑石
	顶	绿黄、猩红、粉红	0.046~0.055	锆石、霓石、黑云母（白云母）
四级	底	紫灰、灰蓝、淡绿	0.020~0.029	矽线石、普通辉石、透闪石
	顶	高级白	>0.066	碳酸盐矿物、榴石、锡石

（一）锥光系统下某些光学数据的确定

在矿物薄片的鉴定中，一般不需使用锥光系统，若必须确定矿物的轴性、光性或光轴角时，可选用适当切面在锥光下确定。

（二）主要透明矿物的简明鉴定

（1）均质体：进一步根据解理-晶形确定。

（2）一轴晶、二轴晶：分别按光性符号-干涉色-晶形进一步确定。

第三章　用反射偏光显微镜鉴定不透明矿物的方法

利用反射偏光显微镜研究金属矿物、矿石的成分和结构、构造，对矿物进行鉴定，并分析其生成顺序和分布规律。

一、研究方法

（1）野外阶段：结合矿床学研究，采集标本、样品，进行编号。

（2）室内阶段：将采集的标本和样品磨制成光片，利用矿相显微镜进行鉴定研究。包括金属矿物的物理性质（反射率、颜色、双反射、反射多色性、偏光性、内反射、硬度）和矿石的内部形态特征、结构构造等。

（3）综合整理，编写报告。

二、研究意义

为研究矿床成因提供重要的依据；指导找矿勘探；指导矿石技术加工。

三、鉴定原理

（一）矿物的反射率与反射色

1. 反射率

矿相显微镜下垂直入射光经矿物光面反射后的反射光强度（I_r）与原入射光强度（I_i）之比。即反射率 $R=I_r/I_i$。反射率是鉴定金属矿物的最重要的光学常数，它表示了矿物对投射于其磨光面上的光线的反射能力，也就是在反光下的明亮程度。

四种反射率标准矿物：黄铁矿（54%）、方铅矿（43%）、黝铜矿（31%）、闪锌矿（17%）。

根据这四种标准矿物可以得到未知矿物的相对反射率。

2. 反射色

矿物光片在矿相显微镜白光垂直照射下，其垂直反射光所呈现的颜色（表色），称为反射色。

（1）体色：当白光照射透明和半透明矿物时，大部分光透过，只有少量光被等量吸收或选择吸收，透射光所呈现的颜色，叫作体色。如果是等量吸收，则呈现无色、白色、灰白色、灰色；如果是选择吸收，则呈现显著颜色。

（2）矿物的表色与体色是互补的：矿物的颜色是指矿物在肉眼下所见的颜色。

1）不透明矿物：指矿物的颜色与反射色基本一样。

2）透明矿物：指矿物的颜色决定于其体色，而与反射色不同。

3）半透明矿物：指矿物的颜色是其表色与体色的综合。几种矿物的颜色和反射色见表1-5。

表1-5　矿物的颜色和反射色

矿物名称	矿物的颜色	矿物的反射色
石英	无色	灰
雄黄	黄红	灰白
孔雀石	绿	灰白
黄铜矿	黄铜色	黄铜色
黄铁矿	淡黄	淡黄

（3）反射色的分类

1）无色（白或灰白）类：毒砂、方铅矿、闪锌矿、雄黄、雌黄、磁铁矿。

2）微弱颜色类：黝铜矿、闪锌矿、铬铁矿、赤铁矿、软锰矿、辉铜矿。

3）显著颜色类：铜蓝、自然铜、黄铜矿、斑铜矿、磁黄铁矿、黄铁矿。

按照颜色的深浅可分为深、浅、微三级。

四、矿物的双反射和内反射

1. 双反射

非均质矿物由于各向反射率不同，因此转动物台会有明暗的变化；而且在各方向上选择反射也不同，即在不同方向反射色不同，从而呈现反射多色性。

非均质矿物的反射多色性可以用反射率色散曲线来说明，非均质矿物的色散曲线随方向而异，所以在不同方向上反射色不同。

2. 内反射

透明矿物和半透明矿物的光片，当光线射向光片表面一部分反射回来，一部分透入矿物内部，碰到矿物内部的解理面、裂隙、晶粒界面、孔洞、包裹体等界面时，光线会被反射或散射出来，显示的矿物内部颜色，称为内反射色（体色）。

不透明矿物因为光线基本不能透入矿物内部，因此没有内反射色。透明矿物的颜色与其内反射色基本一致。半透明矿物的反射色与内反射色为互补色。

3. 矿物的均质性与非均质性

在正交偏光镜下观察矿物时，均质矿物（非晶质矿物和晶质的等轴晶系矿物）的垂直入射光经反射后仍保持原偏振方向不变，故经过上偏光镜后显示“消光”（全黑或亮度很小），而且转动载物台也不发生亮度和颜色的变化，此种现象称为矿物的均质性。

（1）视测分级

1）均质：转动载物台 1 周，全黑或亮度不变，如黄铁矿、方铅矿、黝铜矿、闪锌矿、磁铁矿、铬铁矿、镍黄铁矿。

2）强非均质：转动载物台 1 周，可以看到四次明暗的变化，偏光色明显。如铜蓝、毒砂、磁黄铁矿、辉锑矿、辉钼矿。

3）弱非均质：转动载物台 1 周，有微弱的明暗变化，偏光色也暗弱。如黄铜矿、辉铜矿、自然铋、黑钨矿。

（2）观察方法

1）用中低倍镜和较强的光源，光片要压平，擦干净。

2）注意观察同种矿物的集合体。

3）在完全正交偏光下，非均质现象往往较模糊，把上偏光镜旋转很小的角度比较清楚。

4）非均质矿物不同切面方向的非均性强弱不同，应以显示最大非均性的切面为准。

5）有强内反射作用的非均质矿物，其内反射效应往往掩盖了它的非均质现象。

注意：偏光色和内反射色同是在正交镜下观察，它们的区别在于，内反射色是从矿物内部反射出来的透射光形成的，矿物内部是明亮的，而偏光色是矿物表面的反射光经过上偏光镜显示的颜色，矿物内部是暗的。另外，换用斜射法即可马上分别内反射色和偏光色。

4. 矿物的硬度

矿物抵抗外来机械作用（压入、刻划、研磨）的能力即为矿物的硬度。除反射率外，矿物的硬度是金属矿物最重要的一个鉴定标志。

5. 金属矿物的综合鉴定和简易鉴定

（1）综合鉴定：鉴定程序是，首先用视测对比法将未知矿物与标准矿物进行比较，确定其反射率范围；再用金属刀刻划确定其硬度等级。然后在矿相显微镜下详细观察其光学性质，综合分析、对比，确定该矿物的名称。

（2）简易鉴定：抓住某些矿物在矿相显微镜下一项或几项独特的光学性质，快速而简便地定出其名称。

第四章　矿物的阴极发光研究

阴极发光是在加速电子的激发下，根据矿物的发光特征，显示微量元素含量的变化来鉴别矿物，研究矿物岩石的次生变化、矿物的生长世代，指示矿物的不同成因和形成条件、揭示岩石原岩结构、观察和研究微裂缝等。

第一节　影响阴极发光的因素

一、含量

（1）发光情况与激活剂和猝灭剂的含量有关。

1）猝灭剂：是指阻止矿物发光的元素，如铁、钴、镍均为猝灭剂，含一定量猝灭剂的矿物就不发光，如有的白云石。

2）激活剂：是指能引起矿物发光的元素，如锰、钛及其他稀土元素。

（2）发光强度与矿物中激活剂及猝灭剂的相对含量有关，即激活剂所占比例愈大则发光强度愈大。

二、化合价

发什么颜色的光与含有何种激活剂或与同一激活剂的不同化合价有关。例如，含 Ti^{4+} 的长石发蓝光，含 Fe^{3+} 的长石发红光，因微量元素不同而又发出不同颜色的光。又如，Mn^{4+} 发红色光，而 Mn^{2+} 发黄绿色或橙色光。

第二节　常见矿物的阴极发光特征

一、碳酸盐

碳酸盐矿物发光颜色为黄色至暗红色。通常，文石为黄色，方解石为黄色至橙红色，白云石呈暗红色，铁白云石则不发光。

发光颜色与矿物所含元素有关，含 Mn^{2+} 的发橙红色光，含 Th^{2+} 的发橙黄色光，含有一定量 Fe^{3+} 的则发红色光。

根据电子探针分析，碳酸盐的主要激活剂为 Mn^{2+}，而猝灭剂为 Fe^{2+}。

二、长石

长石阴极发光的颜色很多，其中最常见的为蓝色、红色及绿色。通过阴极发光显微镜与电子探针的联合分析，可看出长石发光颜色与所含的激活剂品种有关。

长石最普遍的阴极发光颜色为蓝色，经测定，这类长石均含有少量 Ti^{4+}，而其他发光颜色的长石均无 Ti^{4+} 显示，可见发蓝色光的长石与长石中含 Ti^{4+} 有关。

发红色光的长石较少，从结果来看，它与 Fe^{3+}、Cr^{3+} 及 Mn^{4+} 有关。

发绿色光长石少见。含 Mn^{2+} 的长石常发绿光。在拉长石中，由于 Ca^{2+} 被 Mn^{2+} 取代，而发绿光。

三、石英

U. Zinkernagel（1978 年）对石英的阴极发光现象做了系统的研究，他对不同岩石的石英都进行了阴极发光特性的研究，包括火成岩、接触变质岩、区域变质岩、沉积自生石英等，同时也对热液条件下人工培养的石英进行了定性的发光研究。根据他的研究，石英阴极发光的主要特征为，所有石英的发光光谱表现出两个发射极大值：①波长为 350～450nm，在蓝色范围内；②波长为 600～650nm，在红色范围内。不同石英的光谱组成中，上述两个发射极大值强度不同。在沉积碎屑石英中，有着三种不同的发光类型。

（1）“紫”色发光石英：这类石英蓝色范围的发射强度大于或者相等于红色范围的强度。

（2）褐色发光石英：这类石英红色范围的发射强度大于蓝色范围。

（3）不发光石英：无发射光谱。

U. Zinkernagel 的研究表明，各种石英颗粒的发光特征是在母岩形成过程中获得的，代表其岩石形成时的温度条件，三种不同发光类型正好反映了三种不同成因的石英（表 1-6）。

表 1-6　石英发光类型与岩石类型和温度之间的关系

<table>
<tr><th>发光类型</th><th>发光颜色</th><th>温度条件</th><th colspan="3">产状</th></tr>
<tr><td>（1）</td><td>“紫”色（在蓝紫和红紫之间变化）</td><td>> 573℃快速冷却</td><td>火山岩</td><td>深成岩</td><td>接触变质岩</td></tr>
<tr><td rowspan="2">（2）</td><td rowspan="2">褐色</td><td>>573℃缓慢冷却</td><td>高级区域变质岩</td><td colspan="2">a. 变质的火山岩
b. 变质的沉积岩</td></tr>
<tr><td>300~573℃</td><td>低级变质岩</td><td colspan="2">a. 接触变质岩
b. 区域变质岩
c. 回火沉积岩（自生石英）</td></tr>
<tr><td>（3）</td><td>不发光</td><td><300℃</td><td>沉积岩中的自生石英</td><td colspan="2"></td></tr>
</table>

（1）“紫”色发光石英：石英在高温（>573℃）条件下快速冷却结晶析出，它形成于侵入岩、火山岩及接触变质岩中。

（2）褐色发光石英：有两种情况，一种是由高温条件下缓慢冷却形成，如有的高级区域变质岩中的石英；另一种是 300~573℃条件下结晶析出，如低级变质岩中的石英。

（3）不发光石英：在成岩作用中形成，又未经 300℃以上后期回火作用的自生石英。

对于不同成因石英的不同发光效应，有人解释为是由于晶格有序度不同所致。快速冷却的高温火成岩中石英的晶格有序度较低，在电子束轰击下会激发出蓝紫色光；在成岩过程中形成的自生石英，由于其结晶温度低，结晶速度缓慢，晶格排列有序而无缺陷，因而不发光；区域变质石英的有序度介于两者之间而呈褐红色。有人认为石英的不同发光效应是因为含不同激活剂所造成的。人们对石英发光原因的看法尚不一致，但对于三种石英的发光特征是公认的。

第三节　应用阴极发光对成岩作用的研究

沉积岩中有些成岩作用及结构构造特征，在一般显微镜下是难以认识的，如硅质胶结作用，碳酸盐的白云化及去白云化作用、被重结晶破坏的结构构造等。它们在阴极发光下可以获得满意的结果，这对于恢复原来岩石的结构构造、了解沉积环境及成岩变化是十分重要的。硅质胶结及其他成岩作用如下。

（1）当石英呈无痕加大时，在一般显微镜下就难以分辨出石英碎屑部分的自生加大部分。在阴极发光显微镜下，碎屑石英与自生加大石英的发光颜色截然不同，从而很容易地解决是否存在硅质胶结作用及胶结程度、胶结世代等问题。

（2）对于强烈硅质胶结的石英砂岩，在普通的显微镜下观察到的结构和构造有着一定程度的失真，不能正确地反映沉积特征，在阴极发光显微镜下，原始碎屑颗粒的形状、大小、分选一目了然。从而为判断沉积时的形成条件提供了真实依据。

（3）在阴极发光显微镜下，可以了解石英颗粒的压碎和愈合作用。

（4）推断成岩序列。胶结物的形成顺序与成岩演变有着密切关系，在存在石英次生加大时，可以用阴极发光推断成岩顺序。①当石英在碎屑接触处没有加大，而在与胶结物接触处有明显加大时，说明岩石首先经受了压实或压溶作用，其后当有硅质来源时，使在未接触的孔隙处产生自生加大，后又被其他化学胶结作用再次胶结。各种作用的顺序是石英自生加大早于胶结作用而晚于机械压实作用。②当石英的自生加大在颗粒四周均有，以及碎屑石英颗粒之间和颗粒与其他胶结物之间都有加大时，表明石英自生加大早于机械压实作用或同时进行，由于自生加大形成支架阻碍了压实作用，随后产生其他胶结作用。

（5）在阴极发光显微镜下可以用石英自生加大的情况来推测孔隙类型。

第五章　矿物的标型研究

第一节　矿物标型概述

一、标型矿物

（一）标型矿物的定义

形成和稳定于某种特定的地质环境，或者只在某一特定的地质作用中形成的矿物，称为标型矿物。

（二）标型矿物的特点

1. 矿物的单成因性

在自然界中，有些矿物主要趋向于或者只有一种成因。例如，铬铁矿主要产于超基性岩中；斯石英、柯石英专属于高压冲击变质成因（多在陨石坑和上地幔）；辰砂、辉锑矿是低温热液矿床的标志。

2. 标型矿物的相对性

一些是单成因的矿物，在其他成因中也有发现。例如，金刚石原只产于金伯利岩岩筒中，现发现在钾镁煌斑岩中、基性、超基性岩包体中也有产出，其中钾镁煌斑岩型金刚石矿床已成为一重要的金刚石矿床类型。海绿石原是海相地层的指示矿物，现在不同盐度的陆相水体沉积物中也有发现。

3. 区域性

有些标型矿物具有全球的适用性，而有一些只是在某一区域或某一矿床或矿区内适用，这是由于当地的构造地质背景决定的。

二、标型矿物组合

（一）标型矿物组合的定义

标型矿物组合是指在特定的地质环境中形成的专属性矿物组合。标型矿物组合强调在特定的成岩成矿条件下形成的特征性矿物组合。如前寒武纪出现磁铁矿、石英、铁铝榴石、铁闪石、铁蛇纹石、富铁绿泥石组合。

（二）标型矿物的组合类型

1. 铅锌矿床氧化带的标型组合

褐铁矿、铅钒、白铅矿、菱锌矿、蓝铜矿（有时有孔雀石）。

2. 上地幔榴辉岩的标型矿物共生组合

陨钠镁大隅石、石榴石、绿辉石、含钾硫化物。

三、矿物标型特征

（一）矿物标型特征的定义

矿物标型特征是指同一种矿物在不同的地质时期和不同地质条件下，形成于不同地质体中时，该种矿物在各种性质上表现的差异。

（二）矿物标型特征的特点

同种矿物在自然界有多种成因，强调矿物的多成因性。如黄铁矿在沉积岩、变质岩中均有产出；石英在沉积、变质及岩浆岩中均可产出。但由于其形成于不同的成因条件下造成其在化学成分、晶体形态、物理性质等方面有差别，据此可帮助我们判断矿物、矿床或岩石的成因。

矿物的标型特征主要有下面几种：

（1）化学成分标型。

（2）矿物的晶体结构标型。

（3）晶体形态标型。

（4）物理性质标型。

（5）光谱学特征标型等。

第二节　矿物化学成分标型

一、矿物成分变化与温度、压力条件的关系

每一种矿物或矿物共生组合都是在一定的温

度和压力条件下形成的。如类质同象替换，半径大的离子替换半径小的离子使分子体积增大，是在压力降低时发生的，反之，则是在压力升高时进行的。而一些类质同象的替换与温度有关，如闪锌矿中的 Fe，因此可利用某些矿物的类质同象替换元素之间的比例来进行温度和压力的计算，即矿物地温计或压力计。

二、组分标型

组分标型是指组成矿物的主要元素和主要的类质同象混入物形成的标型特征。如橄榄石中的 Fe、Mg，黑云母中的 Fe、Mg，闪锌矿中的 Fe。

三、微量元素标型

微量元素对地质环境非常敏感，因此具有重要的标型意义。如花岗岩中萤石矿物中的 Mn^{2+} 具有重要的标型意义，Mn^{2+} 与成矿作用类型和成矿深度有一定的关系。不同深度花岗岩中萤石矿物中 Mn^{2+} 的含量呈现随深度增大而 Mn^{2+} 的含量逐渐降低的趋势。金矿床中含金黄铁矿和毒砂（FeAsS）中的微量元素受形成深度和矿石类型的影响比较明显。

1. As、Sb、Bi 特征

As 存在于所有黄铁矿中，且浅部至深部其平均含量有所降低；而 Sb 在含金黄铁矿中出现的频数表现为中部和浅部明显高于深部，并且 Sb 在毒砂中的含量比在黄铁矿中高；Bi 对于中部细脉型黄铁矿和毒砂不是特征元素，但在深部含量低于浅部；这三种元素都趋于在浅部富集。

2. Au、Ag 特征

黄铁矿和毒砂中的 Au 均多于 Ag。总的趋势是由浅至深，Au、Ag 含量增多。一般深部者的 ω（Au）/ω（Ag）值变化范围小，为 3~5；只是中部石英脉型毒砂的 ω（Au）/ω（Ag）值特别高，达 33.9；浅部黄铁矿的 ω（Au）/ω（Ag）接近于 1。

3. Ga 特征

在所有黄铁矿和毒砂中，Ga 含量稳定，其含量略大于地壳克拉克值。

4. Pb、Zn、Cu 特征

所有黄铁矿和毒砂中都含 Pb、Zn、Cu，但中部含 Pb、Zn 最高；Cu 在这两种矿物中由深部到浅部含量由少到多；即 Pb、Zn 趋于在中部富集，Cu 趋于在浅部富集。

5. Ti、V、Cr、Mn 特征

在中部细脉浸染型黄铁矿和毒砂中，Ti、V、Mn 含量明显高于深部；Cr 由深部至浅部含量上升。

6. Co、Ni 特征

中部石英脉型黄铁矿中 Co、Ni 含量最高，ω（Co）/ω（Ni）值随深度变浅而增大；而浅部黄铁矿中 Ni 含量明显降低，ω（Co）/ω（Ni）≥1。

7. Mo、Sn 特征

浅部黄铁矿中 Mo 含量最高，中部细脉浸染型黄铁矿中 Mo 含量次之，但 Sn 的出现频数不如 Mo。

四、元素比值标型

矿物成分中某些成对元素含量的比值变化，往往受到形成条件的制约。因此，人们常应用元素比值作为推断矿物形成过程中物理化学条件的依据之一。它们对研究岩石和矿床的成因类型、成矿深度，以及解释地质环境等问题具有重要的意义。

1. 黄铁矿中的 ω（S）/ω（Fe）值

铜镍硫化物矿床（0.878）、岩浆热液矿床（0.887）、斑岩型矿床（0.91）、火山-沉积块状硫化物矿床（0.96）及大多金矿床的 ω（S）/ω（Fe）值多小于理论值（0.871），为亏硫型。

2. 黄铁矿中的 ω（Co）/ω（Ni）值

黄铁矿不同成岩成矿条件下，ω（Co）/ω（Ni）值有一定的标型特征。①同生沉积：显著小于 1，范围为 0.011~0.37。②沉积改造：随改造强度而增大，从 0.16~0.8 到接近于 1。③沉积变质：随变质程度加深而增大，为 1.47~5.75。

此外，ω（S）/ω（Se）、ω（Se）/ω（Te）、ω（Pb）/ω（Zn）值等都可以作为黄铁矿的标型之一。闪锌矿中的 ω（Fe）/ω（Zn）值随温度增高而增大；火山岩中明矾石的 ω（K_2O）/ω（Na_2O）值可反映原岩的特征，如安山岩（0.7）、英安岩（2.5）、流纹岩（8）。天河石中的 ω（Rb）/ω（K）值，斜长石的 ω（Ca）/ω（Al）值等均有一定的标型意义。

五、稳定同位素标型

在不同地质体的矿物中，同位素的分馏和富

集具有不同的特征，因此，矿物的同位素组成特点具有标型意义。

矿物稳定同位素标型的研究成果，可以提供成岩、成矿、温度、物质来源（壳源、幔源、混合源）及形成的物理化学条件以及演化历史的资料。

1. 同种矿物中稳定同位素组成随温度变化

δ（^{18}O）值随温度的升高而减小。

$\delta_{样品}$（‰）＝（$R_{样品}/R_{标样}-1$）×1000。

$R_{样品}={}^{18}O_{样品}/{}^{16}O_{样品}$。

$R_{标样}={}^{18}O_{标样}/{}^{16}O_{标样}$（原子数目比）。

如钾钠长石中的δ（^{18}O）值如下：

高温结晶的钾钠长石：6‰～12‰。

中等温度结晶的钾钠长石：12‰～16‰。

外生沉积的钾钠长石：18‰～28‰。

2. 在不同的氧化态下其同位素组成的变化

硫在不同氧化态下 $S^{2-}\rightarrow S\rightarrow SO_2\rightarrow SO_3^{2-}\rightarrow SO_4^{2-}$，其$\delta$（$^{34}S$）值依次增加。

3. 随结晶演化而变

δ（^{34}S）从基性岩演化为花岗岩，其值为2.3‰～3.6‰。

4. 同一成矿条件下在早期到晚期矿物中富集不同

在矽卡岩铅锌矿中，早期闪锌矿的δ（^{34}S）值为0.54‰～2.73‰，晚期方铅矿的δ（^{34}S）值为-1.5‰～2.25‰。

5. 分布于不同地质时代和不同矿床类型、不同岩石类型中的矿物同位素组成不同

（1）沉积碳酸盐：δ（^{13}C）值接近于0。

（2）岩浆成因的碳酸盐矿物：δ（^{13}C）值为-5.3‰～-7‰。

（3）有机质堆积物：δ（^{13}C）值为-24‰～-29‰。

（4）基性超基性岩矿物组合包裹体中金刚石：δ（^{13}C）值为-0.25‰～-0.344‰。

（5）陨石中的金刚石：δ（^{13}C）值为-0.58‰～-0.63‰。

（6）冲击岩中的金刚石：δ（^{13}C）值为-1.32‰～-1.87‰。

六、矿物包裹体成分标型

包裹体是矿物形成过程被捕获的成矿流体介质。不同成因包裹体其成分具有特殊性，以此区别矿物来源。

第三节　矿物晶体结构标型

一、晶胞参数标型

类质同象替换、温度、压力、氧化-还原条件等都对矿物的晶胞参数产生影响。如热液金矿床中黄铁矿的晶胞参数主要与Co、Ni的类质同象替换有关。同时，类质同象的替换又与成矿深度和温度有关。因此，黄铁矿的晶胞参数常作为其标型特征之一。

二、离子占位标型

一些结构复杂的矿物中离子占位与其形成时的物理化学条件关系密切。

如辉石的结构类型受化学成分和温度的控制；辉石晶体的化学式基本上可用$M_1M_2X_2O_6$表示。X位置通常进行类质同象代替的是Al、Si，它们占据四面体孔隙，配位数为4。M_1M_2为八面体孔隙，配位数为6，M_1位置为Ti^{4+}、Al^{3+}、Cr^{3+}、Fe^{3+}，M_2位置为Ca^{2+}、Li^{+}、Na^{+}、K^{+}等离子所占据；Mg^{2+}、Fe^{2+}既可占据M_1又可占据M_2，但在两位置上的热力学条件不同，因此可以利用其在M_1、M_2位置上的占位进行温度、压力测定。镁铁闪石中Fe^{2+}，在M_1、M_2、M_3、M_4之间的分配随温度升高呈现规律变化。钙角闪石中Fe^{2+}、Mg^{2+}、Al^{3+}在M_1、M_2、M_3之间的分配，随温度、压力升高呈现规律变化。

三、有序无序标型

矿物在结晶过程中，质点总是趋向于按照能量最低的方式进入某种特定的位置，形成有序结构；而无序结构则是各处质点分布不同，能量有高有低，不是最稳定状态。

（1）温度升高，从有序向无序转变；温度缓慢降低，从无序向有序转变。如长石中Al—Si的置换，高温变为无序，低温有序置换；对于碱性长石、透长石的完全无序状态，为高温稳定相；正长石的部分有序状态，为中温稳定相；最大微斜长石的完全有序状态，为低温稳定相。

（2）花岗岩体从边缘相到中间相：有序度是从低到高。

（3）从岩体形成的年龄来说：形成时代越老的岩体中，有序长石的百分比越高。

（4）有序度还可以作为找矿标志：如有人对一些与铬铁矿床有关的橄榄石的有序度进行研究发现，近矿橄榄岩的有序度略高于远矿橄榄岩。

（5）不同成矿阶段的含铁白云石其有序度不同，如太白金矿。

四、多型标型

多型性是层状结构晶体的一种固有的特征，普遍存在于云母、石墨、辉钼矿、绿泥石、高岭石、纤锌矿等中。如云母在不同类型岩石（花岗岩、伟晶岩、喷出岩、热液矿床）中具不同的多型。辉钼矿在自然界主要有两种多型，其主要与生成温度及所含杂质有关。3R 型，生成温度为 350～900℃；2H 型，生成温度为 600～1300℃。

第四节　矿物晶体形态标型

一、结晶习性标型（单体形态）

矿物的结晶习性是指矿物在空间发育的状态，主要有三种：一向延长，二向延长，三向延长。

矿物的结晶习性与矿物生成时的物理化学条件有关，如许多变质矿物常呈针、柱状。

影响矿物形态的因素是：①内部结构，②物理化学条件（温度、压力、pH、组分浓度等），③物源供应，④空间（合适的生长空间）。

同种矿物在不同的条件下可以具有不同的晶体形态或呈非晶体（胶体）等，如各种观赏矿物、宝石矿物等。

矿石矿物的形态对矿床的成因、形成条件、含矿性等更具有一定的指示作用，可作为指导找矿或研究矿床成因、成矿的物理化学条件的标型特征之一。

（一）晶形与矿质浓度

以 Au 为例，无其他杂质干扰时，Au 的晶形与矿物浓度的关系见表 1-7。

表 1-7　Au 的晶形与矿物浓度的关系

矿物浓度	晶形
高	{111} 八面体
中等	{110} 菱形十二面体
低	{100} 立方体

（二）晶形与组分平衡

当介质中有其他离子存在，且单组分平衡生长时晶形与组分平衡的关系见表 1-8。

表 1-8　晶形与组分平衡的关系

	介质中正负离子	
	基本平衡	不平衡
石盐	立方体	八面体
闪锌矿	菱形十二面体	立方体和四面体
刚玉	六方柱	板面

（三）晶形与介质 pH

如萤石的晶形与其形成时的 pH 有关，见表 1-9。

表 1-9　萤石的晶形与介质 pH 的关系

介质 pH	晶形
碱性	{100} 立方体
中性	{110} 菱形十二面体
酸性	{111} 八面体

（四）晶形与温度

以方解石为例。

（1）伟晶岩（气成热液）：{0001} 发育，{1010} 不发育或为 {1010} 的单形。

（2）高温热液：面角近似 {1011} 的单形的等粒状集合体。

（3）中温热液：六方柱 {1010} 和菱面体 {1012} 的聚形。

（4）低温热液：{2131} 或其他复杂的偏三角面体及菱面体的聚形。

（5）冷水中：六方柱或尖菱面体发育。

（五）晶形与压力

以辰砂（典型的低温矿物）为例。

（1）浅部：板状。

（2）中深部：菱面体。

（3）深部：柱状。

（六）其他

（1）锡石（长短轴比）：①伟晶岩型，1.07。

②石英脉型，1.07～1.6。③硫化物型，1.6～2.13。④伟晶岩锡石矿床，1.05。⑤石英-锡石型矿床，1.6。⑥锡石硫化物型，2.18。⑦云英岩型，1.5～2。⑧接触交代型，矽卡岩期，2.3～3；石英硫化物期，2.5～4；石英褐铁矿期，4～4.6。

（2）锆石形态

1）晶体形态：碱性岩为短柱状，钙碱性为柱状，酸性岩为长柱状。

2）锆石晶体的延长系数：沉积岩，大于或等于2。岩浆岩：基性岩浆，4～5；碱性岩浆，2或小于2。

二、晶面微形面貌标型

（1）螺旋生长层：形态和厚度。

（2）晶面花纹：聚形纹、感应纹、介质的过饱合度。

（3）蚀象：矿物晶体形成过程中因溶蚀在晶体表面留下的痕迹。

三、双晶标型

（1）原生双晶：生长双晶、重结晶双晶、联并双晶。

（2）次生双晶：转变双晶、机械双晶（变形双晶）、干涉双晶。

如斜长石的双晶：

1）A双晶：包括钠长石双晶、肖钠长石双晶和阿库林双晶等，这类双晶属于岩浆成因和变质成因。

2）C双晶：包括卡斯巴双晶、钠长石-卡斯巴双晶、曼尼巴双晶、巴温诺双晶、阿拉A双晶、阿拉B双晶、钠长石-阿拉B双晶、曼尼巴-阿库林双晶等。这类双晶主要属岩浆成因，很少是变质成因。

3）U双晶（无双晶）。

四、矿物集合体标型

（1）粒状（内生，变质）。

（2）晶簇状（热液，岩浆，外生）。

（3）皮壳状、结核状、钟乳状等（外生）。

（4）针状、纤维状、放射状、片状、鳞片状等（变质成因）。

第五节　矿物物理性质标型

一、颜色标型

（1）电气石：黑色——没有交代伟晶岩；蓝色、绿色——Sn、Ti、Nb矿化钠长石化伟晶岩特有；粉红色——Li质伟晶岩的典型产物。

（2）石英：当含有不同的色素离子时呈现不同的颜色。

（3）刚玉：含Cr时呈红色，含Fe、Ti时呈蓝色。

（4）绿柱石：含不同的色素离子时可呈绿色、黄色和蓝色等。

二、反射率和光轴角标型

（1）反射率：如不同期次、不同成因的黄铁矿的反射率不同。

（2）光轴角：如堇青石的光轴角可以指示变质程度，浅变质为负值，深变质为正值。

白云母不同的多型其光轴角不同。

电气石的光性和成因见表1-10。

表1-10　电气石的光性和成因

矿物亚种	折光率和重折率	多色性		成因产状特征
		Ne	No	
黑电气石	1.652～1.698 1.628～1.658 Δ=0.024～0.040	淡黄 灰淡黄 淡黄淡紫	黄 蓝或绿 暗绿	多见于花岗质岩石与无交代作用的伟晶岩
锂电气石	1.637～1.655 1.615～1.629 Δ=0.02～0.026	无 无 无	无→玫瑰 无→极淡 淡绿或绿	分异成因的伟晶岩、花岗伟晶岩中分异或交代的伟晶岩
镁电气石	1.632～1.655 1.613～1.628 Δ=0.019～0.0227	无 无 无	淡黄 无 无	变质灰岩、结晶片岩、变质交代岩石

三、发光性标型

自然界中某些矿物在外来能量的激发下具有明显的发光性特征，可以利用矿物发光的强度、发光曲线形态特征等研究矿物形成的条件。

四、相对密度标型

相对密度反映了矿物的化学成分和晶体结构的变化，不同温度、压力条件下形成的同种矿物，或不同成因类型、不同成矿期次形成的同种矿物，其相对密度不同。

第二篇　矿物类

引　言

本篇系统地介绍了常见矿物的主要特征——根据矿物的晶体化学分类逐类予以介绍。读者可以根据本篇介绍的矿物特征对案发现场遗留的跟案件有关的矿物进行初步确认。其中对常见的矿石矿物和常见的造岩矿物进行了详细介绍，考虑到内容的系统性要求，对不太常见的矿物也进行了介绍，供大家参考。为了便于大家查询。将矿物部分分为五类：①自然元素类。②硫化物及其类似化合物类。③卤化物类。④氧化物及氢氧化物类。⑤含氧盐类。其中重点对分布极为普遍的硅酸盐类矿物进行了详细介绍。

第一章　自然元素类

【自然金】

成分 Au，常含银和微量的铜。当含银量超过15%时，称为银金矿（Au、Ag），等轴晶系。晶体呈八面体，但很少见，一般呈分散粒状或不规则树枝状集合体，偶尔呈较大的块体出现，个别可重达数十千克。颜色和条痕均为光亮的金黄色。随含银量的增加，颜色和条痕逐渐变为淡黄色。

鉴定特征：金属光泽。硬度 2.5~3。具强延展性。为电和热的优良导体。相对密度 15.6~19.3。自然金按其产状的不同，可分为脉金（也称山金）和砂金两种。

【银金矿】

参见“自然金”。

【自然银】

成分 Ag，常含金、汞等。等轴晶系。通常呈不规则的粒状、块状或树枝状集合体。新鲜断口银白色，表面常因氧化而呈现灰黑的锖色。条痕银白色。

鉴定特征：金属光泽。硬度 2.5。具强延展性。为电和热的优良导体。相对密度 10.1~11.1。主要形成于中低温热液矿床中。

【自然铜】

成分 Cu，原生自然铜成分中有时也含银和金等。等轴晶系。晶体呈立方体，但少见；一般呈树枝状、片状或致密块状集合体。铜红色，表面易氧化成褐黑色。条痕呈光亮的铜红色。

自然铜常见于含铜硫化物矿床氧化带内，一般是铜的硫化物转变为氧化物时的产物。热液成因的原生自然铜常成浸染状，见于一些热液矿床中。含铜砂岩中亦常有自然铜产出。

鉴定特征：金属光泽。硬度2.5~3。具强延展性。断口呈锯齿状。为电和热的优良导体。相对密度8.5~8.9。

【自然铂】

成分Pt，通常含铁，当铁的含量达9%~11%时称为粗铂矿（Pt，Fe）。实际上一般所谓的自然铂，大多是粗铂矿。等轴晶系。通常呈不规则的粒状，偶尔呈较大的块体出现。颜色随含铁量的增加由银白至钢灰色。条痕光亮钢灰色。

产于基性、超基性岩中。含矿岩石遭受风化破坏时，常富集于砂矿中。是铂的主要矿物原料。

鉴定特征：金属光泽。硬度4~4.5。具延展性。是电和热的优良导体。微具磁性。相对密度15~19。

【粗铂矿】

参见“自然铂”。

【亮铱锇矿】

岩浆成因矿物，产于超基性岩中，也见于砂矿中。是提取铂族元素的矿物原料。

鉴定特征：六方晶系。晶体呈六方板状。锡白色至浅灰色。金属光泽。硬度6~7。解理平行底面{0001}完全。性脆。相对密度17~21，随锇的含量的增加而增高。

【暗锇铱矿】

除颜色稍深于亮铱锇矿、光泽稍弱于亮铱锇矿外，其他性质、产状和用途等均与亮铱锇矿相似。参见“亮铱锇矿”。

【自然汞】

自然汞俗称“水银”。成分Hg。在汞矿床氧化带由辰砂分解而形成，或见于温泉沉积物中，或呈液态小球状散布在一些岩石内。

鉴定特征：在常温下为液态。银白色。金属光泽。相对密度13.6。-38.87℃时凝结成固态。

【自然铋】

三方晶系。通常呈粒状，有时为致密块状。新鲜断面呈微带浅黄的银白色，表面容易氧化成浅红的锖色。条痕灰白色。热液成因矿物，主要产于脉状钨锡矿床及钴镍热液矿床中。

鉴定特征：金属光泽。硬度2.5。具弱延展性。解理平行底面{0001}完全。具逆磁性。相对密度9.7~9.83。

【自然硫】

成分S。斜方晶系。晶体呈菱方双锥状或厚板状，通常呈粒状、块状、粉末状集合体。

自然硫见于地壳的最上部分及其表部。由以下作用形成：①火山硫质喷气的结晶。②硫化氢不完全的氧化。③生物化学作用。④某些沉积层中石膏的分解。主要产于火山岩和沉积岩中。

鉴定特征：浅黄色。金刚光泽，断口呈油脂光泽。性脆。硬度1~2。解理不完全。断口贝壳状或参差状。相对密度2.05~2.08。

【金刚石】

成分C，与石墨同是碳的同质多象变体。等轴晶系。晶体细小，常呈八面体或菱形十二面体，晶面常弯曲。质纯者无色透明，一般带黄色、蓝色、褐色、黑色等。

产于金伯利岩中。含金刚石的岩石遭受风化破坏后，它往往转入砂矿中。透明色美的金刚石是高级的宝石。一般的金刚石是高级的切削、研磨材料。

鉴定特征：金刚光泽。在紫外线或X射线照射下发天蓝色或紫色荧光。硬度10，是自然界最硬的矿物。解理平行八面体{111}完全。相对密度3.47~3.56。有的金刚石晶体是良好的半导体，其导热系数比铜高出好几倍。

【黑金刚石】

黑金刚石是晶体灰至黑色的金刚石变种。其中可能含有一些石墨。主要用作切削、研磨材料。

【石墨】

成分C，与金刚石同是碳的同质多象变体。有2H和3R两种多型变体，前者为六方晶系，后者为三方晶系。常呈鳞片状或块状集合体。

主要由煤层或含沥青质炭质沉积岩经受区域变质作用所形成。用于制造高温坩埚、翻砂铸模面的涂料，电极、电刷等及润滑剂、铅笔芯等。高碳石墨可用作原子能反应堆中的中子减速剂。

鉴定特征：颜色与条痕均为黑色。半金属光泽。硬度1。易污手，具滑腻感。解理平行底面{0001}极完全。薄片具挠性。相对密度2.09~2.23。导电性良好。

第二章　硫化物及其类似化合物类

【辉铜矿】

成分 Cu_2S，含 Cu 79.86%。斜方晶系。晶体少见，通常呈烟灰状、粒状或致密块状。

辉铜矿是内生热液成因形成的，也可以是外生成因形成的，是炼铜的主要矿物原料之一。

鉴定特征：铅灰色。条痕暗灰色。金属光泽。硬度 2~3。略具延展性，以小刀刻划留下光亮的沟痕。相对密度 5.5~5.8。

【铜蓝】

成分 CuS，含 Cu 66.5%。六方晶系。通常呈细薄薄片状、被膜状或烟灰状集合体。

铜蓝主要是外生成因矿物，它是含铜硫化物矿床次生富集带中最为常见的矿物。由热液作用形成的铜蓝极其稀少。此外，在火山熔岩中也有发现，是硫质喷气作用的产物。铜蓝是炼铜的主要矿物原料之一。

鉴定特征：靛蓝色。条痕灰色至黑色。金属光泽。硬度 1.5~2。解理平行｛0001｝完全。相对密度 4.59~4.67。薄片稍具弹性。

【黄铜矿】

成分 $CuFeS_2$，含 Cu 34.56%。四方晶系。晶体呈四方双锥或四方四面体，但很少见；经常呈粒状或致密块状集合体。

主要产于铜镍硫化物矿床、斑岩铜矿、接触交代铜矿床以及某些沉积成因（包括火山沉积成因）的层状铜矿中。在风化作用下，黄铜矿转变为易溶于水的硫酸铜，当后者与含碳酸的溶液作用时便形成孔雀石、蓝铜矿；与原生的硫化铜矿物作用，可形成次生斑铜矿、辉铜矿和铜蓝，形成铜的次生富集带。黄铜矿是炼铜的主要矿物原料之一。

鉴定特征：黄铜色。表面常因氧化而呈金黄或红紫等锖色。条痕绿黑色。硬度 3~4。相对密度 4.1~4.3。

【斑铜矿】

成分 Cu_5FeS_4，含 Cu 63.3%。等轴晶系。通常呈粒状或致密块状集合体。

斑铜矿为铜矿床中广泛分布的矿物。内生成因的斑铜矿常含有显微片状黄铜矿的包裹体，为固溶体分解的产物。次生斑铜矿形成于铜矿床的次生富集带，但它并不稳定，往往被更富含铜的次生辉铜矿和铜蓝置换。斑铜矿是炼铜的主要矿物原料之一。

鉴定特征：新鲜断口呈暗铜红色，表面因易氧化而呈蓝紫斑状的锖色，因而得名。条痕灰黑色。金属光泽。硬度 3。相对密度 4.9~5。

【黝铜矿】

成分 $Cu_{12}Sb_4S_{13}$，含 Cu 45.77%。与砷黝铜矿构成类质同象系列。一般所见的黝铜矿均含有一定数量的砷黝铜矿分子。等轴晶系。晶体呈四面体，但通常呈粒状或致密块状集合体。

见于各种成因的含铜热液矿床中。常与其他含铜矿物一起作为铜矿石利用。

鉴定特征：钢灰色至铁黑色，新鲜断口呈黝黑色。条痕与颜色相同。金属或半金属光泽。硬度 3~4。相对密度 4.4~5.1。

【砷黝铜矿】

参见“黝铜矿”。

【硫砷铜矿】

成分 Cu_3AsS_4，含 Cu 48.3%。斜方晶系。晶体常呈柱状，少数呈板状，通常呈微密块状或粒状集合体。热液成因矿物，主要见于中温热液铜矿床中，与黄铜矿、黝铜矿等共生。是炼铜的矿物原料。

鉴定特征：钢灰色至铁黑色。条痕灰黑色。金属光泽。硬度 3.5。解理平行｛110｝完全。相对密度 4.4~4.5。

【方铅矿】

成分 PbS，含 Pb 86.6%，常含银。等轴晶系。常与闪锌矿共生，产于各种类型的热液矿床中。是炼铅的主要矿物原料；同时又是银的主要来源之一。我国古代所开采的银矿，实际上很多是含银的方铅矿矿床。

鉴定特征：晶体呈立方体或立方体和八面体的聚形；通常呈粒状或块状集合体。铅灰色。条痕灰黑色。金属光泽。硬度 2~3。解理平行｛100｝完全。相对密度 7.4~7.6。

【脆硫锑铅矿】

成分 $Pb_4FeSb_6S_{14}$，含 Pb 40.16%。单斜晶系。热液成因矿物，见于某些铅锌热液矿床和锡石硫化物矿床中。当大量积聚时可作为铅矿石利用。

鉴定特征：晶体常呈针状或细柱状，集合体常呈放射状。铅灰色。条痕灰黑色。金属光泽。性脆。硬度 2~3。解理平行｛001｝中等。相对密度 5.5~6。

【硫锑铅矿】

成分 $Pb_5Sb_4S_{11}$，含 Pb 55.4%。单斜晶系。通常呈纤维状或毡状集合体。热液成因矿物，见于某些铅锌热液矿床和锡石硫化物矿床中。当大量积聚时可作为铅矿石利用。

鉴定特征：铅灰色至铁黑色。条痕灰黑色，微带棕色。金属光泽。性脆。硬度 2.5~3。解理平行｛100｝中等。相对密度 6.23。

【车轮矿】

成分 $PbCuSbS_3$。含 Pb 42.5%、Cu 13%、Sb 24.7%。斜方晶系。晶体呈短柱状，双晶常呈轮式，因而得名。集合体呈粒状或块状。热液成因矿物。可作提取铅、铜的矿物原料。

鉴定特征：钢灰色至铅灰色，常带烟褐锖色。条痕暗灰色。金属光泽。解理平行｛010｝不完全。硬度 2.5~3。相对密度 6.23。

【闪锌矿】

成分 ZnS，含 Zn 67.1%，常含铁及镉、铟、镓、锗、铊等。含铁超过 10%者称为铁闪锌矿。等轴晶系。常与方铅矿共生，产于各种类型的热液矿床中。是炼锌的主要矿物原料。同时还可提取镉、铟等一系列稀散元素。

鉴定特征：晶体呈四面体，通常呈粒状集合体。随着含铁量的增加，颜色从浅黄色至棕色，甚至黑色，条痕也因之由白色至褐色。树脂光泽到半金属光泽。透明至半透明。硬度 3~4。解理平行｛110｝完全。相对密度 3.9~4.2。

【纤锌矿】

成分 ZnS，含铁、锰。有六方晶系和三方晶系两种多型变体。它通常从酸性成矿溶液中析出，见于某些铅锌热液矿床中，但其分布远不如闪锌矿常见。

鉴定特征：晶体常呈锥状、短柱状、板状；集合体呈纤维状、放射状及具同心层结构的皮壳状。随铁含量的不同，颜色由浅色、褐色直至黑色；条痕也因之由无色到褐色。树脂光泽。透明至半透明。硬度 3.5~4。解理平行｛1010｝完全，解理平行｛0001｝不完全。相对密度 4~4.3。

【硫镉矿】

成分 CdS，含 Cd 77.7%。六方晶系。通常呈粉末状和被膜状。主要是含镉闪锌矿遭受风化后所形成的次生矿物，常与闪锌矿相伴出现于铅锌矿床半氧化矿石中。是提取镉的矿物原料，近年来利用硫镉矿制作表面弹性波器件。但硫镉矿不形成独立矿床，工业上镉的来源主要是冶炼铅锌矿石时进行综合回收。

鉴定特征：橙黄色。树脂光泽。半透明或微透明。硬度 3~3.5。解理平行｛1120｝完全。相对密度 4.9~5。

【辉银矿】

成分 Ag_2S，含 Ag 87.1%。等轴晶系。晶体

呈立方体、八面体，通常为致密块状。是热液成因矿物，形成于173℃以上，在此温度以下，则转变为成分相同的螺状硫银矿。是炼银的矿物原料，但目前银主要从铜铅锌矿石中作为副产品而得到。

鉴定特征：颜色和条痕均为铅灰色。新鲜断口呈金属光泽。硬度2~2.5。相对密度7.2~7.4。具弱延展性。

【深红银矿】

深红银矿又称“硫锑银矿”。成分Ag_3SbS_3，含Ag 59.76%。三方晶系，晶体呈短柱状；集合体常呈粒状。见于铅锌银热液矿床中，往往为热液过程最后形成的矿物。是炼银的矿物原料。

鉴定特征：黑红色。条痕暗红色。金刚光泽。硬度2~2.5，解理{1011}中等。相对密度5.77~5.86。

【淡红银矿】

淡红银矿又称“硫砷银矿”。成分Ag_3AsS_3，含Ag 65.4%。三方晶系。晶体呈短柱状，通常呈致密块状和粒状集合体。它的人工晶体可制作激光材料。见于铅锌银热液矿床中，往往为热液过程最后形成的矿物。是炼银的矿物原料。

鉴定特征：鲜红色，但表面可因光的作用而逐渐变为暗黑色。条痕砖红色。半透明。金刚光泽。硬度2~2.5。解理{1011}中等，相对密度5.57~5.64。

【黄锡矿】

黄锡矿又称“黝锡矿”。成分Cu_2FeSnS_4，含Sn 27.5%、Cu 29.5%。四方晶系。晶体呈四方四面体，但很少见；通常呈块状、粒状或浸染状集合体。热液成因矿物，主要产于含锡硫化物矿床中。是炼锡和铜的矿物原料。

鉴定特征：微带绿的钢灰色，当其成分中含较多黄铜矿包裹体时，则呈黄灰色。条痕黑色。金属光泽。硬度3~4。相对密度4.3~4.5。

【镍黄铁矿】

成分（Fe、Ni）S_2，含Ni 34.2%；经常含钴，可达3%。等轴晶系。通常呈不规则的颗粒和火焰状包裹体。

镍黄铁矿产于与基性、超基性火成岩有关的铜镍硫化物岩浆矿床中，与磁黄铁矿、黄铜矿以及铂族矿物共生。有时也见于超基性岩的铬铁矿中。是炼镍的主要矿物原料，也可炼钴。

鉴定特征：古铜黄色。条痕绿黑色。金属光泽。解理{111}完全。硬度3~4。相对密度4.5~5。

【针镍矿】

成分NiS，含Ni 65%。三方晶系。晶体呈针状；集合体为纤维放射状、毛发状，偶尔呈粒状。

热液成因矿物，见于某些钴镍热液矿床中，有时见于铜镍硫化物岩浆矿床中，但它仍然是后期热液过程的产物。此外，在沉积成因镍矿床中亦常有产出。是炼镍的重要矿物原料。

鉴定特征：浅黄铜色，表面常因氧化而呈现锖色。条痕绿黑色。金属光泽。硬度3~3.5。相对密度5.2~5.6。

【紫硫镍矿】

紫硫镍矿又称“紫硫镍铁矿”。成分Ni_2FeS_4，含Ni 38.94%。等轴晶系，晶体呈八面体。常呈细粒状集合体，见于镍矿石中。主要见于铜镍硫化物矿床中。此外，在某些热液成因或沉积成因镍矿床中亦常有产出。是炼镍的主要矿物原料。

鉴定特征：紫灰色。新鲜断口呈金属光泽。硬度4.5~5.5。相对密度4.5~4.8。

【辉砷镍矿】

成分NiAsS，含Ni 35.4%。经常含铁和钴，后者可达8%。等轴晶系。晶体呈八面体、五角十二面体或立方体与八面体聚形，通常呈粒状集合体。是热液成因矿物。常见于某些钴镍热液矿床中，与红砷镍矿等矿物共生。是炼镍的矿物原料，也可炼钴。

鉴定特征：银灰色至钢灰色。条痕灰黑色。金属光泽。立方体解理偶见。硬度5.5。相对密度5.6~6.2。

【红砷镍矿】

红砷镍矿又称“红镍矿”。成分NiAs，含Ni

43.9%。六方晶系。通常呈致密块状集合体。

热液成因矿物。常见于钴镍热液矿床中，与砷钴矿、砷镍矿等共生；有时也见于铜镍硫化物岩浆矿床中，但它仍然是后期热液过程的产物。在地表易氧化而形成苹果绿色的镍华。是炼镍的重要矿物原料。

鉴定特征：浅铜红色。条痕褐黑色。金属光泽。硬度5。相对密度7.6~7.8。

【砷镍矿】

砷镍矿又称“镍方钴矿”。成分 $NiAs_3$，含Ni 20.71%，常含少量钴和铁。等轴晶系，晶体呈立方体、八面体或为两者的聚形。通常呈粒状和致密块状，主要产于钴镍砷化物热液矿脉中，与砷钴矿、方铂矿、红镍矿等共生。在地表易氧化而形成镍华，是炼镍的重要矿物原料。

鉴定特征：钢灰色。条痕灰黑色，金属光泽，硬度5.5~6。相对密度6.4。

【方钴矿】

成分 $CoAs_3$，含Co 20.77%，常含少量铁和镍。等轴晶系。晶体呈立方体、八面体或为两者的聚形。集合体常呈致密粒状。产于钴镍热液矿床中，与砷钴矿、砷镍矿、红镍矿等钴镍砷化物共生。在地表易氧化而形成钴华，是炼钴的重要矿物原料。

鉴定特征：锡白色。条痕灰黑色。金属光泽。硬度5.5~6。相对密度6.5~6.8。

【砷钴矿】

成分（Co，Ni，Fe）$As_{3\pm x}$，钴、镍、铁的含量在较大范围内变动。等轴晶系，晶体呈立方体、八面体或为两者的聚形，通常呈粒状和致密块状。

主要产于钴镍砷化物热液矿床中，与砷镍矿、方钴矿、红镍矿等共生，在地表易氧化而形成钴华和镍华。是炼钴和镍的重要矿物原料。

鉴定特征：锡白色至钢灰色。条痕灰黑色。金属光泽。硬度5.5~6，相对密度6.4~6.8。

【硫镍钴矿】

成分 $(Co,Ni)_3S_4$，钴和镍的含量近似相等，各可达29%，常含铜和铁。等轴晶系。晶体呈八面体。

热液成因矿物。见于含钴、镍的铜铅锌热液矿床中。是炼钴和镍的矿物原料。

鉴定特征：亮钢灰色。条痕灰黑色。金属光泽。硬度5。相对密度4.83。

【硫钴矿】

成分 Co_3S_4，含Co 58%，常含镍、铜和铁。等轴晶系。晶体呈八面体，通常呈粒状或致密块状集合体。

热液成因矿物。见于含钴黄铁矿的接触交代矿床和某些含钴铜矿床中。常与其他含钴矿物一起作为钴矿石利用。

鉴定特征：浅亮钢灰色。条痕灰黑色。金属光泽。硬度5~5.5。相对密度4.85。

【辉砷钴矿】

辉砷钴矿又称“辉钴矿”。成分CoAsS，含Co 35.4%。等轴晶系或斜方晶系，晶体呈八面体、立方体、五角十二面体或它们的聚形；集合体呈粒状或致密块状。

热液成因矿物，产于某些接触交代矿床和含钴热液矿床中，在地表易氧化而形成玫瑰色的钴华。是炼钴的重要矿物原料。

鉴定特征：微带玫瑰红的锡白色。条痕灰黑色。金属光泽。硬度5~6。相对密度6~6.5。

【砷铂矿】

成分 $PtAs_2$，含Pt 56.5%。等轴晶系。晶体常呈立方体和八面体的聚形。产于铜镍硫化物岩浆矿床中。这种矿床在成因上与基性、超基性火成岩有关。砷铂矿与镍黄铁矿、黄铜矿、磁黄铁矿以及铂族矿物共生。是炼铂的矿物原料。

鉴定特征：锡白色。条痕暗灰色。金属光泽。硬度6~7。相对密度10.5~10.7。

【辉钼矿】

成分 MoS_2，含Mo 60%，常含有铼。有不同的多型变体，分别为三方和六方晶系。晶体呈六方板状，常呈鳞片状集合体。

钼主要产于与花岗岩、石英二长岩有关的高

温和中温热液矿床及接触交代矿床中。热液矿床中的辉钼矿多为三方晶系的3R型变体，富含铼。接触交代矿床中的辉钼矿多为六方晶系的2H型变体，贫于铼。是炼钼和铼的重要矿物原料。

鉴定特征：灰色。条痕为微带绿的灰黑色。金属光泽。硬度1。解理平行｛0001｝极完全。薄片具挠性。有滑腻感。相对密度4.7~5。

【辉铋矿】

成分 Bi_2S_3，含Bi 81.3%。斜方晶系。晶体呈长柱状或针状。主要产于花岗岩分布地区的高温热液矿床中，与黑钨矿、锡石等共生。是炼铋的主要矿物原料。

鉴定特征：柱面具纵条纹。微带铅灰的锡白色，表面常带灰黄斑状锖色。条痕铅灰色。金属光泽。硬度2~2.5。解理平行｛010｝完全。相对密度6.4~6.8。

【辉锑矿】

成分 Sb_2S_3，含Sb 71.4%。斜方晶系。晶体呈长柱状，柱面具纵条纹。集合体常呈放射状或粒状。是低温热液成因的矿物，常与雄黄、雌黄、辰砂等共生。是炼锑的重要矿物原料。

鉴定特征：颜色和条痕均为铅灰色。晶面常带暗蓝锖色。金属光泽。解理平行｛010｝完全，解理面上常可见横的聚片双晶纹。硬度2~2.5。相对密度4.6。熔点很低。

【辰砂】

辰砂俗称“朱砂”“丹砂”。成分HgS，含Hg 86.2%。三方晶系。晶体呈细小的厚板状或菱面体；集合体呈粒状、致密块状。是低温热液成因矿物。有时可有外生成因的辰砂，形成于氧化带的下部，由黑黝铜矿（含Hg可达13.71%的黝铜矿）分解而成。辰砂是炼汞的最主要的矿物原料。过去以湖南辰州（今沅陵）所产最佳，因而得名。

鉴定特征：猩红色，有时表面现铅灰色的锖色。条痕红色。金刚光泽。硬度2~2.5。解理平行柱面｛1010｝完全。相对密度8.09。

【毒砂】

毒砂又称“砷黄铁矿”。成分FeAsS，含As 46%，常含钴、镍等，含钴高者也称钴毒砂，Co含量最高可达9%。单斜或三斜晶系。晶体呈柱状。晶面上有平行条纹。双晶多呈三连晶，集合体常呈粒状和致密块状。毒砂是金属矿床中分布最广的一种原生矿物，见于许多高温和中温热液矿床中。是制取各种砷化物的主要矿物原料。钴毒砂是提取钴的矿物原料。

鉴定特征：锡白色，表面常具浅黄的锖色。条痕灰黑色。金属光泽。硬度5.5~6。相对密度5.9~6.2，性脆。敲击时发出蒜臭味。

【雌黄】

成分 As_2S_3，含As 61%。单斜晶系。晶体呈短柱状、板状或片状，也常呈梳状、块状以及粉末状集合体。主要是低温热液成因的矿物，与雄黄、辉锑矿等共生。此外，见于火山喷发物中，与自然硫等共生。是提取砷的重要矿物原料。

鉴定特征：柠檬黄色，有时微带浅褐色。金刚光泽至油脂光泽，解理面上呈珍珠光泽，暴露空气中易变为暗淡。硬度1~2。解理平行｛010｝完全。薄片具挠性。相对密度3.4~3.5。熔点很低。烧灼时发出蒜臭味。

【雄黄】

雄黄又称“鸡冠石”。成分AsS，含As 70.1%，单斜晶系。晶体呈短柱状，晶面具纵条纹，通常呈粒状或致密块状集合体，有时也呈土状块体及皮壳状集合体。主要是低温热液成因的矿物，常与雌黄、辉锑矿等共生。是提取砷的重要矿物原料。

鉴定特征：橘红色。当暴露于光和空气中时，碎裂成橙黄色粉末。条痕淡橘红色。晶面呈金刚光泽，断口呈树脂光泽。硬度1.5~2。相对密度3.56。熔点很低。烧灼时发出蒜臭味。

【磁黄铁矿】

成分 $Fe_{1-x}S$，式中 x 通常为0~0.223，含S 39%~40%，有时含微量的镍和钴。六方或单斜晶系。通常呈致密粒状块体。少数情况下磁黄铁矿是高温的产物。它的形成不仅取决于温度，同时还取决于溶液中硫离子的浓度。因为在硫离子浓度增高的情况下，铁以二硫化物（FeS_2）的形式出现；而在硫离子浓度不大的时候，铁则形成单硫化物（FeS）。它分布于各种类型的内生矿床中。常与黄铜矿等硫化物共生。在风化作用下，它是最易分解的硫化物，开始变成硫酸铁，再经水解而成为不溶于水的氢氧化铁。磁黄铁矿含镍、钴时可提取镍、钴。

鉴定特征：暗铜黄色。条痕灰黑色。金属光泽。硬度4。相对密度4.6~4.7。具磁性。

【黄铁矿】

黄铁矿在工业上又称“硫铁矿”。成分FeS_2，含S 53.4%。常含钴、镍和金。等轴晶系。在地壳中分布很广，可在各种不同的地质作用中形成。内生成因的黄铁矿主要产于热液矿床中；外生成因的黄铁矿见于沉积岩、煤层中，它往往呈结核状、团块状和浸染状。它的形成与还原环境下有机残体的分解有关。在风化作用下，黄铁矿易分解而形成褐铁矿，有时保留黄铁矿晶形的假象。黄铁矿是制取硫酸的主要矿物原料，一些矿床中的黄铁矿常含自然金和钴、镍，可综合利用。

鉴定特征：晶体常呈立方体或五角十二面体，晶面上有条纹。集合体呈粒状或块状。浅黄铜色。条痕绿黑色。金属光泽。硬度6~6.5。断口参差状。相对密度4.9~5.2。

【白铁矿】

成分FeS_2，白铁矿和黄铁矿都是FeS_2的同质多象变体。斜方晶系，晶体呈板状，常呈鸡冠状。复杂双晶通常呈结核状、肾状或皮壳状集合体。在自然界的分布远比黄铁矿少。内生成因的白铁矿见于各种热液矿床中，往往是低温成矿阶段的产物；外生成因的白铁矿主要见于炭质砂页岩中，呈结核状出现。白铁矿的形成条件与黄铁矿不完全相同，它一般从酸性溶液中沉淀而出，其形成时的温度也较低。大量积聚时可作为制取硫酸的矿物原料。

鉴定特征：淡黄铜色。条痕暗灰色。金属光泽。硬度5~6。相对密度4.6~4.9。

【绿硫钒矿】

成分VS_4，含V 28.4%。单斜晶系。常呈致密块状或粉末状集合体。产于被酸性脉岩侵入的沥青质页岩中。可作为钒矿石开采。

鉴定特征：暗灰色或黑色。条痕灰黑色。金属光泽。相对密度2。

【碲金矿】

成分$AuTe_2$，含Au 43.59%、Te 56.41%，常含少量银。单斜晶系。晶体呈细条片状，集合体呈粒状。热液成因产物，见于中温和低温热液矿床中，是提取金和碲的矿物原料。

鉴定特征：铜黄色至银白色。条痕灰绿色。金属光泽。硬度2.5。相对密度9.1~9.4。

【叶碲矿】

$[Pb_3(Pb,Sb)_3S_6](Au,Te)_3$。斜方晶系。晶体呈板状，通常呈片状集合体。见于中温和低温热液矿床中，是提取金和碲的矿物原料。

鉴定特征：铅灰色。条痕黑色。金属光泽。硬度1.5。解理平行底面{001}完全。相对密度7.49。

第三章　卤化物类

【萤石】

萤石又称“氟石”。成分 CaF_2，有时含稀土元素。富含钇者称为钇萤石。等轴晶系。晶体常呈立方体、八面体，较少呈菱形十二面体，尖晶石律穿插双晶常见，也常呈粒状或块状集合体。主要为热液成因矿物，常呈单矿物的萤石脉产出。有时也大量出现于铅锌硫化物矿床中。而沉积成因者则很少。是制取氢氟酸的唯一矿物原料；此外，还可用于搪瓷和水泥工业。

鉴定特征：通常为黄色、绿色、蓝色、紫色等，无色者较少。玻璃光泽。硬度 4。解理平行八面体｛111｝完全。相对密度 3.18。加热时或在紫外线照射下显荧光。

【冰晶石】

成分 Na_3AlF_6。单斜晶系。通常呈粒状或致密块状。是炼铝的矿物原料，并用于玻璃和搪瓷工业。

鉴定特征：无色、灰白色或灰黄色。玻璃光泽。硬度 2~3。断口参差状。相对密度 2.95~3，晶体见于伟晶岩脉内。

【石盐】

成分 NaCl，等轴晶系。晶体呈立方体，通常呈粒状或块状集合体。常产于古地质时期和现代炎热干燥地区的湖盆中和海滨浅水潟湖中。是提取金属钠和制造盐酸的重要矿物原料。

鉴定特征：无色透明或灰白色。玻璃光泽，潮解表面呈油脂光泽。硬度 2.5。解理平行立方体｛100｝完全。相对密度 2.168。易溶于水。味咸。

【钾盐】

成分 KCl，常含溴、铷和铯。等轴晶系。晶体呈立方体，通常呈致密块状集合体。是制造钾肥的重要矿物原料，同时在化学工业上用于制取各种含钾化合物。

鉴定特征：无色透明或乳白色。玻璃光泽。硬度 1.5~2。解理平行｛100｝完全。相对密度 1.97~1.99。味咸而苦涩。易溶于水。形成于干涸盐湖中。

【角银矿】

成分 AgCl，等轴晶系。晶体呈立方体，但较少见；通常呈块状或被膜状集合体。角银矿常见于干热地区银矿床的氧化带，是含银硫化物氧化后与下渗的含氯地面水反应而成。大量积聚时可作银矿石利用。

鉴定特征：新鲜标本无色或微带各种浅的色调。暴露于日光下色变暗，直至成为黑色。结晶质的呈金刚光泽，隐晶质的呈蜡状光泽。硬度 1.5~2。具延展性。相对密度 5.55。

【光卤石】

成分 Kd · $MgCl_2$ · $6H_2O$，常含溴，有时含微量铷和铯，斜方晶系。通常呈致密粒状或块状集合体。是富含镁、钾的盐湖中最后形成的矿物，因此，它出现于沉积盐层的上部。是提取镁和钾的矿物原料，其中铷、铯也可综合利用。

鉴定特征：纯净者无色，有时因含有 Fe_2O_3 等包裹体而显淡红色或褐色。油脂光泽，新鲜断口呈玻璃光泽。硬度 2~3，相对密度 1.6。极易潮解，味苦咸。

第四章 氧化物及氢氧化物类

【赤铜矿】

成分 Cu_2O，含 Cu 88.8%，等轴晶系。晶体呈细小八面体形，有时呈针状或毛发状称为针赤铜矿；集合体呈粒状、致密块状或土状。形成于外生条件下，主要见于铜矿床氧化带，是含铜硫化物氧化后的产物。大量积聚时可作为铜矿石利用。

鉴定特征：暗红色。条痕褐红色。金刚光泽或半金属光泽。硬度 3.5~4。相对密度 6。

【黑铜矿】

成分 CuO，含 Cu 79.9%。单斜晶系。通常呈细鳞状或土状集合体。主要见于铜矿床的氧化带，是含铜硫化物氧化后的产物。

鉴定特征：黑色或灰黑色。条痕灰黑色。半金属光泽。性脆。硬度 3.5。相对密度 5.8~6。

【方镁石】

成分 MgO。等轴晶系，晶体呈立方体、八面体，集合体为不规则粒状。为典型的变质矿物，易水化转变为水镁石。

鉴定特征：灰白色、浅黄色、褐色至黑色。解理平行立方体 {100} 完全。硬度 5.5。相对密度 3.56。

【红锌矿】

成分 ZnO，含 Zn 80.3%，常含少量锰和铁。六方晶系，通常呈粒状或致密块状集合体。产于接触交代矿床中，与硅锌矿、锌铁尖晶石共生。是炼锌的矿物原料。近年来利用红锌矿制作表面弹性波器件。

鉴定特征：深红色至橙黄色。条痕橘黄色。金刚光泽。硬度 4~4.5。解理平行底面 {0001} 完全。相对密度 5.66。

【刚玉】

成分 Al_2O_3，有时含微量铁、钛或铬等。三方晶系。晶体常呈腰鼓状；集合体呈粒状、致密块状。刚玉可由富含 Al_2O_3 而贫 SiO_2 的岩浆熔融体中结晶而出，常见于刚玉正长岩和斜长岩中。亦见于火成岩与石灰岩的接触带，是火成岩去硅作用的产物。黏土质岩石经区域变质作用可形成刚玉结晶片岩。当含刚玉的岩石遭受风化破坏后，刚玉可转移到砂矿中。主要用作研磨材料，透明色美的刚玉可作宝石。

鉴定特征：颜色常为蓝灰色或黄灰色；透明且含有微量铬呈红色者，称为红宝石；透明且含钛呈蓝色者，称为蓝宝石；含铁者呈棕色，含锰者呈玫瑰色。玻璃光泽。硬度 9。相对密度 3.95~4.1。

【赤铁矿】

赤铁矿俗称“红铁矿”。成分 Fe_2O_3，含 Fe 70%。三方晶系。晶体呈菱面体或板状。由磁铁矿氧化而成者可具有磁铁矿的假象，称为“假象赤铁矿”。集合体有各种形态：玫瑰花状或片状且呈金属光泽者称镜铁矿，细小鳞片状者称云母赤铁矿，鲕状集合体称鲕状赤铁矿，具放射状构造的肾状块体称肾状赤铁矿。赤铁矿晶体和块状赤铁矿呈铁黑至钢灰色。赤铁矿是自然界分布很广的铁矿物之一。它可形成于内生、外生和变质作用条件下，并出现于各种不同成因类型的矿床中。内生的主要以热液成因为主，外生的主要由胶体溶液凝聚而成，具有鲕状、肾状等胶体形态的特征。在区域变质过程中，由褐铁矿经脱水作用而形成。赤铁矿是铁矿石中很常见的矿物，是炼铁的重要矿物原料。

鉴定特征：金属至半金属光泽。硬度5.5~6。鲕状、肾状、土状和粉末状呈赭红色。光泽暗淡，硬度降低。条痕均为樱红色。相对密度5~5.3。

【镜铁矿】

镜铁矿是赤铁矿的一个亚种，为玫瑰花状或片状集合体。铁黑至钢灰色。金属光泽。常含极细磁铁矿包裹体而具磁性。主要见于热液成因铁矿床中。参见“赤铁矿”。

【云母赤铁矿】

云母赤铁矿是赤铁矿的一个亚种。为细鳞片状集合体。钢灰色。金属光泽。主要见于沉积变质铁矿床中，由区域变质作用形成。参见“赤铁矿”。

【沼铁矿】

沼铁矿是指以铁的氢氧化物为主并含黏土泥沙等杂质而在湖沼中沉积的一种铁矿。沼铁矿实际上并不是一种单矿物。质地疏松。常成层状或团块状。含铁成分达炼铁要求时可用作炼铁原料。

【金红石】

成分TiO_2，含Ti 60%，常含铁、铌、钽等。四方晶系。晶体呈粒状或针状，通常为四方柱与四方双锥的聚形；膝状双晶常见，集合体为粒状或致密块状。产于伟晶岩中的金红石，其成分中富含铁、钽和铌；在区域变质过程中，往往由钛铁矿分解而成，出现于片麻岩中。此外，还常见于区域变质岩系的石英脉内。当含金红石的岩石遭受风化破坏后，金红石可转移到砂矿中。是提炼钛的主要矿物原料。

鉴定特征：褐红色，含铁高时呈黑褐色。条痕浅褐色或黄褐色。金刚光泽，含铁高时则现半金属光泽。硬度6。解理平行四方柱｛110｝完全。相对密度4.2~4.3。

【板钛矿】

板钛矿产于区域变质岩系的石英脉中或作为副矿物产于火成岩及变质岩中。板钛矿、锐钛矿和金红石均为TiO_2的同质多象变体，但前两者在自然界的分布远比金红石少。

鉴定特征：斜方晶系。晶体呈板状。黄褐色或红褐色至黑色。条痕无色至褐黄色。金刚光泽。硬度5~6。相对密度3.9~4。

【锐钛矿】

锐钛矿旧称“八面石”，成分TiO_2，四方晶系。晶体呈近似八面体的四方双锥，少数呈板状或柱状。产于区域变质岩系的石英脉中或作为副矿物产于火成岩及变质岩中。锐钛矿、板钛矿和金红石均为TiO_2的同质多象变体，但前两者在自然界的分布远比金红石少。

鉴定特征：褐色至黑色。条痕无色至浅黄色。金刚光泽。解理平行底面｛001｝和四方双锥｛101｝完全。硬度5~6。相对密度3.9。

【八面石】

八面石是锐钛矿的同义词。矿物学中现已废弃不用。八面石指含金属镍6%~18%的一种最常见的铁陨石。其韦氏交纹构造沿八面体面出现，因而得名。

【锡石】

成分SnO_2，含Sn 78.8%，常含铌、钽等。四方晶系。晶体一般呈四方双锥状、双锥柱状，膝状双晶常见；集合体呈不规则粒状。蜡黄色、浅褐色、深黑色。主要产于花岗岩分布地区的伟晶岩、汽化高温热液矿床（锡石石英脉）和锡石硫化物热液矿床中。伟晶岩产出的锡石呈双锥状，柱面不发育，常含铌、钽，颜色深黑。而热液矿床产出的锡石呈双锥柱状，常含钨，颜色浅褐或蜡黄。原生锡矿床经风化破坏后，锡石常可转移到砂矿中。是炼锡的主要矿物原料。

鉴定特征：半透明至不透明。金刚光泽，断口呈油脂光泽。硬度6~7。相对密度6.8~7。

【软锰矿】

成分MnO_2，含Mn 63.2%。四方晶系。晶体呈细柱状或针状；通常呈块状、粉末状集合体。主要由沉积作用形成，为沉积锰矿床的主要成分之一；此外，在锰矿床的氧化带部分，它是所有原生低价锰矿物的氧化产物。是锰矿石中很常见的矿物。是炼锰的重要矿物原料。

鉴定特征：颜色和条痕均为黑色。光泽和硬度视其结晶粗细和形态而异；结晶好者呈半金属光泽，硬度较高；而隐晶质块体和粉末状者，光泽暗淡，硬度低，极易污手。相对密度 5 左右。

【晶质铀矿】

成分 UO_2，含 U 55%～64%，常含钍、镭、稀土元素及铅等。等轴晶系。晶体常呈立方体和八面体或立方体和菱形十二面体的聚形。主要产于伟晶岩和高温热液矿脉中。是提取铀的重要矿物原料，同时钍、镭、稀土元素等可综合利用。

鉴定特征：黑色。条痕褐黑色。不透明。半金属光泽至树脂光泽。硬度 5～6。断口贝壳状。相对密度一般在 10 左右。当铀被钍、稀土元素等置换量增加或放射性蜕变程度增加时，相对密度便趋于降低。具强放射性。

【沥青铀矿】

沥青铀矿又称“非晶铀矿”或“铀沥青”。成分 UO_2，含 U 42%～76%，常含铅，不含或微含钍、稀土元素等。等轴晶系。矿物外形为胶态肾状、钟乳状、葡萄状或致密块状。主要产于中温和低温热液矿床及沉积矿床中。是提取铀的最主要矿物原料。

鉴定特征：沥青黑色。条痕黑色。树脂光泽或半金属光泽。硬度 3～5。断口贝壳状或参差状。相对密度 6.5～8.5。蜕变的沥青铀矿其硬度和相对密度均显著下降。具强放射性。

【铀黑】

铀黑一般为非晶质，通常呈粉末状、土状集合体。按其形成条件可分为残余铀黑和再生铀黑两种。残余铀黑是由晶质铀矿、沥青铀矿在原地经过不完全的氧化而成，仍保存原生铀矿物的形态。再生铀黑是在还原条件下，由氧化带渗透下来的 U^{6+} 经沉积和部分还原而成。残余铀黑见于原生含铀矿床的氧化带中，再生铀黑产于原生含铀矿床的胶结带或某些含有机质的沉积岩中。是提取铀的矿物原料。

鉴定特征：黑色、灰黑色或深灰色。光泽暗淡。硬度 1～4。具强放射性。

【方钍石】

成分（Th，U）O_2，含 ThO_2 70%～80%，含 UO_2 12%，常含稀土元素和铅。等轴晶系。晶形呈立方体，有时呈八面体和立方体的聚形，晶体通常细小，具浑圆形轮廓；常依尖晶石律形成贯穿双晶。主要产于伟晶岩及高温热液矿床中，与锆石、钍石等共生。也见于砂矿床中。是提炼钍和铀的矿物原料。

鉴定特征：暗灰色至黑色。条痕深灰色。树脂光泽或半金属光泽。硬度 6.5～7。断口参差状到贝壳状。相对密度 8.9～9.8。相对密度和硬度随矿物蜕变程度的增加而减低。具强放射性。

【斜锆石】

成分 ZrO_2，含 ZrO_2 80%～98%，常含铅，有时含铌、钽、稀土元素。单斜晶系。晶体呈板状或片状。产于与碱性-超基性岩有关的烧绿石碳酸岩矿床中，也常见于砂矿床中。是提取锆的矿物原料。

鉴定特征：白色或红黄色。玻璃光泽。硬度 6.5。解理平行底面｛001｝完全。相对密度 5.4～6。

【铅黄】

成分 PbO。斜方晶系。常呈粉末状或细鳞片状集合体。由方铅矿和其他含铅矿物氧化而成。可作黄色颜料。

鉴定特征：黄色。光泽暗淡。硬度 2。相对密度 8～9。

【铅丹】

成分 Pb_3O_4。正方晶系。常呈粉末状块体或细鳞片状集合体。由方铅矿和白铅矿氧化而成。可用作红色颜料和铅玻璃原料。

鉴定特征：鲜红色与黄色相间。条痕橙黄色。光泽暗淡。硬度 2～3。相对密度 4.6。

【砷华】

砷华俗称“砒霜”。成分 As_2O_3。等轴晶系。晶体呈细小八面体；通常呈雪花状、土状或皮壳状集合体。是原生砷矿物在地表风化时的产物，由于其稳定性差和溶解度大，在自然界不易保存。医药上用作药物，农业上用作制杀虫剂的原料。

鉴定特征：无色或白色，有时带淡黄色或淡红色。玻璃光泽。解理平行八面体｛111｝中等。硬度 1.5。相对密度 3.72～3.88。烧灼时发出蒜臭味。

【锑华】

成分 Sb_2O_3，含 Sb 83.3%。斜方晶系。是含锑矿物氧化后形成的次生矿物。大量积聚时可作为锑矿石利用。

鉴定特征：晶体常呈柱状，柱面具纵条纹。颜色多为白色、黄色。金刚光泽。解理平行菱方柱｛110｝完全。硬度 2.5～3。相对密度 5.76。

【铋华】

成分 Bi_2O_3。单斜晶系。通常呈土状、块状、被膜状或呈辉铋矿柱状晶形的假象产出。是辉铋矿、自然铋氧化后所形成的次生矿物。

鉴定特征：浅绿色、黄色、浅灰色等。玻璃光泽或土状光泽。硬度变化很大，致密块状者可达 4.5，土状者则降至 1。相对密度 8.64。

【钼华】

成分 MoO_3。斜方晶系。晶体细小，呈针状或板状；通常呈土状集合体。主要是辉钼矿氧化后所形成的次生矿物。

鉴定特征：黄绿色或淡黄色。金刚光泽。硬度 1～2。相对密度 4.49～4.5。

【石英】

石英包括三方晶系的低温石英（α 石英）和六方晶面系的高温石英（β 石英）。常压下高温石英在 573～870℃ 时稳定，高于 870℃ 时将转变为高温鳞石英，低于 573℃ 时则转变为低温石英。一般所称石英均指低温石英。三方晶系。晶体呈六方柱状，柱面具横纹。有左晶和右晶的区别。双晶很普遍，最常见的为道芬双晶和巴西双晶，通常呈晶簇或粒状、块状集合体。颜色不一，无色透明的叫“水晶”，乳白色的叫“乳石英”，紫色的叫“紫水晶”，浅玫瑰色的叫“蔷薇石英”，烟黄色至暗褐色的叫“烟水晶”。玻璃光泽，断口呈油脂光泽。相对密度 2.65～2.66。具旋光性和压电性。在自然界分布极广，大的石英晶体主要见于伟晶岩的晶洞中，块状石英常产于热液矿床中，粒状石英是花岗岩、片麻岩和砂岩等许多岩石的主要矿物成分。

【水晶】

水晶即透明的石英晶体，一般无色。按其特征及土业用途分为压电水晶、光学水晶、熔炼水晶和工艺水晶等四种。压电水晶是指可供用作压电材料的水晶。它要求在可用部分内无色透明，没有双晶裂隙、包裹体以及其他种种缺陷。把它切割成单片后制成的谐振器、滤波器，具有最高的频率稳定性，频率误差可小至 10^{-9} 以内。广泛用于电子、电信设备中。光学水晶要求无色透明，无巴西双晶和裂缝等，用于制造石英折射计、红外线分析窗口、光谱仪等。熔炼水晶是电子工业和新技术产业的矿物材料。工艺水晶包括各种颜色美丽的石英晶体，是制作工艺品的材料。

【压电水晶】

参见“水晶”。

【紫水晶】

紫水晶，即呈紫色的石英晶体。形成于较低的温度和压力条件下，主要见于热液矿床中。是名贵的工艺雕刻品材料。

【烟水晶】

烟水晶，即呈烟黄色至暗褐色的石英晶体。常含大量流体包裹体。加热至 225℃ 以上时可褪色。形成于较高的温度条件下，常见于花岗岩的晶洞之中，也见于变质岩系的石英脉中。可供制作减弱射线强度的眼镜片之用。

【蔷薇石英】

蔷薇石英又称“芙蓉石”，即呈蔷薇红色或浅玫瑰色的石英。加热至 575℃ 时，红色即消退。在日光下长期暴晒时，红色即渐变淡。通常呈块状产出，多见于某些花岗伟晶岩的核心部位，是工艺雕刻品的优良材料。

【乳石英】

乳石英，即呈乳白色的石英。它的颜色是由于含细小分散的气态或液态包裹体所致。通常呈块状产出，见于各种石英脉中和石英岩中。

【玉髓】

玉髓又称“石髓”。是石英的隐晶质亚种。常呈肾状、钟乳状、葡萄状等。蜡状光泽。半透明。颜色不一，鲜红色、褐红色至褐色的叫“光玉髓”；苹果绿色的叫“绿玉髓”；鲜绿色至深绿色并带有红色碧玉小斑点，看时与血滴相似的叫“血玉髓”等。相对密度 2.57～2.64，比石英略低。有低温热液成因和表生成因，前者见于喷出岩的空洞、热液矿床或温泉沉积中，表生成因的则见于风化壳和氧化带。主要用作工艺美术品的材料。

【玛瑙】

玛瑙为玉髓的一种，是各种具有色彩的二氧化硅变胶体。通常是从岩石空隙或空洞的周壁向中心逐层填充，形成同心层或平行层块体。按其花纹和颜色的不同而分为缟状玛瑙、苔纹玛瑙、缠丝玛瑙等。可用作精密仪器上的轴承、耐磨器皿及工艺品的材料。

【蛋白石】

成分 $SiO_2 \cdot nH_2O$，是天然的二氧化硅胶凝体。含水量不定，最高可达 34%。一般视为非晶质。通常呈致密块体，有时呈钟乳状体。根据其物理性质的某些差异，可将蛋白石分为：带乳光变彩的称为贵蛋白石；呈红棕色至橘黄色而具“火”状反光的称为火蛋白石；由 SiO_2 交代树干而具木质纤维状构造的称为木蛋白石；质轻多孔，水中透明，干燥时呈浊色的称为水蛋白石；无色透明呈球状或葡萄状的称为玻璃蛋白石。是火山区温泉的沉积物，或在外生条件下由硅酸盐矿物分解产生的硅酸溶胶凝聚而成。此外，蛋白石也是组成硅藻土的主要成分。色美者可用作宝石或工艺品材料。

鉴定特征：颜色不一，通常为蛋白色，往往因含有杂质而呈现各种色彩。玻璃光泽，多孔块状的呈蜡状光泽。硬度 5～5.5。断口呈贝壳状。相对密度 1.9～2.5。

【鳞石英】

鳞石英与石英、方英石等同为 SiO_2 的同质多象变体。鳞石英包括了三种变体：属六方晶系的高温鳞石英（β_2－鳞石英）和中温鳞石英（β_1－鳞石英），以及属于斜方晶系的低温鳞石英（α－鳞石英）。高温鳞石英常压下只在 870～1470℃范围内稳定，高于 1470℃时转变为高温方英石，但可呈亚稳状态在 870℃以下存在。当温度低于 163℃时，则转变为中温鳞石英。中温鳞石英在 117℃以下则转变为低温鳞石英。一般所称鳞石英均指低温鳞石英。

鉴定特征：晶体常具高温变体的六方片状或板状的假象。无色或白色。玻璃光泽。硬度 7。相对密度 2.3。产于酸性火山岩的空洞中。

【方英石】

方英石又称“白硅石”。与石英、鳞石英等同为 SiO_2 的同质多象变体。方英石包括两种变体：等轴晶系的高温方英石（β－方英石）和四方晶系的低温方英石（α－方英石）。高温方英石在常压下只在 1470～1723℃范围内稳定，但可呈亚稳状态在 1470℃以下存在，当温度低于 268℃时则转变为低温方英石。一般所称方英石均指低温方英石，常具高温变体的细小八面体的假象或球状集合体。

鉴定特征：白色或乳白色。玻璃光泽。硬度 6～7。相对密度 2.38。产于酸性火山岩的空洞中和细粒基质中。

【白硅石】

白硅石又称“木蛋白石”，质轻多孔、水中透明、干燥时呈浊色的称为水蛋白石，无色透明呈球状或葡萄状的称为玻璃蛋白石。是火山区温泉的沉积物，或在外生条件下由硅酸盐矿物分解产生的硅酸溶胶凝聚而成。此外，蛋白石也是组成硅藻土的主要成分。色美者可用作宝石或工艺品材料。

【钛铁矿】

成分 $FeTiO_3$，含 TiO_2 52.7%。三方晶系。晶

体呈菱面体或厚板状，很少见；通常呈不规则粒状集合体。常与磁铁矿一起见于基性岩中，也可产在碱性岩中。当含矿岩石遭受风化破坏后，钛铁矿常转移到砂矿中。是炼钛的主要矿物原料。

鉴定特征：铁黑色。条痕黑色。半金属光泽。硬度5~6。相对密度4.72。微具磁性。

【钙钛矿】

成分 $CaTiO_3$，含 TiO_2 58.9%，此外常含稀土元素、铌等。假等轴晶系（实际为斜方晶系）。常以副矿物存在于碱性岩中或某些变质岩中。

鉴定特征：晶形呈假立方体或八面体，晶面上常有平行立方体棱的条纹。灰黑色、红褐色和橙黄色。条痕白色或灰黄色。金刚光泽。硬度5.5。相对密度4.2。

【褐锰矿】

成分 Mn_7SiO_{12}。四方晶系。晶体呈双锥状，也呈粒状和块状集合体产出。由内生作用和变质作用形成，见于某些接触交代矿床、热液矿床和沉积变质锰矿床中，与黑锰矿等共生。是炼锰的矿物原料。

鉴定特征：黑色，条痕褐黑色。半金属光泽。硬度6。相对密度4.7~5。

【黑锰矿】

成分 Mn_3O_4。四方晶系。晶体呈四方双锥；通常呈粒状集合体。由内生作用和变质作用形成，见于某些接触交代矿床、热液矿床和沉积变质锰矿床中，与褐锰矿等共生。是炼锰的矿物原料。

鉴定特征：黑色。条痕棕橙色或红褐色。半金属光泽。硬度5.5，解理平行底面｛001｝完全。相对密度4.84。

【尖晶石】

成分 $MgAl_2O_4$，常含铁、铬、锰、锌等。等轴晶系。晶体常呈八面体及八面体与菱形十二面体的聚形；常呈依尖晶石律接触双晶。

见于酸性侵入体与白云岩或白云质石灰岩的接触交代带中；也见于火成岩和变质岩中；在砂矿中也常出现。透明、色泽美丽的尖晶石可用作宝石。

鉴定特征：红色、绿色、褐色、黑色等。玻璃光泽。硬度8。相对密度3.5~3.7。

【锌铁尖晶石】

成分（Zn，Mn）Fe_2O_4。等轴晶系。晶体呈八面体，其棱线常带圆形；也经常呈圆粒集合体。见于某些接触交代矿床中，与红锌矿、硅锌矿等共生。

鉴定特征：铁黑色。条痕红棕色至黑色。新鲜断口呈金属光泽。微具磁性。硬度6。断口呈贝壳状。相对密度5.07~5.22。

【金绿宝石】

成分 $BeAl_2O_4$，含 BeO 19.8%。斜方晶系。见于花岗伟晶岩与其不同成分的围岩的接触带。也见于砂矿床中。可作为宝石。

鉴定特征：常依｛031｝形成假六方的轮式连晶。解理平行菱方柱｛110｝中等。绿色或黄色。玻璃光泽。硬度8.5。相对密度3.71~3.75。

【铬尖晶石类】

该类矿物主要包括铬铁矿、镁铬铁矿、铝铬铁矿、硬铬尖晶石等。由于各矿物种彼此间在外部特征和成因上均非常近似，因而统称为铬尖晶石类矿物。

【铬铁矿】

成分（Mg，Fe）O·Cr_2O_3 铬铁矿是铬尖晶石类矿物中的一种。成分介于亚铁铬铁矿和镁铬铁矿之间。通常有人将亚铁铬铁矿和镁铬铁矿也都称为铬铁矿。等轴晶系，晶体呈细小的八面体，通常呈粒状和致密块状集合体。

岩浆成因矿物，产于超基性岩中。当含矿岩石遭受风化破坏后，铬铁矿可转移到砂矿中。是炼铬的最主要的矿物原料，富含铁的劣质矿石可用作高级耐火材料。

鉴定特征：黑色。条痕褐色。半金属光泽。硬度5.5。相对密度4.2~4.8。具弱磁性。

【亚铁铬铁矿】

参见“铬铁矿”。

【镁铬铁矿】

成分（Mg，Fe）Cr_2O_4，参见“铬铁矿”。

【富铬尖晶石】

富铬尖晶石又称“铬铁尖晶石”“铝铬铁矿”。成分（Mg，Fe）O·（Cr，Al$)_2O_3$，是铬尖晶石类矿物中的一种。形态、物理性质、成因、产状及用途与铬铁矿相同，参见“铬铁矿”。

【硬铬尖晶石】

硬铬尖晶石是铬尖晶石类矿物中的一种。成分（Mg，Fe）（Cr，Al$)_2O_4$，其形态、物理性质、成因、产状及用途与铬铁矿相同，参见“铬铁矿”。

【磁铁矿】

成分 Fe_3O_4。等轴晶系。晶体呈八面体和菱形十二面体；通常呈粒状或块状集合体。形成于内生作用和变质作用过程，见于岩浆成因铁矿床、接触交代铁矿床、汽化高温含稀土铁矿床、沉积变质铁矿床以及一系列与火山作用有关的铁矿床的铁矿石中，是主要的矿物成分。

此外，还常见于砂矿中。是炼铁的重要矿物原料。如含钴、钒时，可综合利用。在自然条件下由赤铁矿还原而成的磁铁矿称为“穆磁铁矿”。

鉴定特征：铁黑色。条痕黑色。半金属光泽。硬度 5.5～6。相对密度 4.8～5.3。具强磁性，可为永久磁铁所吸引，且本身也能吸引铁屑等物质。

【钛磁铁矿】

成分 $FeTiO_3$，钛磁铁矿即富含钛的磁铁矿亚种。常温情况下，钛成为板状和柱状的钛铁矿及布纹状的钛铁晶石嵌于磁铁矿的晶粒中。钛磁铁矿的性质与磁铁矿相似。产于基性岩中。是炼钛和铁的主要矿物原料。

【钒磁铁矿】

成分 FeV_2O_4，钒磁铁矿，即含钒的磁铁矿亚种。性质与磁铁矿相似。可以从中提炼钒。

【铌铁矿】

成分（Fe，Mn）Nb_2O_6，铌铁矿旧称“钽铁矿”，与钽铁矿形成类质同象系列。斜方晶系，晶体呈短柱状或板状；常呈粒状集合体。

产于花岗岩和花岗伟晶岩中，与绿柱石、电气石等共生。当含矿岩石遭受风化破坏后，常转入砂矿中。是提取铌和钽的主要矿物原料。

鉴定特征：铁黑色或褐黑色。条痕灰褐色、暗红褐色。半金属光泽。硬度 6，解理平行{010}中等。断口次贝壳状到参差状。相对密度 5.2～6.25。

【钽铁矿】

成分（Fe，Mn）（Ta，Nb$)_2O_6$，钽铁矿与铌铁矿形成类质同象系列。斜方晶系。矿物的形态、物理性质、成因、产状和用途均与铌铁矿类似，相对密度 6.55～8.25，较铌铁矿高。参见“铌铁矿”。

【锰钽铁矿】

成分 $MnTa_2O_6$，含 Ta_2O_5 71.1%～79.6%。斜方晶系。晶体呈板状或片状。产于伟晶岩中。是提取钽的矿物原料。

鉴定特征：黑色或褐黑色。半金属光泽。解理平行{100}完全。硬度 6～6.5。相对密度 6～7.95。

【重钽铁矿】

成分 $FeTa_2O_6$，含 Ta_2O_5 74%～82.6%；常含铌。斜方晶系。晶体呈短柱状或双锥状。产于花岗伟晶岩中，与钽铁矿、锡石、绿柱石、电气石等共生。当含矿岩石遭受风化破坏后，重钽铁矿可转移到砂矿中。是提取铌、钽的矿物原料。

鉴定特征：黑色或浅褐黑色。条痕浅棕褐色至浅褐灰色。半金属光泽。硬度 6～6.5。断口参差状到次贝壳状。相对密度 7.85。

【四方铌钽矿】

斜方晶系。形态、物理性质、成因、产状和用途均与重钽铁矿同。唯相对密度（6.45）较重钽铁矿低。

【铌钇矿】

成分 $(Y, U, Fe)_2(Nb, Ta)_2O_5$，常含钍、铁、锡、钛等。单斜晶系。晶体呈柱状或板状。通常呈变生非晶质。产于花岗伟晶岩中，与铌铁矿、黑稀金矿等共生。

鉴定特征：松脂黑色，表面常有黄褐色薄膜。条痕暗棕色或红褐色。树脂光泽。硬度 5~6。断口贝壳状。相对密度 5.2~5.7。具放射性。

【铌钙矿】

成分 $CaNb_2O_6$，斜方晶系，晶体呈短粒状，通常呈不规则粒状集合体。产于碱性岩、伟晶岩或碳酸岩中。是提取铌及稀土元素的矿物原料。

鉴定特征：暗褐色或黑色。条痕浅灰褐色或淡褐色。树脂光泽。硬度 4.5。断口贝壳状。相对密度 4.7~4.8。具微弱的放射性。

【易解石】

斜方晶系。晶体细小，常呈柱状或板状。主要产于霞石正长岩等碱性岩及有关的伟晶岩和热液矿床中。是提取稀土元素及放射性元素的矿物原料。

鉴定特征：黑色，表面有褐色晕圈。条痕褐色至黑色。树脂光泽至半金属光泽。硬度 5~6。断口贝壳状。相对密度 4.9~5.3。具放射性。

【黑稀金矿】

成分 $(Y, U, Th)(Nb, Ta)_2O_6$，斜方晶系。晶体细小，常呈柱状或板状。一般产于花岗伟晶岩中，与独居石、锆石、褐帘石、钍石、磷钇矿、铌铁矿等共生。是提取稀土金属和铀的矿物原料。

鉴定特征：黑色。表面常附有黄色薄膜。条痕浅黄色或浅红褐色。树脂光泽至半金属光泽。硬度 5.5~6.5。断口贝壳状。相对密度 4.5~5.9。具放射性。

【复稀金矿】

斜方晶系。晶体呈柱状或薄板状。产于花岗伟晶岩中，与黑稀金矿、独居石、磷钇矿、褐钇铌矿等共生。是提取稀土金属和铀的矿物原料。

鉴定特征：黑色，常带浅褐色和浅绿色色调。条痕浅黄色或浅红褐色。半金属光泽。硬度 5.5~6.5。断口贝壳状。相对密度 4.7~5.4。具放射性。

【烧绿石】

烧绿石又称“黄绿石”。成分 $CaNaNb_2O_6F$，含 Nb_2O_5 达 56%。当铌主要被钽置换时，则成为细晶石。常含钽、稀土元素、铀等。等轴晶系。晶体呈八面体，通常呈不规则粒状或致密块状集合体。产于碱性岩、伟晶岩或碳酸岩中，与锆石、磷灰石、钙钛矿等共生。是提取稀土元素、铌、钽及放射性元素的矿物原料。

鉴定特征：褐色或黄绿色，少数为黑色。条痕淡褐色或淡黄色。树脂光泽。硬度 5~5.5。解理平行八面体 {111} 不完全。断口贝壳状。相对密度 4.12~4.36。具强放射性。

【钛铌钙铈矿】

成分 $(Ce, Na, Ca)(Ti, Nb)O_3$。假等轴晶系。晶体细小，多呈立方体，常呈尖晶石律的贯穿双晶，产于霞石正长岩等碱性岩及有关的伟晶岩中，与榍石、异性石、霓石等共生。

鉴定特征：黑色或灰黑色。条痕褐色。表面光泽暗淡，新鲜断口呈油脂光泽。硬度 5.5~6。断口参差状。相对密度 4.6~4.9。溶于 HF 酸。

【褐钇铌矿】

常含铈、铀、钍等。与黄钇钽矿形成类质同象系列。四方晶系。晶体呈长柱状或腰鼓状。常呈变生非晶质。产于伟晶岩中，与锆石、独居石、褐帘石、黑稀金矿等共生。是提取稀土元素、铌、钽和放射性元素的矿物原料。

鉴定特征：黄色、褐色、深褐色至黑色。条痕黄色至深褐色。光泽暗淡，新鲜断口呈半金属光泽至树脂光泽。断口贝壳状。硬度 5.5~6.5。相对密度 5.6~5.8。

【黄钇钽矿】

常含铌、钽等。与褐钇铌矿形成类质同象系列。四方晶系。晶体呈柱状或双锥状，通常呈不规则粒状集合体。产于伟晶岩中，与独居石、黑稀金矿、硅铍钇矿等共生。是提取钽和稀土元素的矿物原料。

鉴定特征：灰色、黄色或褐色。条痕为浅黄灰色。光泽暗淡，新鲜断口呈半金属光泽至树脂光泽。硬度5.5~6.5。断口次贝壳状。相对密度6.24~7.03。

【钛铀矿】

单斜晶系，晶体呈长柱状或针状。通常呈变生非晶质。一般产于高温热液矿床中，可作为提取铀、钍、钛、稀土元素的矿物原料。

鉴定特征：黑色，变化后呈褐黄色。条痕黄绿色。树脂光泽。硬度5.5。断口次贝壳状。相对密度4.5~5.4。具强放射性。

【水镁石】

水镁石又称“氢氧镁石”。成分 $Mg(OH)_2$，常含铁、锰。三方晶系。常呈片状集合体，有时呈纤维状集合体。常见于橄榄岩经过热液蚀变所成的蛇纹岩中，有时也见于白云石化的石灰岩中。是提取镁的矿物原料，并可作保温材料。

鉴定特征：白色，有时带浅绿色。硬度2.5。解理｛0001｝极完全。相对密度2.35。

【一水软铝石】

一水软铝石又称“薄水铝矿”或“勃姆铝矿”。成分 $AlO(OH)$，含 Al_2O_3 85%，常含铁和镓。斜方晶系，晶体极少见，常呈隐晶质块体或胶态。主要在外生作用中形成，是构成铝土矿的主要矿物成分。也偶见有热液成因的。是炼铝的重要矿物原料，同时镓可综合利用。

鉴定特征：白色或微带黄色。玻璃光泽。硬度3.5，解理平行｛010｝完全。相对密度3.01~3.06。

【一水硬铝石】

一水硬铝石又称“硬水铝矿”。成分 $AlO(OH)$，含 Al_2O_3 85%，常含铁、锰等。斜方晶系，晶体极少见；通常呈细鳞片状集合体。主要在外生作用中形成。是构成铝土矿的主要矿物成分。此外，偶尔见于某些接触交代矿床、热液矿床和结晶片岩中。是炼铝的重要矿物原料。

鉴定特征：白色、黄褐色、淡紫色等。玻璃光泽。硬度6~7。解理平行｛010｝中等。相对密度3.3~3.5。

【三水铝石】

三水铝石又称“水铝氧石”。成分 $Al(OH)_3$，常含铁和镓。单斜晶系，晶体极少见；通常呈细鳞片状集合体；有时呈结核状、豆状或隐晶质块状。主要是含铝硅酸盐矿物分解和水解的产物，在风化型或称红土型铝土矿矿床中大量出现，在沉积型铝土矿矿床中较少分布。是铝土矿的主要矿物成分。为炼铝的最重要的矿物原料，同时镓可综合利用。

鉴定特征：白色、灰绿色或浅红色。玻璃光泽。硬度2.5~3。解理平行｛001｝极完全。相对密度2.43。

【铝土矿】

铝土矿不是独立的一种矿物，而是包括三水铝石、一水硬铝石、一水软铝石、赤铁矿、高岭石、蛋白石等多种矿物的混合体，因而成分变化很大。

鉴定特征：通常呈致密块状、豆状、鲕状等集合体。灰色、灰黄色、黄绿色、红色、褐色等，常具棕色斑点。无光泽。是含铝较多的某些火成岩和变质岩在湿热条件下风化残留的产物，或由胶体沉积形成。是炼铝的最重要矿石，也是镓的主要来源。

【纤铁矿】

斜方晶系。通常呈鳞片状或纤维状集合体。主要是由含铁矿物遭受氧化和分解而形成的次生矿物，常与针铁矿共生。是炼铁的矿物原料。

鉴定特征：暗红色至红黑色。条痕橘红色或砖红色。半金属光泽。硬度5。解理平行｛010｝和｛001｝完全。相对密度4.1。

【针铁矿】

斜方晶系，晶体呈针状或柱状，通常呈肾状、钟乳状集合体。主要是由含铁矿物经过氧化和分解而形成的次生矿物，是构成褐铁矿的主要矿物成分。内生成因的针铁矿呈针状或柱状，见于某些热液矿床中，但极少见。是炼铁的矿物原料。

鉴定特征：暗褐色。条痕褐色。半金属光泽。硬度5~5.5。相对密度4~4.4。

【褐铁矿】

褐铁矿实际上不是一种单独的矿物，而是以针铁矿等铁的氢氧化物为主，包含含水二氧化硅等的混合体，因而成分变化很大。常呈块状、土状、钟乳状或葡萄状。

鉴定特征：黄褐色或深褐色。条痕黄褐色。光泽暗淡，硬度视其成分和形态而异，富含硅的致密块状者，其硬度可达5.5；而富含泥质的土状者，其硬度下降至1。是含铁矿物经过氧化和分解而形成的矿物，尤其是金属硫化物矿床的地表部分，矿石遭受氧化后，常形成褐铁矿。此外，湖沼沉积成因的褐铁矿常大量积聚，可成为炼铁的矿物原料。

【水锰矿】

单斜晶系，晶体呈柱状，柱面具纵纹。在某些含锰热液矿床的晶洞中常呈晶簇产出；在沉积锰矿床中多呈隐晶块体或呈蛹状、钟乳状集合体等。内生成因的水锰矿见于某些热液矿床中；外生成因的水锰矿广泛分布于沉积锰矿床中，是炼锰的矿物原料。

鉴定特征：黑色。条痕褐色。半金属光泽。硬度3~4，解理平行｛010｝完全。相对密度4.2~4.3。

【硬锰矿】

通常呈钟乳状、肾状和葡萄状集合体，亦有呈致密块状和树枝状。主要是外生成因的，见于锰矿床的氧化带和沉积锰矿床中。系锰矿石中很常见的矿物。是炼锰的重要矿物原料。

鉴定特征：颜色和条痕均为黑色。半金属光泽。硬度4~6。相对密度4.4~4.7。

【钴土】

通常成土状或结核状。钴土是含钴的基性、超基性岩风化后所形成的次生矿物，一般见于基性、超基性岩风化壳部位。是炼钴的矿物原料，同时可炼镍。

鉴定特征：黑色，磁带蓝色。条痕黑色。硬度低，易污手。相对密度3.1~3.7。

第五章　含氧盐类

【橄榄石】

橄榄石是镁橄榄石-铁橄榄石类质同象系列中最常见的一个中间成员。斜方晶系，晶体呈厚板状；通常呈粒状集合体，主要产于超基性和基性火成岩中，易蚀变为蛇纹石。此外，橄榄石也是许多陨石的主要组分之一。含铁低者可用作耐火材料，色泽优美者可作为宝石。

鉴定特征：橄榄绿色至黄绿色。玻璃光泽。硬度6.5~7。解理平行｛010｝不完全。断口贝壳状。相对密度3.2~3.5。

【镁橄榄石】

镁橄榄石与铁橄榄石组成完全类质同象系列，是该系列中的富镁成员，性质与橄榄石相似，唯色较浅，甚至可为无色或白色，相对密度稍低。主要产于接触变质或区域变质的不纯白云质大理岩中。参见“橄榄石”。

【贵橄榄石】

贵橄榄石指透明、淡黄绿色，可作为宝石的橄榄石。

【铁橄榄石】

铁橄榄石与镁橄榄石组成完全类质同象系列，是该系列中的富铁成员，性质与橄榄石相似，但当其成分中的铁氧化时，颜色则转为红褐至黑色；相对密度较大，可达4.4。主要见于某些酸性或碱性的富钠火山岩，以及含铌、钽极富的钠质花岗岩中。也作为高温变质矿物见于榴辉岩中。参见“橄榄石”。

【钙镁橄榄石】

斜方晶系。晶体呈柱状、粒状。产于高温接触变质的不纯大理岩中，也见于基性火成岩中。

鉴定特征：无色或灰白色。玻璃光泽。硬度5~5.5。解理平行｛010｝不完全。相对密度3.2。

【硅锌矿】

常含少量锰、铁。三方晶系。晶体呈柱形和菱面体聚形。集合体呈块状、粒状或钟乳状。主要产于铅锌硫化物矿床的氧化带，也见于接触交代的矿床中。大量积聚时可作为锌矿石。

鉴定特征：无色，含锰者显淡红色。玻璃光泽。断口贝壳状。性脆。硬度5~6。相对密度3.89~4.18。紫外光下发鲜绿色荧光。

【似晶石】

似晶石又称“硅铍石。”三方晶系。晶体呈扁菱面体或短六方柱状；集合体呈粒状、放射状或呈晶簇出现。似晶石见于伟晶岩、矽卡岩和热液矿床中。是炼铍的矿物原料。透明色美者可用作宝石。

鉴定特征：无色、黄白色或淡红色。玻璃光泽。硬度7.5~8。解理不完全。断口贝壳状。相对密度3。

【羟硅铍石】

羟硅铍石又称“硅铍石”。斜方晶系。晶体呈细小板状或柱状。主要产于花岗伟晶岩中，此外，见于石英脉、云英岩和霞石伟晶岩中。是提取铍的矿物原料。

鉴定特征：无色或浅黄色。玻璃光泽。硬度6~7。解理平行中等到完全。相对密度2.6。

【硅铍石】

硅铍石即“似晶石”“羟硅铍石”。

【石榴子石】

石榴子石常简称为“石榴石”。是石榴子石族矿物的总称。为岛状结构硅酸盐矿物。类质同象广泛存在。常见的端员矿物有镁铝榴石、铁铝榴石、锰铝榴石、钙铝榴石、钙铁榴石、钙铬榴石。一些含特殊成分的类质同象混晶有黑榴石、钛榴石（含钛的钙铁榴石）、锆榴石、钇榴石（含钇的钙铁榴石）等。等轴晶系。是典型的高温矿物和变质矿物。用于制取各种研磨材料，透明色美者可作为宝石。

鉴定特征：晶体常呈完好的菱形十二面体或四角三八面体或这两者的聚形。颜色不一，有血红色、暗红色、褐红色、褐色、红褐色、黄褐色、黄绿色、鲜绿色、黑色等。玻璃光泽。断口呈油脂光泽。硬度6.5~7.5。相对密度3.1~4.3。

【镁铝榴石】

晶体呈四角三八面体。暗血红色至玫瑰红色。硬度7.5。相对密度3.71。见于榴辉岩及超基性岩、特别是金伯利岩中。参见“石榴子石”。

【锰铝榴石】

晶体常呈四角三八面体。深红色、橘红色或褐红色。硬度7~7.5。相对密度4.18。见于花岗伟晶岩和区域变质岩中。参见“石榴子石”。

【铁铝榴石】

晶体常呈四角三八面体。红色、褐红色或暗红色。硬度7~7.5。相对密度4.32。见于花岗伟晶岩和区域变质岩中。参见“石榴子石”。

【钙铝榴石】

晶体多呈菱形十二面体。黄褐色或黄绿色。硬度6.5~7。相对密度3.53。是接触交代作用的产物，为组成矽卡岩的主要矿物成分。其他性质参见“石榴子石”。

【钙铁榴石】

晶体常呈菱形十二面体与四角三八面体的聚形；集合体为粒状或块状。以褐色为常见，亦有呈黄、绿等色的，黑榴石和钛榴石则呈黑色。硬度7。相对密度3.83，钙铁榴石是接触交代作用的产物，为组成矽卡岩的主要矿物成分。参见“石榴子石”。

【黑榴石】

参见“钙铁榴石”。

【钛榴石】

参见“钙铁榴石”。

【钙铬榴石】

晶体较小。鲜绿色。硬度7.5。相对密度3.78。产于富铬的超基性岩中。参见“石榴子石”。

【锆石】

锆石旧称“锆英石”“风信子石”。常含铅、稀土元素、铌、钽、钍和铀等。四方晶系。晶体呈短柱状，通常为四方柱、四方双锥或复四方双锥的聚形；集合体呈粒状。含钍、铀高者常呈变生非晶质，称为曲晶石。主要形成于火成岩特别是碱性岩中，也形成于碱性伟晶岩和花岗伟晶岩中，有时形成巨大的工业矿床。但锆石的主要矿床是滨海砂矿和冲积砂矿床。锆石有耐高温和耐腐蚀的特性，主要用于铸造工业，以及制造耐酸、耐火材料，同时是提取钛和铅的主要矿物原料。

鉴定特征：褐黄色、灰色或无色。金刚光泽。硬度7.5~8。相对密度4.4~4.8。

【曲晶石】

参见“锆石”。

【钍石】

斜方晶系。晶体呈短柱状，常见者为四方柱和四方双锥聚形；集合体呈致密块状。常呈变生非晶质。产于伟晶岩和高温热液矿床中。是提取钍的矿物原料，同时铀和稀土元素可综合利用。

鉴定特征：黑褐色或橙黄色。条痕暗褐色至浅橙黄色。玻璃光泽。硬度4.5~5。断口贝壳状。相对密度4~5.4。具强放射性。

【榍石】

单斜晶系。晶体常呈横切面为菱形的扁平柱

状或板状，也常呈粒状。依｛100｝的双晶常见。榍石在许多火成岩中作为副矿物出现，在碱性伟晶岩中常有较大的晶体，也常见于砂矿中。大量积聚时可作为炼钛的矿物原料，并可综合利用钇、铈等。

鉴定特征：黄色或浅褐色，有时为红色、绿色、黑色。玻璃光泽。硬度5~6。解理平行菱方柱｛110｝中等。相对密度3.3~3.6。

【蓝晶石】

蓝晶石与红柱石、矽线石均为Al_2SiO_5的同质多象变体。常含铁、铬。三斜晶系。晶体常呈扁平柱状。产于区域变质的结晶片岩中，是黏土质岩石经区域变质作用形成。蓝晶石在1300℃高温下将分解成为富铝红柱石，后者是高级耐火材料。色泽优美的蓝晶石可作宝石。

鉴定特征：蓝色或蓝灰色。玻璃光泽，解理面呈珍珠光泽。在平行晶体延长方向的硬度为4.5，而在垂直晶体延长方向的硬度则为6.5~7，差异显著，故有“二硬石”之称。解理平行｛100｝完全，解理｛010｝中等。相对密度3.56~3.68。

【红柱石】

红柱石与蓝晶石、矽线石均为Al_2SiO_5的同质多象变体。常含锰、铁。斜方晶系。晶体呈柱状，横断面近正方形；有时有黑色炭质包裹物，在断面上排列成规则的“十”字形，这种红柱石特称空晶石；集合体呈放射状，形似菊花，俗称菊花石。主要是接触变质作用的产物，见于侵入体与泥质岩石的接触带中，也见于结晶片岩中。红柱石在1380℃高温下将分解成为富铝红柱石。富铝红柱石是高级耐火材料。色美透明的红柱石可用作宝石。

鉴定特征：灰白色、褐色或红色。玻璃光泽。硬度7。解理平行｛110｝中等。相对密度3.1~3.2。

【空晶石】

参见“红柱石”。

【黄玉】

黄玉又称“黄晶”。斜方晶系，晶体呈柱状，柱面有纵纹，也有成粒状的。主要产于花岗伟晶岩、云英岩以及高温热液钨锡石英脉内，也常见于砂矿中。可作为研磨材料。透明色美者可用作宝石。

鉴定特征：无色透明，有时带浅黄、浅绿等色。玻璃光泽。硬度8，解理平行｛001｝完全。相对密度3.52~3.57。

【硅镁石】

硅镁石属硅镁石族。根据晶体结构的不同，分为以下四种：块硅镁石、粒硅镁石、硅镁石、斜硅镁石。其中块硅镁石和粒硅镁石为斜方晶系，硅镁石和斜硅镁石为单斜晶系。但它们的形态、物理性质、产状均相似。晶体呈板状或粒状；单斜晶系者可出现依｛001｝的细聚片双晶；集合体呈粒状或块状。产于石灰岩、白云岩与火成岩的接触变质带中，常与金云母、尖晶石共生。

鉴定特征：白色或黄色至棕色。玻璃光泽。硬度6~6.5。解理不完全。相对密度3.15（块硅镁石）~3.3（斜硅镁石）。

【块硅镁石】

参见“硅镁石”。

【粒硅镁石】

参见“硅镁石”。

【斜硅镁石】

参见“硅镁石”。

【十字石】

假斜方晶系，实际为单斜晶系。晶体呈柱状，常呈“十”字形或“X”形贯穿双晶，故称十字石。是区域变质作用的产物，见于结晶片岩中，也见于砂矿中。

鉴定特征：褐色到褐黑色。硬度7~7.5。解理平行｛010｝中等。相对密度3.65~3.77。

【锂铍石】

单斜晶系。晶体呈显微柱状。是我国1964年发现的新矿物。

鉴定特征：淡黄色或乳白色。新鲜断口呈丝绢光泽。硬度 7，解理平行｛010｝完全，解理｛100｝、｛001｝中等。断口贝壳状。相对密度 2.69。

【硅铍钇矿】

常含其他稀土元素和钍等。单斜晶系，晶体呈柱状或扁柱状；集合体呈散粒状或致密块状。产于花岗岩和伟晶岩中，与锆石、褐帘石、褐钇铌矿、黄玉等共生。是提取钇的矿物原料。

鉴定特征：黑色或绿黑色。条痕绿黑色。玻璃光泽至树脂光泽。硬度 6.5~7。断口贝壳状。相对密度 4~4.65。具强放射性。溶于盐酸。

【硅钙铀矿】

单斜晶系，晶体呈针状，通常呈放射状或纤维状集合体。是外生成因的矿物，产于原生铀矿床氧化带。大量积聚时可作为提取铀的矿物原料。

鉴定特征：黄色或黄绿色。玻璃光泽。硬度 2~3。解理平行｛110｝完全。相对密度 3.81~3.96。具放射性。溶于酸。在紫外光照射下发很弱的黄绿色荧光。

【包头矿】

四方晶系，晶体呈四方柱状。产于石英脉中。是我国 1959 年发现的新矿物。

鉴定特征：浅褐色至黑色。玻璃光泽。硬度 6。解理平行｛110｝中等。相对密度 4.42。

【符山石】

常含硼、铍、铁、钛等。四方晶系。晶体呈四方柱状，也常呈粒状和棒状集合体。是标准的接触变质矿物，见于酸性侵入体与石灰岩或白云岩的接触变质带中。

鉴定特征：黄绿色或棕褐色。玻璃光泽。硬度 6.5。相对密度 3.34~3.44。

【黄长石】

根据镁、铝含量的多寡，可分为镁黄长石和铝黄长石。四方晶系。晶体常呈短柱状或板状。常产于接触变质石灰岩及某些基性火山岩中。

鉴定特征：蜜黄色、褐色。硬度 5~6，解理平行｛001｝不完全。相对密度 2.9~3.1。

【顾家石】

四方晶系。常呈四方板状。产于碱性正长岩与石灰岩接触的矽卡岩中。是我国 1962 年发现的新矿物。

鉴定特征：无色透明。玻璃光泽。硬度 5 左右。解理｛100｝完全，解理｛001｝中等，解理｛110｝不完全。断口锯齿状。相对密度 3.03。

【黝帘石】

斜方晶系。晶体呈柱状，柱面具纵纹；常呈粒状集合体。主要见于浅变质岩和热液矿床围岩蚀变部分，往往是基性斜长石遭受蚀变的产物。

鉴定特征：灰色，有时带绿色。玻璃光泽。硬度 6。解理平行｛010｝完全。相对密度 3.25~3.36。

【斜黝帘石】

斜黝帘石与黝帘石是两个同质多象变体，单斜晶系。与绿帘石组成完全类质同象系列，相当于不含铁或含铁极少的绿帘石。性质与绿帘石相似，唯颜色较浅。产状类似于黝帘石。参见“绿帘石”“黝帘石”。

【绿帘石】

单斜晶系。晶体呈柱状，柱面具纵纹。集合体呈粒状、放射状。常见于接触交代矿床中，由矽片岩矿物如石榴子石、符山石等遭受热液作用而形成的蚀变产物。此外，在热液蚀变的基性火成岩中有着广泛的分布。

鉴定特征：绿色或黄绿色。玻璃光泽。硬度 6.5。解理平行｛001｝完全。相对密度 3.28~3.35。

【褐帘石】

单斜晶系。晶体呈厚板状，通常呈浸染粒状。常呈变生非晶质。产于花岗岩、花岗伟晶岩及某些热液矿床中。是提取铈、镧等稀土元素及钍的矿物原料。

鉴定特征：褐色至沥青黑色。树脂光泽。硬

度5.5~6。断口参差状至次贝壳状。相对密度3.2~4.2。具放射性。

【黑柱石】

斜方晶系。晶体呈柱状，柱面上具纵纹；通常呈粒状或块状集合体。见于接触交代铁矿床中，与石榴子石、钙铁辉石等矽卡岩矿物共生。

鉴定特征：黑色。半金属光泽或油脂光泽。硬度5.5~6。解理平行{001}和{010}中等。相对密度3.8~4.1。

【索伦石】

斜方晶系。细粒状。产于超基性岩体内的辉绿岩脉中。是我国1961年发现的新矿物。

鉴定特征：白色。玻璃光泽至油脂光泽。相对密度2.68。

【异极矿】

斜方晶系。晶体呈两端不对称的板状或柱状，因而得名；偶尔集合成放射状，通常呈锌乳状、葡萄状或块状集合体。主要与菱锌矿等次生锌矿物在一起产于铅锌硫化物矿床的氧化带中。大量积聚时可作为锌矿石利用。

鉴定特征：白色，有时呈蓝色、绿色等。透明至半透明。玻璃光泽。硬度4.5~5，解理平行菱方柱{110}完全。相对密度3.4~3.5。

【斧石】

三斜晶系。晶体大致呈斜平行六面体，呈斧刃状，横切面呈楔形。主要产于接触交代矿床中。

鉴定特征：棕色、蓝绿色。玻璃光泽。硬度6.5~7。解理平行{100}中等。相对密度3.25~3.3。

【透视石】

三方晶系，晶体常呈短柱状。是铜硫化物的氧化产物，见于铜矿床的氧化带。

鉴定特征：绿色至蓝绿色。条痕绿色。玻璃光泽，透明或半透明。解理平行菱面体{1011}完全。硬度5，性脆。相对密度3.28~3.35。

【绿柱石】

绿柱石又称“绿宝石”。六方晶系，晶体常见，呈六方柱形，也常呈粒状。主要产于花岗伟晶岩中，晶体往往很大，可长至几米。此外，也可以粒状散布于云英岩或花岗岩中，有时也见于砂矿床中。是提取铍的主要矿物原料，纯绿宝石、海蓝宝石、水蓝宝石等可作为宝石收藏。

鉴定特征：一般为白色带绿；呈翠绿色透明的称纯绿宝石（又称祖母绿），呈蔚蓝色透明的称海蓝宝石，呈淡蓝色透明的称水蓝宝石；也有呈黄色、乳白色的。玻璃光泽。硬度7.5。相对密度2.9左右。

【堇青石】

斜方晶系。假六方柱状的贯穿三连晶常见，集合体通常呈块状和粒状。是由富含铝、镁的岩石经变质作用而形成的变质矿物，常见于角岩中。色泽优美者可作为工艺雕刻材料。

鉴定特征：淡绿色、黄绿色、淡紫色或无色。玻璃光泽。硬度7~7.5。解理平行{010}中等。相对密度2.6~2.66。

【异性石】

常含稀土元素。成分中富钙以及负光性者称为负异性石。三方晶系。产于碱性岩及其伟晶岩中。是提取钛的矿物原料。

鉴定特征：晶体呈板状或菱面体。玫瑰红色或红色，负异性石呈褐色。玻璃光泽。硬度5~6，解理不完全。相对密度2.9~3。

【负异性石】

参见“异性石”。

【电气石】

电气石是电气石族矿物的总称。化学成分较复杂，是以含硼为特征的铝、钠、铁、镁等的环状结构硅酸盐矿物。类质同象发育，主要由以下三种端员组分构成：黑电气石、镁电气石和锂电气石。三方晶系。主要产于花岗岩、花岗伟晶岩以及云英岩和石英脉中，也见于变质岩和砂矿中。色泽优美者俗称碧玺，可作为宝石。

鉴定特征：晶体呈柱状。柱面具纵纹，柱体横切面呈弧线三角形；也常呈放射状、针状或柱状集合体。颜色因成分不同而异，一般说来，黑电气石通常为黑色，镁电气石呈褐色，锂电气石则为玫瑰红色至红色或蓝绿色；有时在一个晶体的两端，或晶体的中心与外围部分，呈现不同的颜色。玻璃光泽。硬度 7~7.5，相对密度 2.9~3.2。具热电性和压电性。

【黑电气石】

参见“电气石”。

【镁电气石】

参见“电气石”。

【锂电气石】

参见“电气石”。

【辉石】

辉石是辉石族矿物的总称。根据所属晶系的不同，可分为斜方辉石（正辉石）和单斜辉石（斜辉石）两个亚族。斜方辉石属斜方晶系，主要有顽火辉石、古铜辉石和紫苏辉石；单斜辉石属单斜晶系，主要有透辉石、钙铁辉石、普通辉石、霓石和霓辉石等。是镁、铁、钙、钠、铝、锂等的链状结构硅酸盐，类质同象现象普遍，晶体多数呈柱状。辉石是主要的造岩矿物。主要产于火成岩中，也可见于深成变质岩及矽片岩中。富含钠的辉石称碱性辉石，如霓石、霓辉石等，是碱性岩的主要造岩矿物。

鉴定特征：除成分中不含铁的辉石以外，其余辉石颜色均较深，从绿色、棕色、褐色到黑色。玻璃光泽。硬度 5~7。解理中等，两个方向解理面的交角在斜方辉石中为 92°，在单斜辉石中为 87°。相对密度 3.1~3.5。各种辉石的正确鉴别，需借助偏光显微镜及其他检测方法。

【斜方辉石】

斜方辉石又称“正辉石”。是斜方晶系辉石的总称，是由顽火辉石、正铁辉石组成的类质同象系列。自然界较常见的斜方辉石有顽火辉石、古铜辉石、紫苏辉石。各种斜方辉石之间的正确鉴别及其与单斜辉石的区别，需借助偏光显微镜及其他检测方法。斜方辉石通常呈不规则粒状分布于基性、超基性火成岩中。参见“辉石”。

鉴定特征：从顽火辉石至紫苏辉石，随铁含量的增加，颜色从灰白色至褐绿色、褐黑色。相对密度从 3.1 增高至 3.5。玻璃光泽。古铜辉石常呈特殊的古铜色，并因而呈古铜般的光泽。硬度 5~6，解理平行 {010} 不完全。

【正辉石】

参见“斜方辉石”。

【顽火辉石】

简称“顽辉石”，参见“斜方辉石”。

【古铜辉石】

参见“斜方辉石”。

【紫苏辉石】

参见“斜方辉石”。

【单斜辉石】

单斜辉石又称“斜辉石”。是单斜晶系辉石的总称。主要有透辉石、钙铁辉石、普通辉石、霓辉石、霓石、硬玉、锂辉石等。

【斜辉石】

参见“单斜辉石”。

【斜顽辉石】

斜顽辉石与顽火辉石是两个同质多象变体。单斜晶系。性质与顽火辉石很相似，但可具有聚片双晶。参见“斜方辉石”。

【透辉石】

透辉石与钙铁辉石形成完全类质同象系列，两者间的中间成员为次透辉石和铁次透辉石。透辉石含有 5%~11%的 Al_2O_3 和达 6%的 Na_2O 者，则称为绿辉石。单斜晶系。晶体呈柱状，横切面近于正方形；通常呈粒状、棒状或放射状集合体。是一种常见的接触交代矿物，为组成矽卡岩的主要矿物成分。此外，也有岩浆成因的，广泛分布于基性和超基性岩中。参见“辉石”。

鉴定特征：浅绿色或浅灰色。玻璃光泽。硬度 5~6。解理中等；有时具平行 {100} 或

{001} 的裂理，{100} 裂理发育者称为异剥石。相对密度 3.3~3.4。

【绿辉石】

绿辉石是透辉石的一个亚种，透辉石含有5%~11%的 Al_2O_3 和达6%的 Na_2O 者，称为绿辉石。亦即含有一定数量的硬玉分子。绿色。产于榴辉岩中。参见“透辉石”。

【异剥石】

异剥石是透辉石和普通辉石的一个亚种，具有极为发育的 {100} 裂理。褐色。呈似金属般的光泽。常见于辉长岩和辉石岩中。参见“透辉石”。

【次透辉石】

参见“透辉石”。

【钙铁辉石】

钙铁辉石与透辉石形成完全类质同象系列。单斜晶系。常成放射状或棒状集合体产出。是一种常见的接触交代矿物。为矽卡岩的主要矿物。参见“辉石”。

鉴定特征：暗绿色至绿黑色。玻璃光泽。硬度5~6。解理平行 {110} 中等。相对密度3.5~3.6。

【普通辉石】

单斜晶系，晶体常呈短柱状，其横切面呈近于等边的八边形或假正方形；集合体通常呈粒状。是超基性、基性、部分中性火成岩以及某些变质岩的主要矿物成分。

鉴定特征：暗绿色至绿黑色。玻璃光泽。硬度5~6。解理中等；有时具平行 {100} 或 {001} 的裂理。{100} 裂理发育者称为异剥石。相对密度 3.2~3.6。

【钛辉石】

钛辉石又称“钛普通辉石”。是普通辉石的一个亚种，主要产于基碱性火成岩中。参见“普通辉石”。

【锂辉石】

单斜晶系。晶体常呈粒状或板状。产于花岗伟晶岩、云英岩中。是提取锂的主要矿物原料。

鉴定特征：白色至黄白色。玻璃光泽。硬度6~7。解理完全；有时具平行 {100} 的裂理。相对密度 3.1~3.2。

【碱性辉石】

碱性辉石是富含钠的辉石的总称。主要有霓辉石、霓石、硬玉等。是组成碱性岩或变质岩的矿物。

【霓石】

单斜晶系，晶体呈长柱状或针状，晶面具纵纹，柱体顶端一般有钝角的尖顶，故又称钝钠辉石；如柱体顶端由 {221}、{661} 等面组成尖锐的锥状尖顶，则称为锥辉石。钝钠辉石一般不具双晶，锥辉石常呈依 {100} 的双晶；集合体通常呈棒状或放射状。是碱性火成岩的主要造岩矿物。

鉴定特征：暗绿色至深绿色，锥辉石红棕色。玻璃光泽。硬度6。解理中等；有时具平行 {100} 或 {001} 的裂理。相对密度 3.55。

【霓辉石】

霓辉石是霓石和普通辉石类质同象系列中的中间成员，含霓石分子 15%~70%。其性质介于霓石与普通辉石之间。主要产于碱性火成岩中。参见“霓石”“普通辉石”。

【硬玉】

硬玉是辉石的一种。单斜晶系。通常呈隐晶质致密块体。产于变质岩中。翠绿色的硬玉俗称翡翠，是一种名贵的玉石，可供雕琢工艺美术品。

鉴定特征：白色或浅绿色至翠绿色。硬度6.5~7。相对密度 3.3~3.4。质地坚韧。

【角闪石】

角闪石是角闪石族矿物的总称。根据所属晶系的不同，可分为斜方角闪石和单斜角闪石两个亚族。斜方角闪石属斜方晶系，主要是直闪石；单斜角闪石属单斜晶系，主要有透闪石、阳起石、普通角闪石、钠闪石、蓝闪石等。直闪石、钠闪石、透闪石、阳起石有时呈具丝绢光泽的纤维状集合体，统称角闪石石棉，是工业上的绝缘、绝热材料。隐晶致密块状的透闪石、阳起石称为软玉，因其质地坚韧、色泽美丽，可用作工艺美术品材料。角闪石是分布很广的造岩矿物，主要见于变质岩中。普通角闪石是中性及中酸性侵入岩和喷出岩的重要矿物，又是变质岩中常见的矿物；透闪石、阳起石见于火成岩与石灰岩、白云岩的接触带；富含钠的碱性角闪石是碱性岩的主要造岩矿物。

鉴定特征：晶体呈长柱状；集合体呈粒状、纤维状、放射状等。除不含铁的角闪石外，其他角闪石颜色均较深，从绿色、棕色、褐色到黑色。玻璃光泽。硬度 5~6。解理平行｛001｝中等，两个方向解理面的交角为 124°（56°）。相对密度 3~3.5。

【直闪石】

直闪石又称“斜方闪石”。含铝的亚种称为铝直闪石。斜方晶系。通常呈纤维状、石棉状或放射柱状集合体。主要见于富含镁的变质岩中。用途参见“石棉”。

鉴定特征：白色至淡绿褐色，含铁高的呈褐色。玻璃光泽或丝绢光泽。硬度 5.5~6。解理平行｛001｝中等。相对密度 2.8~3.4。

【镁铁闪石】

单斜晶系。晶体呈针状或板状，常呈纤维状集合体。主要产于接触变质岩和某些结晶片岩中。用途参见“石棉”。

鉴定特征：褐色。玻璃光泽或丝绢光泽。硬度 5.5~6。解理平行｛001｝中等。相对密度 3.1~3.35。

【铁闪石】

参见“镁铁闪石”。

【透闪石】

单斜晶系，晶体呈长柱状或针状；通常呈放射状或纤维状集合体，呈隐晶质致密块状集合体者称为软玉。主要产于接触变质灰岩、白云岩中，也见于蛇纹岩中。用途参见“石棉”。

鉴定特征：白色或浅灰色。玻璃光泽或丝绢光泽。硬度 5.5~6，解理平行｛001｝中等。相对密度 2.9~3。

【阳起石】

与透闪石成类质同象关系，其成分中透闪石分子的含量小于 80%；若小于 20%时则称为铁阳起石。单斜晶系。晶体呈长柱状或针状；通常呈放射状或纤维状集合体，呈隐晶质致密块状集合体者称为软玉。常产于含铁的接触变质矿床和接触变质石灰岩、白云岩中；也常见于交代基性和中性火成岩中，呈辉石假象出现；此种具辉石假象的次生阳起石称为纤闪石。此外，还常见于低级区域变质的结晶片岩中。用途参见“石棉”。

鉴定特征：呈不同程度的绿色，随铁含量的增多而加深。玻璃光泽或丝绢光泽。硬度 5.5~6。解理平行｛001｝中等。相对密度 3~3.3。

【软玉】

软玉是阳起石或透闪石的隐晶质致密块状集合体。质地坚韧。视铁的含量不同，颜色由深绿到近于无色。产于变质岩中。是著名工艺石料。

【纤闪石】

纤闪石是由辉石经热液蚀变而形成的，并具辉石假象的阳起石，但也可以是普通角闪石或透闪石。绿色。集合体呈纤维状，纤维与辉石假象的 c 轴平行或近于平行。见于蚀变的基性和中性火成岩中。

【普通角闪石】

单斜晶系。晶体呈柱状，其横切面为近于呈菱形的六边形；依｛100｝的接触双晶较常见；集合体通常呈粒状或放射状。是中性火成岩及角闪石片岩、角闪石片麻岩、角闪岩等变质岩的主要造岩矿物，也见于花岗岩、辉长岩和碱性岩中。

鉴定特征：暗绿色、暗褐色至黑色。玻璃光泽。硬度 5.5~6。解理平行｛001｝中等。相对密度 3.11~3.42。

【玄武闪石】

玄武闪石又称“氧角闪石”。是富含三价铁

(由二价铁氧化而成)和钛,附加阴离子$(OH)^-$大部分为O^{2-}所取代的一种普通角闪石。成分中TiO_2达10%者称为钛闪石。晶体呈柱状。褐黑色至黑色。一般呈斑晶,见于中性和基性喷出岩中。

【钛闪石】

参见“玄武闪石”。

【碱性角闪石】

碱性角闪石是富含钠的角闪石的总称。主要有钠闪石、蓝闪石、钠铁闪石等。是组成碱性岩或变质岩的矿物。

【钠闪石】

单斜晶系。晶体呈柱状或针状;集合体呈纤维状的,称为青石棉。主要产于碱性火成岩中。用途参见“石棉”。

鉴定特征:深蓝色至黑色。玻璃光泽或丝绢光泽。硬度4~5。解理平行{001}中等。相对密度3.44。

【青石棉】

青石棉是钠闪石的纤维状亚种。是蓝石棉的主要矿物成分。参见“钠闪石”和“蓝石棉”。

【蓝石棉】

蓝石棉是“青石棉”的同义词。但在工业上通常泛指蓝色的石棉,主要指青石棉等碱性角闪石的石棉,为区域变质成因矿物,通常呈脉状产于铁质和硅质的沉积变质岩中及某些碱性变质岩中。用途参见“石棉”。

【钠铁闪石】

单斜晶系。晶体呈短柱状或板状。主要产于碱性花岗岩、正长岩和霞石正长岩中。

鉴定特征:深蓝色至黑色。玻璃光泽。硬度5.5~6。解理平行{001}中等。相对密度3.3~3.5。

【蓝闪石】

单斜晶系。晶体呈柱状,集合体呈粒状、纤维状和放射状。是在高压低温条件下形成的一种典型的变质矿物,见于蓝闪石片岩中。

鉴定特征:深蓝色至黑色。玻璃光泽或丝绢光泽。硬度6~6.5。解理平行{001}中等。相对密度3.13。

【石棉】

石棉是可劈分为细长而柔韧的纤维并可供利用的纤维状硅酸盐矿物的统称。按其成分和内部结构可分为两类:蛇纹石石棉和角闪石石棉。蛇纹石石棉又称温石棉,是纤维蛇纹石的亚种。角闪石石棉则包括直闪石石棉、铁石棉(铁闪石的亚种)、透闪石石棉、阳起石石棉、青石棉等。各种石棉均能劈分成很细的纤维,可加工纺织成石棉绳、石棉布等,具有隔热、保温、耐酸、耐碱、绝缘、防腐等特性。其中蛇纹石石棉的劈分性、柔性、抗张强度及耐热和绝缘等性能比角闪石石棉好,而角闪石石棉的耐酸碱及防腐性能比蛇纹石石棉好。将石棉在研钵中进行研磨时,角闪石石棉可研成粉末,蛇纹石石棉则黏合成薄片。各种石棉广泛用作传动、制动、保温、隔热、绝缘、隔音、防腐、耐酸等材料;蓝石棉还具有防化学毒物和净化放射性微粒污染空气的特性,用作过滤器材。

【矽线石】

矽线石又叫“硅线石”,成分与蓝晶石、红柱石相同,均为Al_2SiO_5的同质多象变体。斜方晶系。晶体呈针状,通常呈放射状和纤维状集合体。是标准的变质矿物。常见于侵入体与富含铝质岩石的接触变质带中,以及结晶片岩和片麻岩中。矽线石在1545℃高温下分解成为富铝红柱石。富铝红柱石也是高级耐火材料。

鉴定特征:灰色、褐色或灰绿色。玻璃光泽。硬度7。解理平行{001}完全。相对密度3.23~3.25。

【硅灰石】

三斜晶系。通常呈放射状或纤维状集合体。主要产于酸性侵入岩与石灰岩的接触变质带中,为构成矽卡岩的主要矿物成分。此外,还见于某些深变质岩中。

鉴定特征：白色微带灰色、红色。玻璃光泽，解理面呈珍珠光泽。硬度4.5~5，解理平行{100}完全，解理平行{001}中等，两组解理面交角为74°。相对密度2.78~2.91。

【针钠钙石】

三斜晶系。晶体呈针状或柱状；通常呈放射状集合体。是热液作用的产物，见于热液矿床以及基性和碱性火成岩中，与沸石等矿物共生。

鉴定特征：灰白色。玻璃光泽。硬度4.5~5。解理平行{100}和{001}完全。相对密度2.86。

【蔷薇辉石】

三斜晶系。晶体呈板状、短柱状，通常呈粒状或块状集合体。可以形成于热液作用和接触交代作用中，也可经区域变质作用而见于结晶片岩中。在风化条件下，蔷薇辉石易氧化而形成黑色的氢氧化锰。可以作为工艺雕刻材料。

鉴定特征：玫瑰红色。玻璃光泽。硬度5~5.6。解理平行{100}和{010}完全，夹角92°；解理平行{001}中等。相对密度3.4~3.75。

【海泡石】

单斜晶系或斜方晶系。通常呈光滑致密的土状块体，在电子显微镜下可见由细小纤维杂乱堆积而成。白色、灰色或浅黄色等。光泽暗淡。性柔软，硬度2~2.5。相对密度约2.2。为次生产物，见于蚀变蛇纹岩中，与菱镁矿、绿泥石、蛋白石等共生。

【滑石】

单斜晶系。通常呈叶片状或致密块状集合体，致密块状者称块滑石。是富含镁的基性或超基性岩石经过热液蚀变的产物；有的是由白云岩经热液作用形成。此外，在区域变质中有的形成滑石片岩。对油类有吸附性，主要用于造纸工业，也用于橡胶、纺织工业，主要作为填充剂和滑润剂。

鉴定特征：淡绿色或白色，微带浅黄色、浅褐色、浅绿色。珍珠光泽。硬度1，块滑石硬度稍高。片状解理极完全。薄片能弯曲，无弹性。相对密度2.8~2.9。有滑腻感。

【叶蜡石】

单斜晶系。通常呈片状、放射状或隐晶质致密块状集合体。主要由酸性火山岩和凝灰岩经热液蚀变而成，在某些铝质变质岩中也有产出。我国浙江青田的青田石和福建寿山的寿山石，都是白垩纪流纹岩和凝灰岩经热液蚀变形成的。以叶蜡石为主要成分的岩石，质地细密，是传统的工艺雕刻石料。粗片状的叶蜡石，可用作绝缘、耐火材料，还可用于陶瓷、油漆、造纸等工业。

鉴定特征：灰白色，有时带黄、绿、褐、红等色。玻璃光泽，致密块体呈蜡状光泽。硬度1~2，解理平行底面{001}极完全。薄片具挠性。有滑感。相对密度2.66~2.9。

【蛇纹石】

蛇纹石是蛇纹石族矿物的总称，是一种层状结构硅酸盐矿物，结构层是由一层硅氧四面体层与一层氢氧镁石八面体层结合而成的双层。结构层平坦如板者称利蛇纹石；结构层卷曲成管状者称纤维蛇纹石；结构层呈波状起伏如叶片者称叶蛇纹石。利蛇纹石为单斜晶系；纤维蛇纹石为斜方或单斜晶系；叶蛇纹石为单斜晶系。隐晶质的利蛇纹石或纤维蛇纹石或两者的混合物称胶蛇纹石。集合体通常呈致密块状、细条片状、叶片状或纤维状；呈纤维状集合体的纤维蛇纹石称蛇纹石石棉或温石棉。蛇纹石是超基性岩中的橄榄石、辉石受热液作用交代形成的产物；此外，白云石受热液作用也可形成蛇纹石。是制造钙镁磷肥的原料和耐火材料；其中质地细密、呈苹果绿色的叫作岫岩玉，是工艺雕刻石料，也可用作建筑材料。

鉴定特征：灰白色、浅绿色、深绿色或黄绿色。蜡状光泽，石棉具丝绢光泽。解理平行{001}完全。块状者具贝壳状或参差状断口。硬度2.5~3.5。相对密度2.5~2.62，蛇纹石石棉的相对密度为2.4~2.5。

【利蛇纹石】

参见“蛇纹石”。

【纤维蛇纹石】

参见“蛇纹石”。

【温石棉】

温石棉即“蛇纹石石棉”，参见“石棉”。

【胶蛇纹石】

胶蛇纹石指呈隐晶质致密块状的蛇纹石。它不是一种独立的矿物。可以由利蛇纹石组成，也可以由纤维蛇纹石组成，或者是两者的混合物。

【叶蛇纹石】

参见“蛇纹石”。

【绢石】

绢石是指呈叶片状的块体且具斜方辉石假象的蛇纹石。橄榄绿色、灰绿色或棕色。丝绢光泽。由斜方辉石经热液蚀变而成。见于蚀变的基性、超基性火成岩中。参见“蛇纹石”。

【高岭石】

因首先发现于我国江西省景德镇的高岭而得名。单斜或三斜晶系。晶体在电子显微镜下可见呈细小的假六方片状，通常呈土状块体产出。主要是外生成因的矿物，是正长石、云母等铝硅酸盐矿物的风化产物。此外，还有热液交代成因的矿物，为某些低温热液矿床的围岩蚀变的产物。是陶瓷和电瓷工业中的重要材料，在造纸、橡胶、油漆等工业中用作填充料。

鉴定特征：纯净者白色，常因含有各种杂质而染有不同颜色，含有机质者呈黑色。光泽暗淡。硬度近于1。断口平坦状。相对密度2.6左右。干燥时黏舌，用手易捏成粉末，潮湿时具可塑性。

【地开石】

单斜晶系。是热液蚀变的产物。根据X射线数据可与高岭石、珍珠陶土区别。参见“高岭石”。

【珍珠陶土】

单斜晶系。是热液蚀变的产物。根据X射线数据可与高岭石、地开石区别。参见“高岭石”。

【多水高岭石】

多水高岭石又称“埃洛石”或“叙永石”，叙永石这一名称因四川省的叙永县而得名。一般泛指所有水合的、未水合的和中间的各种多水高岭石，成分相当于含层间水的高岭石（但构造不同）。单斜晶系。晶体在电子显微镜下可见呈细长的空心管状；通常呈土状块体产出。为外生成因的矿物，最常见于岩石风化壳部位。用于陶瓷工业。

鉴定特征：纯净者白色，常因含杂质而带有不同颜色。光泽暗淡。硬度1~2。疏松土状的具滑腻感，致密块状的常因干裂而成带棱角的碎块。断口平坦状。失水后不再重新吸水。相对密度2~2.2，其外表特征与高岭石相似，正确区别需靠差热分析。

【硅孔雀石】

单斜晶系。常呈皮壳状、钟乳状或土状块体。常见于铜矿床的氧化带中，是原生含铜硫化物氧化后形成的次生矿物。与孔雀石相似，但遇盐酸不起反应，它的出现可作为找到原生铜矿床的标志。

鉴定特征：浅蓝绿色。条痕浅绿色。玻璃光泽或暗淡。硬度2~4。断口参差状。相对密度2~2.3。

【水铝英石】

水铝英石旧称“铝英石”。是一种胶体物质。非晶质。呈玻璃状外貌。是铝硅酸盐矿物风化的产物，与高岭石、多水高岭石、水云母等共生。

鉴定特征：白色、蓝色或微黄色。硬度2~3.5。相对密度1.85~1.9。

【蒙脱石】

蒙脱石又称“微晶高岭石”或“胶岭石”。水的含量变化很大。单斜晶系。通常呈土状块体。白色，有时带浅红色、浅绿色。光泽暗淡。硬度1。相对密度约为2。吸水性很强。吸水后其体积能膨大。

【白铅矿】

成分 $PbCO_3$，含 Pb 77.6%。斜方晶系。晶体呈板状或假六方双锥状，贯穿双晶常见，集合体呈致密块状、钟乳状或土状。通常是由方铅矿氧化成铅矾（$PbSO_4$）后，再由铅矾受含碳酸盐的水溶液作用而形成的次生矿物。产于铅锌硫化物矿床的氧化带中。通常与原生铅矿物一起作为铅矿石利用。

鉴定特征：白色或微带各种浅色。金刚光泽。硬度3~3.5。相对密度6.4~6.6。遇盐酸起泡。

【氟碳铈矿】

成分 $CeCO_3F$。六方晶系。晶体常呈平行{0001}的板状，通常呈粒状集合体。产于碱性岩、碱性伟晶岩及有关的热液矿床中，与萤石、方解石、重晶石等共生。是提取铈、镧等稀土元素的矿物原料。

鉴定特征：黄色或褐色。玻璃光泽至油脂光泽。硬度4~4.5。解理平行六方柱{1010}不完全。断口不平坦。相对密度4.9。溶于浓盐酸和硫酸中。

【氟碳钙铈矿】

六方晶系。晶体呈腰鼓状，通常呈不规则粒状集合体。

【云母】

云母是云母族矿物的总称。主要包括白云母、黑云母、金云母、锂云母、铁锂云母等。是钾、镁、铁、锂等金属的铝硅酸盐，均为层状结构。由于多型的不同而可有不同的晶系。多为单斜晶系，晶体以1M、2M型为常见。但对于不同云母而言，不同多型的出现概率不相同。云母是分布很广的造岩矿物，常见于火成岩、沉积岩和变质岩中。白云母和金云母是电气工业上重要的绝缘材料，锂云母是提取锂的矿物原料。

鉴定特征：常呈柱状、板状或片状，集合体常呈鳞片状。玻璃光泽。解理面呈珍珠光泽。硬度2~3。解理平行{001}极完全，可沿解理剥成具弹性的薄片。

【绿高岭石】

绿高岭石又称“绿脱石”。按其成分特征，实际上是一种含铁的蒙脱石。单斜晶系。通常呈隐晶质土状和致密块状集合体。主要是超基性岩中铁镁矿物风化分解后所形成的次生矿物。含镍的绿高岭石可作为镍矿石利用。

鉴定特征：黄绿色或褐绿色。致密块状者呈蜡状光泽，并具贝壳状断口。硬度2~2.5。相对密度1.7~1.9。具滑腻感。

【暗镍蛇纹石】

暗镍蛇纹石又称“硅镁镍矿”。通常呈皮壳状或土状。是含镍的超基性岩风化后所形成的次生矿物，产于超基性岩的风化壳部位。是炼镍的重要矿物原料。

鉴定特征：草绿色。光泽暗淡。硬度2~2.5。相对密度2.3~2.8。

【绢云母】

绢云母是白云母呈致密状微晶集合体的亚种。常呈黄绿色或灰白色。具丝绢光泽。是中低温热液蚀变的产物。

【金云母】

单斜晶系。晶体呈假六方片状。主要是接触交代作用的产物，常见于白云岩与侵入体的接触带。此外，金伯利岩常含金云母。色浅质纯者可用作电气工业上的绝缘材料。

鉴定特征：黄褐色或红褐色，亦有无色或绿色者。玻璃光泽。硬度2.5~3。片状解理极完全。薄片具弹性。相对密度2.7~2.85。

【锂云母】

锂云母又称“鳞云母”。单斜晶系。通常呈细鳞片状集合体。主要见于伟晶岩中，亦常见于云英岩和高温热液矿床中。是提取锂的矿物原料。

鉴定特征：一般为淡紫色，有时呈黄绿色。玻璃光泽。硬度2~3。片状解理完全。相对密度2.8~2.9。

【铁锂云母】

单斜晶系。晶体呈板状，通常呈片状集合体。主要产于云英岩中，亦见于伟晶岩、高温热液矿床中。是提取锂的矿物原料。

鉴定特征：淡黄色或褐绿色。玻璃光泽。硬度2~3。片状解理完全；薄片具弹性。相对密度2.9~3.2。

【脆云母】

脆云母是脆云母族矿物的总称。是层间由二价金属阳离子相结合的层状结构硅酸盐。性质与云母相似，但硬度高而性脆。主要包括珍珠云母和硬绿泥石等矿物。

【珍珠云母】

单斜晶系。通常呈鳞片状集合体。是典型的变质矿物，见于云母片岩和绿泥石片岩中。

鉴定特征：白色、浅黄色至灰色。硬度3.5~4.5。珍珠光泽。解理平行｛001｝完全。性脆。相对密度3.05。

【硬绿泥石】

单斜晶系，晶体常呈假六方片状，集合体呈玫瑰花状，双晶常见。硬绿泥石是经受浅变质作用的泥质片岩中的常见矿物，在变质程度很深的岩石中往往不存在。偶尔也见于热液矿床中。

鉴定特征：暗绿色至绿黑色。玻璃光泽。硬度6.7~7。解理平行｛001｝完全，但比云母稍差。性脆。相对密度3.26~3.57。

【绿泥石】

绿泥石是绿泥石族矿物的总称。成分比较复杂，是镁、铁等金属的铝硅酸盐，常含钙、锰、铬等。按化学成分的不同可分为正绿泥石和鳞绿泥石两个亚族。正绿泥石中 FeO 和 Fe_2O_3 的含量不超过 MgO 和 Al_2O_3 的总量，一般结晶较粗，主要有叶绿泥石和斜绿泥石。鳞绿泥石中的 FeO 和 Fe_2O_3 的含量超过 MgO 和 Al_2O_3 的总量，故又称富铁绿泥石亚族；晶体一般很细小或呈隐晶质，主要有鳞绿泥石和鲕绿泥石。绿泥石为单斜晶系。晶体呈板状，集合体呈片状、鲕状（鲕绿泥石）或致密块状。常见于变质岩中，是构成绿泥石片岩的主要矿物成分；也常见于热液蚀变的岩石中。鲕绿泥石则为海洋沉积矿物，大量积聚时，可作为炼铁矿石。

鉴定特征：深浅不同的绿色。解理面呈珍珠光泽。硬度2~2.5。片状解理平行｛001｝极完全。薄片具挠性。

【叶绿泥石】

单斜晶系。晶体呈假六方板状或腰鼓状，常依｛001｝成接触双晶，通常呈叶片状集合体。是最常见的一种绿泥石，主要由含铝的铁镁矿物（如黑云母、辉石、角闪石等）蚀变而成，见于中性、基性火成岩中。在变质岩中则是绿泥石片岩和千枚岩的主要矿物成分。

鉴定特征：绿色或绿黑色。解理面呈珍珠光泽。硬度2~2.5。解理平行｛001｝极完全。薄片具挠性。相对密度2.6~2.85。

【斜绿泥石】

单斜晶系。晶体呈假六方片状，集合体呈鳞片状。产状同叶绿泥石。参见“叶绿泥石”。

鉴定特征：草绿色至淡橄榄绿色。解理面呈珍珠光泽。硬度2~2.5。解理平行｛001｝极完全。薄片具挠性。相对密度2.61~2.78。

【鲕绿泥石】

单斜晶系，通常呈鲕状集合体。是典型的海相化学沉积物，形成于浅海地区。其巨大的层状体可作为铁矿石开采。

鉴定特征：深灰色至黑色。条痕绿灰色。硬度3。相对密度3.02~3.4。

【鳞绿泥石】

鳞绿泥石实际上是一种富含铁的绿泥石。单斜晶系。呈隐晶质致密块体。有时呈细鳞片状。成因和用途同绿泥石。

鉴定特征：橄榄绿色至绿黑色。条痕绿灰色。鳞片状的呈珍珠光泽。硬度2~2.5。解理平行｛001｝完全。相对密度3.15~3.19。

【水云母】

水云母是水云母族（也称伊利石族）矿物的总称。其化学成分中的钾含量较云母低而水含量则较云母高，是云母族矿物向蒙脱石族矿物转变的过渡产物。通常呈鳞片状，具珍珠光泽，弹性较云母差，有滑腻感。是组成黏土的主要矿物成分。主要包括水白云母（伊利石）、水黑云母等矿物。

【伊利石】

伊利石又称“水白云母”，水含量变化很大。单斜晶系。常呈鳞片状块体。白色。不具膨胀性和可塑性。是火成岩、云母片岩、片麻岩等岩石中云母的风化产物。可作为粗质陶器的材料。

【水白云母】

常视为伊利石的同义词，参见“伊利石”。

【蛭石】

单斜晶系。通常呈片状。是黑云母、金云母等矿物风化或热液蚀变的产物。是良好的隔热、隔音材料。此外，可作为橡胶、塑料、油漆等工业的填充料、滑润剂和涂饰材料。

鉴定特征：褐色、黄褐色或古铜色。油脂光泽。硬度 1~1.5。片状解理平行｛001｝完全，薄片具挠性，有时也微具弹性。相对密度 2.4~2.7。烧灼后呈银白色，体积可膨胀 18~25 倍。

【海绿石】

单斜晶系。常呈细小球粒分散于硅质或黏土质碳酸盐岩中，或呈细粒状集合体。是外生成因的矿物，产于浅海相沉积岩和近代海底沉积物中。是铝硅酸盐碎屑的海底分解产物。可作为钾肥原料。

鉴定特征：暗绿色至绿黑色。无光泽。硬度 2~3。相对密度 2.2~2.8。

【鱼眼石】

四方晶系。呈双锥状、等轴状或板状；集合体呈叶片状。是低温热液矿物，产于基性火山岩的气孔中，与沸石、葡萄石、方解石等共生。

鉴定特征：新鲜的无色，经过风化或部分蚀变的呈现雪白色至乳白色，含有杂质时呈浅黄色或红色。解理平行底面｛001｝完全。硬度4.5~5。相对密度 2.3~2.4。

【硅硼钙石】

单斜晶系。晶体呈短柱状。集合体呈葡萄状、粒状或块状。主要是热液作用的产物。与葡萄石、沸石、方解石等共生。

鉴定特征：白色。玻璃光泽。性脆。硬度 5~5.5。相对密度 2.9~3。

【葡萄石】

斜方晶系。通常呈肾状、葡萄状、钟乳状或粒状集合体。通常是基性斜长石经热液蚀变的产物，见于蚀变的辉长岩、辉绿岩等基性火成岩中。色泽美观者也可作工艺雕刻材料。

鉴定特征：白色、浅绿色或黄绿色。玻璃光泽。硬度 6.5。解理平行底面｛001｝中等。相对密度 2.8~3。

【长石】

长石是长石族矿物的总称，包括正长石、歪长石、透长石、微斜长石、钠长石、钙长石及钡长石等。是钾、钠、钙以及钡的无水架状结构铝硅酸盐，成分中类质同象置换的现象很普遍。长石是最重要的造岩矿物，分布很普遍，在火成岩、变质岩、沉积岩中都可出现；特别是在火成岩中，长石是几乎所有火成岩的主要矿物成分，对于岩石的分类具有重要意义。富含钾或钠的长石主要用于陶瓷工业、玻璃工业及搪瓷工业；含有铷和铯等稀有元素的长石可作为提取这些元素的矿物原料；此外，某些长石可用作装饰石料。

【碱性长石】

碱性长石是富含碱金属钾、钠的长石的总称。包括透长石、正长石、微斜长石、歪长石、条纹长石和反条纹长石，以及含钙长石分子在 5%以下的钠长石。

【钾长石】

钾长石是透长石、正长石和微斜长石三个同质多象变体的总称。透长石为稳定的高温变体，在高于 900℃时结晶，络阴离子中 Si—Al 的分布呈无序结构。结晶，成单斜晶系。微斜长石是稳定的低温变体，在低于 900℃下结晶，呈有序结构，结晶，成三斜晶系。正长石也在低于 900℃时结晶，但呈短程有序结构，结晶成单斜晶系，一般认为是不稳定的低温变体，要逐渐向有序的微斜长石转变。这种转变表现在正长石——微斜长石晶胞参数的连续可变性上。

【透长石】

透长石常含有相当数量的钠长石组分，最高可达50%。无色透明。其他肉眼可鉴定的特征与正长石相似。光性上光轴平行｛010｝的透长石特称为高温透长石，它是在很高温度下快速结晶形成的。透长石一般产于酸性、碱性喷出岩中或近地表的浅成岩中。参见“钾长石”。

【正长石】

正长石常含一定数量的钠长石组分。单斜晶系，晶体呈短柱状或厚板状；双晶常见，主要为卡尔斯巴律的贯穿双晶或接触双晶；也有呈粒状或块状集合体的。正长石产于酸性、碱性以及部分中性火成岩中，是某些片麻岩的主要矿物，在长石砂岩等碎屑岩中也有正长石存在。用作绝缘电瓷和瓷器釉药的材料以及玻璃和搪瓷的配料，并可用于制造钾肥。参见“钾长石”。

鉴定特征：多呈肉红色，或呈黄褐色、灰白色等。玻璃光泽。硬度6~6.5。解理平行｛001｝和｛010｝完全，解理交角90°。相对密度2.57。

【冰长石】

冰长石是在低温条件下形成的一种钾长石。一般认为其是正长石的一个亚种。其特点是：成分中钠的含量比一般钾长石低，常含钡。晶体以｛010｝缺失或不发育而｛110｝菱方柱特别发育为特征。无色透明或乳白色。形成于低温条件下。

【微斜长石】

微斜长石又称“钾微斜长石”。常含有数量不等的钠长石组分。三斜晶系，其轴角可在一定范围内变化，即具有不同的三斜度，从而区分为最大微斜长石与中微斜长石。经常具有依钠长石律和肖钠长石律两组近乎正交的聚片双晶所形成的格子状双晶。肉眼可鉴定的特征与正长石相似。微斜长石的产状也与正长石相同，但在侵入岩中比正长石分布更为普遍。用途同“正长石”。富含铷和铯的亚种称为天河石，呈绿色，产于伟晶岩中，可作为提取铷和铯的矿物原料，并可用作装饰石料。参见“钾长石”。

【天河石】

天河石是微斜长石中富含铷、铯的亚种。其成分中Rb_2O可达1.4%，Cs_2O可达0.2%。参见“微斜长石”。

【歪长石】

歪长石旧称“钠微斜长石”。三斜晶系。肉眼可鉴定的特征相似于微斜长石。产于钠质火成岩中。

【斜长石】

斜长石是由钠长石分子和钙长石分子两种组分组成的类质同象系列矿物的总称。按形成时结晶温度高低的不同，斜长石可分为Al—Si无序结构的高温斜长石和Al—Si有序结构的低温斜长石两个系列。从两种组分含量比例的变化情况来看，高温和低温斜长石系列都是完全的连续系列，但低温斜长石系列中在晶体结构上有几处突变，实际上不是一个连续的完全类质同象系列。但目前习惯上只按两种组分含量比例的不同而将斜长石分为以下六个种：钠长石、更长石、中长石、拉长石、培长石、钙长石。

不同系列的斜长石种名可在名称前加上“高温”“低温”前缀，如高温钠长石、低温钠长石等，以此区别。但自然界实际上还存在着有序度介于高温和低温系列之间的中间状态斜长石。三斜晶系，晶体呈板状或扁柱状；聚片双晶极为常见，有的可见双晶条纹；集合体呈粒状或块状。斜长石占全部长石总量的70%，是构成火成岩的最主要矿物，几乎占了火成岩平均矿物组成的一半。斜长石的分布：就两个不同的系列而言，高温斜长石形成于较高温度，结晶较迅速，主要见于喷出岩、浅成岩、高级接触变质岩及某些深成岩体边缘相斑状岩石中；低温斜长石形成于较低温度、较缓慢结晶条件下，主要见于深成岩和变质岩中。从成分来看，斜长石按其中SiO_2含量由高到低还可划分为酸性斜长石、中性斜长石及基性斜长石，它们大致上分别存在于酸性、中性和基性火成岩中。此外，钠长石还是碱性火成岩的重要矿物成分；在变质岩中则以酸性斜长石为主。

鉴定特征：白色至暗灰色，间或为绿色，偶为肉红色。玻璃光泽。硬度 6~6.5。相对密度 2.61（钠长石）、2.76（钙长石）。解理平行｛001｝和｛010｝完全，解理交角为 86°左右。斜长石的正确鉴别需借助于偏光显微镜。

【钠长石】

钠长石是斜长石的一种。产于伟晶岩中而呈片状集合体的亚种称为叶钠长石。柱状晶体沿 b 轴伸长的亚种称为肖钠长石，呈乳白色，形成于低温条件下。钠长石用作瓷器釉药的材料及玻璃和搪瓷的配料。参见“斜长石”。

【更长石】

更长石又称“奥长石”，旧称“钠钙长石”。是斜长石的一种。呈肉红色并由于含鳞片状镜铁矿细微包裹体而显现金黄色闪光的亚种称为日长石。日长石是名贵的工艺雕刻品材料。参见“斜长石”。

【中长石】

中长石是斜长石的一种，参见“斜长石”。

【拉长石】

拉长石旧称“钙钠长石”，是斜长石的一种。当转动某些拉长石时，在其特定方向上呈现美丽的蓝、绿、紫、金黄等色的变彩。这是由于极细的离溶薄片对光的反射所致。因此，这些拉长石可用作装饰石料。参见“斜长石”。

【培长石】

培长石是斜长石的一种，参见“斜长石”。

【钙长石】

钙长石是斜长石的一种，参见“斜长石”。

【条纹长石】

条纹长石不是一种单独的矿物，而是钠长石（有时也可为更长石）嵌生于钾长石（一般为微斜长石或正长石）中所构成的两相混合体。它是由一系列呈条带状或透镜状、树枝状的钠长石嵌相互平行一致的结晶取向。条纹长石通常按嵌晶的大小分为：①纹长石嵌晶，肉眼可见；②微纹长石嵌晶，肉眼不能见到但在显微镜下清晰可见；③隐纹长石嵌晶，在显微镜下只隐约可见。

【反条纹长石】

参见“条纹长石”。

【副长石】

副长石又称“似长石”。是一些钾、钠、钙等的无水架状结构铝硅酸盐矿物的统称。主要包括霞石、白榴石、方钠石、黝方石等矿物。副长石矿物的化学组成相似于长石，因而得名。但副长石矿物中碱金属和碱土金属离子的含量比长石高，二氧化硅的含量则比长石低。因此，副长石矿物都只出现于碱性岩或碱性岩体附近的接触变质带中，从不与石英共生。是碱性火成岩的重要造岩矿物。

【白榴石】

常含钠、钙。四方晶系。通常所见晶体均呈完整的四角三八面体，是其高温变体等轴晶系的β-白榴石的假象。灰白色或灰黄色。无光泽。硬度 5~6。断口贝壳状。相对密度 2.47。为标准的高温矿物，见于富碱质而二氧化硅较低的喷出岩中。大量积聚时可以作为提取钾和铝的矿物原料。

【铯榴石】

含 Cs_2O 23.5%~36.5%。等轴晶系。晶体呈立方体与四角三八面体的聚形，少见；通常呈致密块状集合体。产于花岗岩和伟晶岩中，与锂云母、锂辉石、叶钠长石等共生。是目前已知的含铯最多的矿物，是提取铯的重要矿物原料。

鉴定特征：无色透明。玻璃光泽。硬度 6.5~7。断口贝壳状。相对密度 2.86~2.9。

【霞石】

六方晶系。晶体呈短柱状；通常呈粒状或致密块状集合体。是碱性火成岩中的主要矿物。用于制造玻璃和陶瓷，也可以作为炼铝的原料。

鉴定特征：无色或白色，有时带淡黄色、淡褐色。玻璃光泽。断口呈油脂光泽。其浅色不透明而油脂光泽显著者称脂光石。硬度 5~6。解理不完全。相对密度 2.6。

【脂光石】

参见“霞石”。

【钙霞石】

六方晶系。晶体呈六方柱状，柱面和双锥面都发育，通常呈致密块体。是含碳酸、硫酸的岩浆期后溶液作用于霞石而形成的矿物，产于霞石正长岩及其伟晶岩中。

鉴定特征：白色、浅蓝色至蓝色。解理面呈玻璃光泽。断口呈油脂光泽。解理平行六方柱 {1010} 完全。硬度 5~6。性脆。相对密度 2.42~2.5。

【方钠石】

等轴晶系。晶体呈菱形十二面体，通常呈粒状或块状集合体。产于碱性岩中，特别是碱性喷出岩中。

鉴定特征：无色或灰色、蓝色、浅黄色等。玻璃光泽。硬度 5.5~6。解理平行菱形十二面体 {110} 中等。相对密度 2.13~2.29。

【黝方石】

等轴晶系。晶体呈菱形十二面体，通常呈柱状集合体。常产于碱性喷出岩中。

鉴定特征：灰白色，微带浅黄色、浅绿色、浅蓝色等。玻璃光泽。常因含包裹体而不甚透明。硬度 5.5。解理平行菱形十二面体 {110} 不完全。相对密度 2.3~2.4。

【蓝方石】

等轴晶系。晶体呈菱形十二面体；通常呈粒状集合体。产于碱性喷出岩中。

鉴定特征：天蓝色、蓝色或绿蓝色。玻璃光泽。硬度 5.5~6。解理平行菱形十二面体 {110} 不完全。相对密度 2.4~2.5。

【香花石】

等轴晶系。晶体有时具完美复杂的聚形。产于矽卡岩中的绿色黑云母脉内，与萤石、金绿宝石共生。

鉴定特征：白色。玻璃光泽。硬度 6.5。相对密度 2.97~3。

【日光榴石】

等轴晶系。晶体呈四面体或由正、负四面体组成的八面体聚形；通常呈不规则的球状集合体。见于矽卡岩、云英岩化花岗岩中。常与磁铁矿及含氟矿物（如萤石、黄玉、铁锂云母）等共生。是提取铍的矿物原料。

鉴定特征：褐红色、褐黄色或红色，也有绿色的。玻璃光泽至树脂光泽。硬度 6~6.5。解理平行 {111} 不完全。相对密度 3.2。

【方柱石】

方柱石简称“柱石”。是方柱石族矿物的总称。其成分类似斜长石，但具 Cl^-、CO_3^{2-}、SO_4^{2-} 等附加阴离子形成架状结构的铝硅酸盐。由钠柱石分子和钙柱石分子两种组分组成一个完全类质同象系列。根据两种分子含量比的不同，分为表 2-1 所示的几个矿物。

表 2-1　钠柱石和钙柱石矿物

名称	钠柱石（Ma）分子含量/%	钙柱石（Me）分子含量/%
钠柱石	100~90	0~10
韦柱石	90~60	10~40
中柱石	60~40	40~60
针柱石	40~10	60~90
钙柱石	10~0	90~100

四方晶系，晶体常呈四方柱状，集合体呈粒状或致密块状。常见于矽卡岩中，与石榴子石、透辉石等共生，也见于片麻岩和角闪岩中。

【钠柱石】

参见“方柱石”。

【韦柱石】

参见“方柱石”。

【中柱石】

参见“方柱石”。

【针柱石】

参见“方柱石”。

【钙柱石】

参见“方柱石”。

鉴定特征：灰色、灰黄色、灰绿色或海蓝色等。玻璃光泽。硬度 5~6。解理平行四方柱｛100｝和｛110｝中等。相对密度 2.6~2.75。

【沸石】

沸石是沸石族矿物的总称。包括三十多种含沸石水的钙、钠以及钡、钾的铝硅酸盐矿物，主要有钠沸石、钙沸石、方沸石、束沸石、菱沸石、片沸石、交沸石等。它们含水量的多少随外界温度的变化而变化，但并不影响其晶体的内部结构。主要形成于低温热液阶段，常见于喷出岩气孔中，也见于热液矿床和近代温泉沉积中。沸石可以借助水的渗滤作用，以进行阳离子的交换，其成分中的钠、钙离子可与水溶液中的钾、镁等离子交换，工业上用以软化硬水。沸石由于结构的多样性，在不同的沸石的晶格中存在着大小不同的空腔，因而可以吸取或过滤大小不同的其他物质的分子。工业上常将其作为分子筛，以净化或分离具混合成分的物质，如气体分离、石油净化等。

【方沸石】

等轴晶系。常呈四角三八面体。产于碱性及基性火成岩中，也可以由热液作用形成于岩石的气孔或裂隙中。用途参见“沸石”。

鉴定特征：无色、白色、灰色或淡红色。玻璃光泽。解理平行｛100｝不完全。硬度 5~5.5。相对密度 2.22~2.29。

【毛沸石】

六方晶系，晶体呈细针状，通常呈似棉花状的集合体或细长的纤维状集合体。产于火山岩的裂隙和空洞中。用途参见“沸石”。

鉴定特征：白色。丝绢光泽。硬度 4.5~5。相对密度 2~2.2。

【钠沸石】

斜方晶系。常呈放射针状或放射纤维状集合体。产于玄武岩等喷出岩的气孔中，与其他沸石或方解石共生。在碱性岩中，它是霞石、斜长石等的蚀变产物。用途参见“沸石”。

鉴定特征：无色、白色或浅黄色至红色。玻璃光泽，纤维状的呈丝绢光泽。硬度 5~5.5。解理平行｛110｝完全。相对密度 2.2~2.26。

【钙沸石】

单斜晶系，晶体呈针状，通常呈放射状或球状集合体。产于基性火山岩的气孔或裂隙中，也见于变质岩中，是低温热液作用的产物。用途参见“沸石”。

鉴定特征：无色、白色或浅黄色至红色。玻璃光泽，集合体有时呈丝绢光泽。硬度 5~5.6。解理平行｛110｝完全。相对密度 2.26。

【浊沸石】

单斜晶系。晶体呈柱状，集合体常呈放射状。是典型的热液成因矿物，一般产于火山岩的孔洞中，与其他沸石紧密共生。用途参见“沸石”。

鉴定特征：瓷白色、乳白色或红色。玻璃光泽，解理面呈珍珠光泽。硬度 3.5~4。解理平行｛110｝和｛010｝完全。相对密度 2.25~2.36。

【钙十字沸石】

钙十字沸石又称“钙交沸石”，旧称“钙十字石”。斜方晶系。晶体常形成假正方形贯穿双晶；集合体呈放射状或组成球粒。产于玄武岩和响岩的气孔中，与其他沸石共生。用途参见“沸石”。

鉴定特征：白色，有时为淡红色。玻璃光泽。硬度 4~4.5。解理平行｛001｝和｛010｝中等。相对密度 2.2。

【钙交沸石钙】

参见“钙十字沸石”。

【菱沸石】

菱沸石称“斜方沸石”。常含钠，当钠多于钙时称钠菱沸石。三方晶系。晶体呈近于立方体的菱面体。常呈以 c 轴为双晶轴的贯穿双晶。产于玄武岩、安山岩等岩石的气孔或裂隙中，与其他沸石共生。用途参见“沸石”。

鉴定特征：白色、肉红色或浅黄色。玻璃光泽。硬度4~5。相对密度2.05~2.1。

【交沸石】

交沸石旧称“钡十字石”。单斜晶系。晶体经常呈十字形贯穿双晶而具有假正方体或假立方体的外形。产于响岩、粗面岩和玄武岩的气孔中，与其他沸石共生；也见于热液铅锌矿床中。用途参见“沸石”。

鉴定特征：白色、灰色、淡黄色、淡红色、淡褐色。玻璃光泽。硬度4.5。解理平行｛010｝中等。相对密度2.5。

【束沸石】

束沸石又称“辉沸石”。单斜晶系。晶体总是形成具有假斜方晶系对称的贯穿双晶，通常组成禾束状集合体。产于玄武岩、安山岩及正长岩等岩石的孔洞或裂隙中，是最晚的热液作用的产物。用途参见“沸石”。

鉴定特征：白色或浅黄色，偶尔呈红色至棕色。玻璃光泽，解理面呈珍珠光泽。硬度3.5~4，解理平行｛010｝完全。相对密度2.1~2.2。

【片沸石】

其富钾的亚种称为斜发沸石。单斜晶系，晶体呈板状或片状，有时呈放射状或片状集合体。产于玄武岩、安山岩、正长岩等岩石的孔洞或裂隙中。用途参见“沸石”。

鉴定特征：白色、红色或褐色。玻璃光泽，解理面呈珍珠光泽。硬度3.5~4。解理平行｛010｝完全。相对密度2.2。

【斜发沸石】

斜发沸石是片沸石的富钾亚种，相应地其硅的含量也高于片沸石。参见“片沸石”。

【杆沸石】

斜方晶系。晶体呈柱状或针状，往往集合成放射状球粒。产于玄武岩、响岩等喷出岩的气孔中，用途参见“沸石”。

鉴定特征：白色或淡黄色、淡红色、淡褐色。玻璃光泽，新鲜解理面呈珍珠光泽。硬度5~5.5。解理平行｛010｝完全。相对密度2.3~2.4。

【发光沸石】

斜方晶系。晶体呈针状，通常呈放射纤维状或似棉花状的集合体。产于安山岩和流纹岩等喷出岩的孔洞中。用途参见“沸石”。

鉴定特征：白色、淡黄色或淡紫色。玻璃光泽或丝绢光泽。硬度3~4。解理平行｛010｝完全。相对密度2.15。

【中沸石】

中沸石又称“中性针沸石”。单斜晶系。晶体呈针状，通常呈放射状集合体，有时形成球粒。产于玄武岩等喷出岩的气孔中，与其他沸石共生。用途参见“沸石”。

鉴定特征：无色或白色，有时呈淡黄色至红色。玻璃光泽或丝绢光泽。硬度5。解理平行｛110｝完全。相对密度2.3。

【赛黄晶】

斜方晶系。晶体呈柱状，与黄晶相似，故得名。也常呈粒状集合体。是交代成因和热液作用的产物。

鉴定特征：黄色至无色。透明。玻璃光泽。硬度7~7.25。相对密度2.95。

【硼镁铁矿】

斜方晶系。晶体呈针状，集合体常呈放射状或粒状块体。产于侵入体与白云岩或镁质石灰岩的接触带中，常与磁铁矿、透辉石、镁橄榄石等共生。是提取硼及制取硼化物的原料。

鉴定特征：炭黑色或绿黑色。条痕黑至黑绿色。丝绢光泽或暗淡。硬度5。相对密度3.9~4。

【硼镁石】

单斜晶系。晶体呈细针状，集合体常呈纤维状、疏松白平状或致密块状。产于侵入体与镁质石灰岩或白云岩的接触带中。也可由沉积硼酸盐矿床中的其他含水硼酸盐矿物在炎热干燥气候条件下脱水而成。是提取硼和制取硼化物的原料。

鉴定特征：白色。玻璃光泽。硬度3~4，相对密度2.62。

【多水硼镁石】

单斜晶系。晶体呈细柱状，通常呈针状或肾状、结核状集合体。为盐湖的化学沉积产物，见于盐湖湖滨碳酸盐矿物和黏土岩层中。是提取硼和硼化物的矿物原料。

鉴定特征：无色透明。玻璃光泽。硬度2.5。解理平行{110}中等，解理平行{001}不完全。断口贝壳状到参差状。相对密度1.78。

【柱硼镁石】

斜方晶系。晶体呈柱状或纤维状，通常呈粒状或致密块状集合体。为盐湖的化学沉积产物，见于现代内陆盐湖底部或湖滨阶地。是提取硼和硼化物的矿物原料。

鉴定特征：白色、灰白色或黄色。玻璃光泽。硬度3.5。断口参差状。相对密度2.3。

【水碳硼石】

单斜晶系。晶体呈锥状或板状。水碳硼石是钠硼解石的次生矿物，产于现代盐湖中。是我国1964年发现的新矿物。

鉴定特征：无色透明。玻璃光泽。硬度2。解理平行{100}完全，解理平行{111}清楚，解理平行{001}不完全。相对密度2.12。遇冷稀盐酸作用时剧烈起泡。

【板硼石】

单斜晶系。晶体呈厚板状或短柱状。产于化学沉积硼矿床石膏层中。是提取硼和硼化物的矿物原料。

鉴定特征：无色至浅黄色。玻璃光泽。硬度2。解理平行{001}中等，解理平行{010}稍次。断口参差状。性脆。相对密度1.875。

【库水硼镁石】

三斜晶系。晶体呈厚板状；集合体呈致密粒状或结核状。产于现代内陆湖相硼矿床中。是提取硼和硼化物的矿物原料。

鉴定特征：无色透明或白色。玻璃光泽。硬度3。解理不完全。断口贝壳状。性脆。相对密度1.84。在短波紫外光照射下发淡绿色磷光。

【硼砂】

单斜晶系。晶体呈短柱状；集合体呈粒状、土状块体或皮壳状。在空气中易失水，表面常现白色粉末状皮壳。易熔。烧灼时显著膨胀，随后熔成透明的玻璃状小球。是硼酸盐矿物中分布最广的一种。为盐湖的化学沉积产物，见于干涸的含硼盐湖中。是提取硼和硼化物的主要矿物原料。

鉴定特征：白色，有时微带浅灰色、浅黄色、浅蓝色或浅绿色。玻璃光泽。硬度2~2.5。解理平行{100}完全。相对密度1.69~1.72。易溶于水，微带甜涩味。

【章氏硼镁石】

三斜晶系。晶体呈假六方片状或柱状，集合体常呈豆状。产于湖相盐类沉积层中。是我国1963年发现的新矿物。

鉴定特征：无色至白色。玻璃光泽。集合体呈油脂光泽。硬度1~2。相对密度1.72。

【硬硼钙石】

单斜晶系。晶体呈短柱状或等轴状，集合体呈粒状或块状。是硼砂等硼酸盐矿物在地表水作用下形成的矿物。是提取硼的矿物原料。

鉴定特征：无色、白色。玻璃光泽。解理平行{010}完全。硬度4.5。相对密度2.42。

【钠硼解石】

钠硼解石又称“硼钠方解石”。三斜晶系。通常呈针状、纤维状或结核状集合体。为盐湖的化学沉积产物，见于干涸的含硼盐湖中。是提取硼和硼化物的主要矿物原料。

鉴定特征：白色透明。玻璃光泽或丝绢光泽。硬度2.5。解理平行{010}和{110}完全，解理平行{110}中等。性脆。相对密度1.95。

【多水氯硼钙石】

三斜晶系。晶体细小，常与石盐一起组成块状集合体。多水氯硼钙石是钠硼解石的次生矿物，产于泥岩上部的盐壳中。是我国1965年发现的新矿物。

鉴定特征：无色透明。玻璃光泽。硬度2.5。相对密度1.83。解理极完全。溶于温水。

【三方硼镁石】

三方晶系。晶体极小，呈片状，常含盐华状集合体。产于现代盐湖中。是我国1964年发现的新矿物。

鉴定特征：白色。硬度1~2。相对密度1.85。易溶于酸。在常温下不溶于水，但置水中数日可转变为章氏硼镁石或多水硼镁石。

【独居石】

独居石又称“磷铈镧矿”。单斜晶系。主要产于伟晶岩中，与锆石、磷灰石、铌铁矿等共生，但独居石的主要矿床是滨海砂矿和冲积砂矿。是提取铈、镧的主要矿物原料。

鉴定特征：晶体常呈平行｛100｝的板状。蜜黄色或棕色。树脂光泽。硬度5~5.5。解理平行｛100｝中等，有时具平行底面｛001｝的裂理。断口贝壳状至参差状。相对密度5.1。常具放射性。

【磷钇矿】

四方晶系。晶体呈四方柱状或双锥状。集合体呈散染粒状或致密块状。主要产于花岗伟晶岩中，与锆石、褐帘石、独居石等共生。此外，常见于砂矿中。是提取钇的主要矿物原料。

鉴定特征：黄褐色、红色或灰色。玻璃光泽至油脂光泽。硬度4~5。解理平行｛100｝完全。相对密度4.4~5.1。常具放射性。

【磷灰石】

根据其成分中附加阴离子的不同，可分为氟磷灰石、氯磷灰石、羟磷灰石等。有时其附加阴离子以CO_3^{2-}为主，则称为碳磷灰石。六方晶系。晶体呈六方柱状，集合体呈粒状、致密块状或结核状。在内生、外生和变质作用中均可形成。内生成因的磷灰石作为副矿物见于各种火成岩中，有时在基性、碱性岩中形成富集；此外，亦见于伟晶岩、接触交代矿床和热液矿床中。外生成因的磷灰石是由生物和生物化学沉积而成，常呈隐晶质块体或结核状，通称胶磷矿。在变质岩系中的磷灰石矿层是沉积磷矿经区域变质而形成的。有时磷灰石肉眼难于识别，可借助简便化学方法试磷：将钼酸铵粉末置于矿物上，加一滴硝酸，立即产生黄色沉淀。磷灰石是制造农业磷肥和提取磷的重要矿物原料，氟磷灰石晶体可用作激光发射材料。

鉴定特征：颜色不一，以灰色、褐黄色、淡绿色等为常见。玻璃光泽，断口呈油脂光泽。硬度5。解理平行底面｛0001｝不完全。断口参差状。相对密度3.18~3.21。

【磷氯铅矿】

六方晶系。晶体常呈六方柱状或针状，有时呈细小球状体产出。见于铅矿床的氧化带中，是地表水中所含的磷酸与铅矿物作用的产物。是炼铅的矿物原料。

鉴定特征：常呈黄绿色，有时呈褐色或橘黄色。树脂光泽。硬度3.5~4。相对密度6.5~7.1。

【磷铝石】

三斜晶系。晶体呈等轴状，通常呈细粒状或放射状集合体。是伟晶岩的典型矿物。

鉴定特征：白色、乳白色、蓝白色。玻璃光泽，解理面呈珍珠光泽。硬度5.5~6。解理平行｛100｝完全，解理平行｛110｝中等。相对密度3.11。

【蓝铁石】

单斜晶系。晶体呈柱状及沿｛010｝呈扁平状，集合体呈肾状、球状及结核状。见于热液矿床和伟晶岩矿床的风化产物中，也见于沉积铁矿床中。

鉴定特征：新鲜的无色，易氧化而变成蓝色、靛蓝色或蓝黑色。玻璃光泽，解理面呈珍珠光泽。硬度1.5~2。解理平行｛010｝完全，解理片具挠性。相对密度2.68。

【鸟粪石】

斜方晶系。晶体常呈等轴状或楔状、短柱状、厚板状。产于鸟粪堆积中。是优良的氮磷肥料。

鉴定特征：无色，有时为白色、淡黄色或棕色。玻璃光泽。硬度2。解理平行｛001｝完全，解理平行｛100｝不完全。性脆。相对密度1.65~1.7。

【绿松石】

常含铁、锌。三斜晶系。常呈隐晶质块状，也有呈结核状和皮壳状的。是地表含铜水溶液与含铝、磷的岩石相互作用用的产物。颜色鲜艳块状的可用作工艺雕刻材料，松散碎屑可用作颜料。

鉴定特征：苹果绿色或灰绿色，也有天蓝色的。蜡状光泽。硬度5~6。断口贝壳状。性脆。相对密度2.6~2.83。

【铜铀云母】

铜铀云母是含水的铜、双氧铀磷酸盐。易失去一部分结晶水而转变为变铜铀云母。斜方晶系。晶体细小，呈八角形的薄板状；通常呈鳞片状或被膜状集合体。产于原生含铀矿床的氧化带中，是原生铀矿床的重要找矿标志。大量积聚时可作为提取铀的矿物原料。

鉴定特征：翠绿色。玻璃光泽，解理面呈珍珠光泽。硬度2.3~2.5。解理平行底面｛001｝极完全。相对密度2.3~2.6。具强放射性。在紫外光照射下不发荧光。

【钙铀云母】

钙铀云母是一种铀矿石，为含水的钙铀磷酸盐矿物。易失去一部分结晶水而转变为钙铀云母。斜方晶系。晶体细小，呈薄板状，通常呈鳞片状、粉末状或被膜状。在紫外光照射下发浅黄绿色中强荧光。产于原生含铀矿床的氧化带中。是原生铀矿床的重要找矿标志。大量积聚时可作为提取铀的矿物原料。

鉴定特征：柠檬黄色、绿黄色或灰黄色。玻璃光泽，解理面呈珍珠光泽。硬度2~2.5。解理平行底面｛001｝极完全。相对密度3.05~3.19。具强放射性。

【臭葱石】

斜方晶系。晶体细小，呈近于八面体的菱方双锥状；集合体呈致密块状。是含砷矿物的风化产物。

鉴定特征：淡绿色、浅蓝色或褐灰色。玻璃光泽。性脆。硬度3.5。相对密度3.28。

【钴华】

单斜晶系。偶尔呈针状，通常呈被膜状、皮壳状或土状块体。是含钴矿物氧化后所形成的次生矿物，见于钴矿床的氧化带中。它的出现可作为找到原生钴矿床的标志。

鉴定特征：玫瑰红色。条痕淡红色。玻璃光泽。硬度1.5~2.5。相对密度2.95。

【镍华】

单斜晶系。通常呈被膜状、皮壳状或土状块体。是含镍矿物氧化后所形成的次生矿物，见于镍矿床的氧化带中。它的出现可作为找到原生镍矿床的标志。

鉴定特征：苹果绿色至翠绿色。条痕淡绿色。玻璃光泽。硬度2.5~3。相对密度3。

【钒铅矿】

钒铅矿又称“褐铅矿”。六方晶系。晶体呈六方柱状或针状，通常呈皮壳状或致密块状。属于外生成因的矿物，产于铅矿床的氧化带中。大量积聚时可作为钒矿石利用。

鉴定特征：黄色至褐色。条痕白色至淡黄色。树脂光泽。硬度2.5~3。相对密度6.66~7.10。

【钒钙铜矿】

斜方晶系。通常呈鳞片状、土状、肾状。为外生成因的矿物，产于硫化物矿床的氧化带中。是炼钒的矿物原料之一。

鉴定特征：黄绿色、橄榄绿色。条痕淡绿黄色或淡褐黄色。珍珠光泽。硬度3.5。解理平行｛010｝完全。相对密度3.5~3.9。

【钒钙铀矿】

钒钙铀矿又称“钒酸钙铀矿”。斜方晶系。晶体薄板状，通常呈细鳞片状、土状或被膜状产出。是沉积铀矿床氧化带中的典型矿物。是提取铀和钒的矿物原料。

鉴定特征：鲜黄色，有时带淡绿色或橘黄色。玻璃光泽，解理面呈珍珠光泽。硬度2。解理平行底面｛001｝完全。相对密度3.68。具强放射性。在紫外光照射下不发荧光。易溶于稀酸中。

【钒钾铀矿】

钒钾铀矿又称“钒酸钾铀矿”。单斜晶系。晶体呈细小片状和板状；通常呈粉末块状或被膜状。分布于富含有机质的沉积岩（主要是砂岩）的风化带中，或见于沉积铀矿床的氧化带中。是提取铀、钒及钴的矿物原料。

鉴定特征：鲜黄色或淡黄绿色。玻璃光泽，解理面呈珍珠光泽。硬度2~2.5。解理平行底面｛001｝完全。相对密度4.46。具强放射性。在紫外光照射下发很弱的黄绿色荧光。易溶于稀酸中。其粉末用盐酸润湿即显鲜红色（钒的反应）。

【钨华】

斜方晶系。通常呈细鳞片状、粉末状和土状。见于钨矿床的氧化带中，是黑钨矿氧化后所形成的次生矿物。

鉴定特征：黄色、黄绿色或橙黄色。硬度1~2。解理平行底面｛001｝完全。相对密度5.5。

【白钨矿】

白钨矿又称“钙钨矿”或“钨酸钙矿”。斜方晶系。晶体呈四方双锥，常呈不规则粒状。主要产于接触交代矿床中。是炼钨的主要矿物原料。

鉴定特征：灰白色，有时略带浅黄色、浅紫色或浅褐色。油脂光泽。硬度4.5。解理平行四方双锥｛111｝中等。相对密度5.8~6.2。在紫外光照射下发浅蓝色荧光。

【黑钨矿】

黑钨矿又称“钨锰铁矿”。是钨铁矿和钨锰矿完全类质同象系列的中间成员。单斜晶系。晶体呈平行｛100｝的板状或柱状。主要产于花岗岩分布地区的高温热液矿床中。是炼钨的主要矿物原料。

鉴定特征：红褐色至黑色，条痕黄褐色至暗褐色，均随含Fe量的增加而变深。半金属光泽。硬度4~4.5。解理平行｛010｝完全。相对密度7.1~7.5。富含铁者具弱磁性。

【钨锰矿】

参见“黑钨矿”。

【钨铁矿】

参见“黑钨矿”。

【彩钼铅矿】

彩钼铅矿又称“钼铅矿”。斜方晶系。晶体呈方板状，集合体呈粒状块体。产于铅锌矿床的氧化带中。大量积聚时可作为钼和铅的矿石利用。

鉴定特征：蜡黄色、灰色、褐色等。条痕白色或稍呈浅色。金刚光泽。硬度2.5~3。解理平行四方双锥｛111｝中等。相对密度6.3~7。

【铅矾】

铅矾又称“硫酸铅矿”。斜方晶系。晶体多呈板状，经常呈皮壳状结晶被覆于方铅矿的表面，此外，常呈致密块状或土状。是原生含铅矿物氧化后首先形成的次生矿物。产于铅锌硫化物矿床的氧化带中。通常与原生铅矿物一起作为铅矿石利用。

鉴定特征：无色透明，质不纯者可现灰色、浅黄色或褐色。金刚光泽。硬度2.5~3。解理平行底面｛001｝中等。相对密度6.1~6.4。

【重晶石】

斜方晶系。晶体常呈厚板状，集合体常呈粒状或晶簇，少数呈致密块状、钟乳状和结核状。产于热液矿床和沉积矿床中。广泛用于石油、化工、橡胶、造纸、陶瓷、搪瓷、玻璃、制革、制糖工业上，亦可用于提取金属钡。

鉴定特征：纯洁者无色透明，但因含有杂质被染成灰色、红色、黄褐色、暗灰色或黑色。玻璃光泽，解理面呈珍珠光泽。硬度3~3.5。解理平行底面｛001｝完全，解理平行菱方柱｛210｝中等。相对密度4.3~4.5。

【天青石】

斜方晶系。晶体呈板状或柱状，集合体呈粒状、纤维状、钟乳状或结核状。主要见于白云岩、石灰岩、泥灰岩和含石膏黏土等沉积岩中。是提取锶的主要矿物原料。

鉴定特征：浅蓝灰色，有时为无色透明。玻璃光泽。硬度3~3.5。解理平行底面｛001｝完全，解理平行菱方柱｛210｝中等。相对密度3.9~4。

【硬石膏】

斜方晶系。晶体呈厚板状，通常呈致密块状或粒状。主要为盐湖中化学沉积作用的产物，常与石盐、钾盐和光卤石共生。在地表条件下，硬石膏可水化而变为石膏。用途同“石膏”。

鉴定特征：白色、灰白色，常微带浅蓝色，有时带浅红色。玻璃光泽。解理平行｛010｝完全，解理平行｛100｝和｛001｝中等，三组解理相互垂直。硬度3~3.5。相对密度2.8~3。

【石膏】

单斜晶系。晶体常呈板状，少数呈柱状；燕尾双晶常见；通常呈致密块状或纤维状，呈纤维状的称为纤维石膏。晶体无色透明者称为透石膏。主要是盐湖中化学沉积作用的产物，与石盐、硬石膏等共生。此外，硬石膏在外部压力降低的情况下，受地下水作用，也可形成大量的石膏。石膏可用于农业和水泥建筑、模型、陶瓷、造纸、油漆等工业以及医疗等方面。

鉴定特征：一般为白色，常因混入杂质而染成灰色、红色、褐色等。玻璃光泽，透石膏｛010｝解理面呈珍珠光泽，纤维石膏呈丝绢光泽。硬度2。解理平行｛010｝完全，解理平行｛100｝和｛011｝中等。相对密度2.3。

【透石膏】

参见“石膏”。

【纤维石膏】

参见“石膏”。

【无水芒硝】

斜方晶系。晶体呈双锥状或板状。主要产于盐湖中。用于制造玻璃及化学药品。

鉴定特征：无色透明。玻璃光泽。硬度2~3。解理平行｛001｝中等。相对密度2.66。易溶于水，在室温和潮湿空气中易水化成为芒硝而散作粉末，即失去透明和光泽。

第六章 矿物在刑事侦查中的应用

由于作者在以往工作中涉及的具体案例有限，本章旨在给刑事侦查工作者提供可用的侦查思路。本章内容分为三部分：一是介绍常见伴人矿物，主要包括在日常生产和生活中所接触的矿物；二是矿物在刑侦中的应用，即根据现场遗留的矿物或岩石（由矿物组成的集合体）寻找侦查线索；三是介绍相关案例。

第一节 常见伴人矿物

一、生活常见矿物

人们在日常生活中所接触的矿物包括：矿物材料、日用品中的矿物添加剂及常见的矿物药。

1. 矿物材料

日常生活或生产中接触的泥沙，其主要矿物组成为石英和长石，石英和长石是自然界分布较广的矿物，这也是人们接触概率最高矿物，也是刑侦工作中最值得关注的两种矿物。

长石有碱性长石和斜长石两大系列：碱性长石系列主要是由钠长石和钾长石构成的不完全类质同象系列。斜长石系列主要是由钠长石和钙长石构成的完全类质同象系列。碱性长石系列主要有：钾长石、正长石、微斜长石、冰长石、透长石和条纹长石等端元矿物。斜长石系列主要有：钠长石、奥长石、中长石、拉长石、培长石和钙长石等端元矿物。岩石学中将钠长石、奥长石统称为酸性斜长石，而将拉长石、培长石、钙长石统称为基性斜长石。

斜长石的晶体属三斜晶系的架状结构硅酸盐矿物，晶形呈柱状、厚板状，常为粒状或块状；颜色多呈灰白色，有时微带浅棕色、浅蓝色及浅红色；硬度 6~6.5；相对密度 2.61~2.76；也可用作陶瓷原料，在晶面或解理面上可见细而平行的双晶纹。玻璃光泽，半透明。两组解理（一组完全、一组中等）相交呈 86°24′，故得名斜长石。

斜长石的成分还常用所含 An 组分的摩尔百分数表示，称为斜长石的牌号。在常温下，有些成分的斜长石并不是均匀的类质同象混晶，而是两相的交生体。牌号为 2~15 的斜长石实际上是由<2 号与 25~30 号两种成分的斜长石叶片平行交生而成，称为晕长石，因光在一系列叶片界面上反射并干涉而常显晕色，故得名。（46±2）~（60±2）号以及 66~90 号两个区间的斜长石也都是类似的两相交生体。某些拉长石因此而具有美丽的变彩，可用作玉石材料。此外，许多天然斜长石晶体的内核与外缘的牌号不一，形成所谓的环带状斜长石。一般外缘的牌号大于内核的牌号，称为正常环带构造；也有内核牌号大于外缘的，称为反环带构造。此外，还有从内核到外缘的牌号，由小逐渐变大，然后突然变小，如此多次反复，形成韵律环带构造。

我们可以根据长石之间的成分、物理性质及光学性质的差异对其加以区分，为破案提供一定的线索，从而缩小侦查范围，提高破案效率。

日常生活中接触最多的矿物就是石英，空气中的灰尘、土壤和风沙等，其主要成分就是石英。看似很普通的石英，实际上其身世背景差别很大，有沉积过程形成的，有岩浆作用形成的，还有变质作用形成的，它们之间存在很大差异，主要体现在微观结构和包裹体成分的不同。

2. 矿物添加剂

常用的矿物添加剂有方解石、滑石和石膏等。这些添加剂一般都在 200~300 目，甚至更细，研究起来相对困难，加之在现场遗留的量太少，且可能为多源混合物，实际应用中未必能得到较好的效果。

3. 矿物药

仅《本草纲目》中就列载有 134 种矿物药，其中金属类 28 种，玉类 14 种，石类 72 种，卤石（能溶于水的矿物）类 20 种 。像金、银、铜、铁、锡、云母、石英、玛瑙、丹砂、水银、钟乳石、磁石、麦饭石、金刚石、食盐、硫黄、明矾、硼砂等。矿物药一般为单矿物晶体，个头比较大，便于研究。下面择其要者予以重点介绍。

（1）辰砂：粒状或块状集合体，呈大小不一的块片状、颗粒状或粉末状。鲜红色或暗红色，具金刚光泽，条痕红色至褐红色。密度大。呈细小颗粒或粉末状，色红，有闪烁光泽，触之不染手者，习惯上称“朱宝砂”；呈不规则板片状、斜方形或长条形，大小厚薄不一，边缘不整齐，色红而鲜艳，光亮如镜面而微透明，质松脆而易碎者，习惯上称“镜面砂”；块较大，方圆形或多角形，色发暗或呈灰褐色，质重而坚，不易碎者，习惯上称“豆瓣砂”。化学成分：主含硫化汞（HgS），含量在 96%以上。功效：清心镇惊，安神解毒。

（2）雄黄：块状或粒状集合体，呈不规则块状。深红色或橙红色，条痕淡橘红色，晶面有金刚石样光泽。手触之易被染成橙黄色。质脆，易碎，断面具树脂样光泽。微有特异的臭气，味淡。燃烧易熔融成红紫色液体，并产生黄白色烟和强烈的蒜臭气。化学成分：主含二硫化二砷（As_2S_2），含量不少于 90%。功效：解毒杀虫，燥湿祛痰，截疟。

（3）黄铁矿（中药上称自然铜）：多呈立方体。表面浅黄色，有金属光泽。条痕棕黑色或黑绿色，断口呈条差状，有时呈贝壳状。断面黄白色，有金属光泽，或棕褐色，可见银白色亮星。质硬脆。化学成分：主含二硫化铁（FeS_2）。功效：散瘀止痛，接骨疗伤。

（4）赤铁矿（中药上称赭石）：多呈不规则扁平块状。暗棕红色或灰黑色，条痕樱红色或红棕色。一面多有圆形乳头状的凸起，习惯上称“钉头”，另一面与凸起的相对应处有同样大小的凹窝。体重，质硬，砸碎后断面呈层叠状。化学成分：主含三氧化二铁（Fe_2O_3）。功效：平肝潜阳，降逆，止血。

（5）菱锌矿（中药上称炉甘石）：呈不规则块状，灰白色或淡红色。表面粉性，凹凸不平，多孔，呈蜂窝状。体轻，易碎。化学成分：主含碳酸锌（$ZnCO_3$）。本品含氧化锌（ZnO）不得少于 40%。功效：解毒明目退翳，收湿止痒敛疮。

（6）石膏：为纤维状集合体，呈长方块状、板块状或不规则块状。白色、灰白色或淡黄色，有的半透明。体重，质软，纵断面具有绢丝样的光泽。气微，味淡。化学成分：主含二水硫酸钙（$CaSO_4 \cdot 2H_2O$）。功效：清热泻火，除烦止渴。煅石膏为石膏烧煅至 225℃时失去部分结晶水而成。为白色粉末或酥松块状物，表面透出红色光泽，不透明。体较轻，质软，易碎，捏之成粉。气微，味淡。甘、辛、涩、寒。收湿、生肌、敛疮、止血。

（7）芒硝：呈棱柱状、长方体或不规则块状及粒状。无色透明或类白色半透明，暴露空气中则表面渐风化而覆盖一层白色粉末（无水硫酸钠）。质脆、易碎，断面不整齐，呈玻璃样光泽。味咸。化学成分：主含十水硫酸钠（$Na_2SO_4 \cdot 10H_2O$）。功效：泻热通便，润燥软坚，清火消肿。玄明粉为芒硝溶于水中，加 5%～20%的萝卜共煮，过滤，滤液放冷结晶，经风化干燥而得。为白色结晶性粉末，有吸湿性。无臭，味苦、咸。功效与芒硝同。

（8）胆矾：单晶体呈厚板状或短柱状，集合体呈不规则块状、肾状或粒状。深蓝色或附有风化物（白色或绿白色粉霜），半透明，具玻璃光泽；条痕无色或带浅蓝色；质脆，断口呈贝壳状。化学成分：主含五水硫酸铜（$CuSO_4 \cdot 5H_2O$）。功效：涌吐痰涎，解毒收湿，祛腐蚀疮。

（9）自然硫（中药上称硫黄）：呈不规则块状。黄色或略呈绿黄色。表面不平坦，具脂肪光泽。用手握紧置于耳旁，可闻轻微的爆裂声。体轻，易碎。有特异的臭气。燃之易熔融，火焰呈蓝色，并放出刺激性的二氧化硫臭气。化学成分：纯品主要含硫，并含碲与硒。功效：外用杀虫，内用补火助阳。

（10）龙骨：为古代哺乳动物如三趾马、犀类、鹿类、牛类、象类等的骨骼化石或象类门齿的化石。前者习惯上称“龙骨”，后者习惯上称“五花龙骨”。龙骨呈骨骼状或不规则块状；表面白色、灰白色或浅棕色；质硬，不易破碎，摸之细腻如粉质，在关节处有多数蜂窝状小孔；有吸湿性，舔之黏舌。五花龙骨呈不规则块状；全体呈淡黄白色或淡黄棕色，夹有红、白、黄、蓝、棕、黑等色的花纹；质硬而脆，易片状剥落；吸湿性强，舔之黏舌。化学成分：主含碳酸钙（$CaCO_3$）、磷酸钙［$Ca_3(PO_4)_2$］。功效：镇惊安神，收敛涩精。外用：生肌敛疮。

（11）磁铁矿（中药上称磁石或慈石）：为块状集合体，呈不规则块状或略带方形，多具棱角。灰黑色或棕褐色，条痕黑色，具金属光泽。体重，质坚硬，断面不整齐。具磁性。

（12）滑石：多为块状集合体，呈不规则的块状。白色、黄白色或淡蓝灰色，条痕白色，具蜡样光泽。质软，细腻，手摸有滑润感，无吸湿性，置水中不崩散。气微、无味。

（13）浮石：为火山喷出的岩浆凝固形成的多孔状石块。化学成分：主含二氧化硅（SiO_2）。呈稀松似海绵状的卵形不规则块体。表面灰白色或灰黄色，具多数细孔，形似蛀窠，有时呈管状。体轻，质硬而脆，断面疏松，具小孔，常有玻璃或绢丝样光泽。投入水中浮而不沉。味微咸。

二、生产相伴矿物

生产相伴矿物指人们在生产活动中接触到的矿物。矿山企业日常生产、石料厂及矿产品加工厂常见的矿石矿物有：赤铁矿、磁铁矿、黄铁矿、镜铁矿、铬铁矿、铌铁矿、钛铁矿、自然铜、辉铜矿、黄铜矿、孔雀石、蓝铜矿、斑铜矿、锡石、闪锌矿、方铅矿、黑钨矿、白钨矿、辉钼矿、辉锑矿、硬锰矿、软锰矿等。各类石材加工厂常见的矿物有花岗岩、大理岩、石英岩、石灰岩等。

第二节　矿物在刑侦中的应用

目前，矿物在刑侦工作中的应用还比较有限，主要原因是刑侦人员对矿物知识了解太少。当刑事案件发生时，矿物不像其他物证那样被刑侦人员所熟知，刑侦人员也不知采取哪些方法可以从现场遗留的矿物中获取有效的破案线索，本节针对矿物物证可能提供的线索及注意事项加以阐述。

首先，矿物物证要作为破案线索需要具备一定的条件。一是具有一定的量，如果量太少，找不到合适的方法对其进行测试分析，就无法达到我们的目的。二是要及时采集现场标本，保证标本不要被污染，标本一旦被污染，不仅不能为我们提供破案线索，有时还会把侦查工作引向歧途。

1. 利用矿物的发光性可以对矿物进行快速无损测试，为破案提供线索

矿物的发光性是指矿物受到外界能量（如紫外线、X射线和放射性射线照射，或者打击、摩擦、加热）激发时，能够发射可见光的性质。外界能量停止作用后，矿物仍能在短时间内继续发光时，这种光称为磷光。若外界能量停止作用后，矿物便停止发光，这种光称为荧光。发光性是鉴定这些矿物的重要特征之一。常见矿物的发光性见表2-2。

表2-2　常见矿物的发光性

矿石	紫外线照射	阴极射线照射
白铅矿	黄、鲜绿蓝、淡蓝	淡蓝
白钨矿	淡蓝	淡蓝
白云石	黄	
电气石		红
方解石	黄、紫	红黄
方柱石		玫瑰红
钙铀云母	鲜绿	
高岭石		淡蓝色
锆石	橙黄	
刚玉	紫红	淡蓝绿
硅灰石	淡蓝、黄	淡蓝、黄
硅酸锌矿	鲜绿	
滑石	山楂红	山楂红
黄玉	蓝	蓝
红尖晶石	浓红	
蓝晶石		紫红色
锂云母	淡绿	
拉长石		淡蓝
磷灰石	玫瑰红	山楂橙
菱镁矿	黄	紫粉红
菱锰矿		白淡蓝
菱铁矿		山楂红
硫酸铅矿	玫瑰红	

续表

矿石	紫外线照射	阴极射线照射
绿柱石	紫	淡蓝
明矾石	紫	淡紫
钼铅矿		红
钠长石	淡蓝、淡紫	灰蓝、淡紫
奥长石	淡绿	
葡萄石	红	亮绿
闪锌矿	红	红
蛇纹石	黄	紫
石膏	淡绿、淡绿蓝	
石棉	黄	
石英	蓝	
硬石膏	红	山楂红
异极矿	黄、淡紫	淡蓝、淡紫
正长石		淡蓝、暗淡蓝
重晶石	玫瑰红、黄、紫	紫
透闪石	黄	紫、金黄绿
微斜长石	黄	淡蓝
文石	淡黄、绿、紫	淡紫
萤石	黄、绿、紫、暗紫	绿、暗绿，紫、亮紫

一般说来，矿物的发光性与矿物中的某些杂质元素有关，这些杂质元素通常为稀土元素，而稀土元素又与钙元素的性质相近，钙又是一种宏量元素，很多矿物中都含有，所以，凡是含钙矿物大部分都具有发光性。而且矿物的发光性方便易测，迅速快捷。

假如涉案现场遗留有泥沙或其他矿物粉末，我们可以提取这些泥沙或矿物粉末进行发光性研究，确定其中是否含有特殊矿物，从而为破案提供线索。测试矿物的发光性常用的仪器为紫外仪和阴极发光仪。

2. 利用石英、长石等矿物的阴极发光结构，确定石英、长石的来源

石英、长石是极其常见的粉尘矿物，尤其是石英，因其化学性质非常稳定，很多场合都会有它的踪迹。看似外观并无什么差别的石英，其阴极发光结构却迥然不同，这与石英的成因关系密切。阴极发光能比其他技术更快地，而且通常更成功地鉴定出成岩成矿作用事件的序列。此外，阴极发光能够“看穿”重结晶作用前的原岩结构。具体石英的阴极发光结构特征可以查询相关学术期刊，很多研究成果可以参考。

长石外观相似，内部结构差别很大，在普通偏光显微镜下就可以区分，这需要将样品制成0.03mm的薄片，阴极发光显微镜下更能清楚地看到其内部结构。

阴极发光是一种发光形式，用来激发并产生这种光的仪器称为阴极发光仪，将阴极发光仪安装在显微镜上，称为阴极发光显微镜，其主要由显微镜、电子枪、样品室、高压控制装置及真空系统组成，我们通常就是采用这种显微镜进行矿物的阴极发光特征鉴定。样品室是组装在载物台上的真空室，高压控制系统与真空系统则分别为电子束和样品室提供电源与真空环境，阴极发光显微镜工作时，主要由电子枪向存放于样品室中的薄片发射电子束，使样品发光。阴极发光全称阴极射线致发光，也叫电子激发光。目前，阴极发光仪有光学显微镜阴极发光和扫描电镜阴极发光两类。

3. 利用矿物的稀土元素配分模式判断矿物来源及成因

稀土元素配分模式对矿物来说相当于人的DNA，具有稳定可靠的示踪意义。化学元素周期表中镧系元素——镧（La）、铈（Ce）、镨（Pr）、钕（Nd）、钷（Pm）、钐（Sm）、铕（Eu）、钆（Gd）、铽（Tb）、镝（Dy）、钬（Ho）、铒（Er）、铥（Tm）、镱（Yb）、镥（Lu），以及与镧系的15个元素密切相关的元素——钇（Y）和钪（Sc），共17种元素，称为稀土元素。稀土元素几个常用指标是：δ（Eu）和δ（Ce）及稀土配分模式。不同成因和来源的矿物一般稀土元素配分模式是不同的，特定的环境和形成过程会出现δ（Eu）或δ（Ce）异常。比如花岗岩中的石英与闪长岩里的石英虽然外观上可能没什么差别，但是它们的稀土元素配分模式不同，以此也可以区别石英是来自花岗岩还是闪长岩。对矿物来说，也是如此。因此，我们可以根据矿物的稀土元素配分模式来确定其来源。测试矿物的稀土元素含量一般用等离子质谱仪，样品一般需要50mg。

4. 利用矿物的同位素组成来确定矿物的来源

不同成因的同种矿物其同位素组成不同，有时差别很大。我们可以根据矿物的同位素组成判断其成因和来源，为破案提供线索。例如黄铁矿，很多时候，几乎看不出它们之间的差异，包括在显微镜下和阴极发光显微镜下。这时，现场如果有一定量（超过几十微克）的黄铁矿，那么就可以开展硫同位素的测试，并与可能源区样品进行比对，确定其来源。

硫有四种稳定同位素：^{32}S，^{33}S，^{34}S，^{36}S，其大致丰度为 95.02%、0.75%、4.21%、0.02%。以 δ（^{34}S）来表示硫同位素的分馏。自然界硫同位素组成范围大，最重的硫酸盐的 δ（^{34}S）为 95‰，最轻的硫化物的 δ（^{34}S）为-65‰。硫同位素的分馏过程主要有：①各种硫化合物（硫酸盐、硫化物）之间的同位素交换反应，是一种平衡的同位素分馏；②硫化合物发生价态改变的单向化学反应，是一种不可逆的氧化还原反应，具有动力分馏的性质，它既可由无机环境改变引起，也可由生物细菌的有机作用引起，而且生物细菌的作用往往能引起大的动力分馏。生物的动力学分馏主要是由各种细菌引起的，包括硫酸盐的同化还原过程，即硫酸盐在生物作用下合成有机硫化合物；有机物分解产生 H_2S；细菌氧化硫化物为硫酸盐；细菌还原硫酸盐为硫化物等。不同细菌引起分馏的程度不相同，低温下厌氧细菌对硫酸盐的还原作用能产生明显的动力同位素分馏。

各类陨石中都含有硫，铁陨石含硫可达 10%以上，球粒陨石次之，约为 1%，无球粒陨石最低，小于 1%。它们以各种硫化合物形式出现，已发现 20 多种含硫矿物，但绝大多数是以陨硫铁（FeS）形式出现。各类陨石中总硫同位素组成与含硫量无关，非常稳定，δ（^{34}S）值为 0±0.7‰。不同硫化合物的 δ（^{34}S）值变化范围稍大，在-2‰～+3‰之间。一般是硫酸盐富集（^{32}S），陨硫铁富集（^{32}S）。

基性岩和超基性岩是地幔成因，其硫同位素组成和陨石接近，但变化范围较宽，推测地幔硫的 δ（^{34}S）值平均为 1‰～2‰，这可能和地球早期分异时丢失一些富（^{32}S）的蒸汽有关。酸性岩中硫化物的 δ（^{34}S）变化范围增大，为-10‰～+10‰，这反映成岩的复杂性。S 型花岗岩比 I 型花岗岩的 δ（^{34}S）值有更大的变化范围，其组成与母岩有一定继承性。高温岩浆作用中母岩和岩浆之间无同位素分馏，取决于体系的氧逸度状况，由熔体中分离出来的水溶液中可以富 H_2S，亦可富 SO_2，但同样无同位素分馏产生。

沉积岩中硫同位素组成变化极大，变化范围为-40‰～+50‰。这主要是由细菌参与的氧化还原反应造成明显的同位素分馏，是表生循环作用硫同位素分馏的主要机制。

除采用上述几种方法来确定矿物来源外，还可利用矿物的其他一些特征来确定其来源，比如形态特征、磨圆度、分选性等也可加以利用。总之，以矿物的某些特征来确定其来源，通常把上述几种方法综合起来使用，以获得最佳效果。有时利用其中一种方法就可以达到非常理想的效果，这主要取决于样品自身特性。

第三节 相关案例

案例一：由黄铁矿引发的抢劫案件

扶沟县有一退休在家的翻砂工人，当年炼铁时从工厂拿回一块黄铁矿，老人明知是黄铁矿，却对外宣称是金刚石，价值 60 余万元，这条信息被街上无业闲散人员获知，因不知真相，佯装购买，与老人约好交易时间到其家中交易，最后将老人掐晕并将黄铁矿抢走，所幸老人并未死亡，约 30 分钟后恢复意识，打电话报警，最终案件侦破，罪犯被抓获。老人利用黄铁矿硬度大，可以刻划玻璃的性质，将其冒充金刚石。

案例二：由黄铁矿引发的诈骗

笔者一次外出坐火车，在火车上亲身经历一件事。一年轻男子，称自己的钱被偷了，无钱回家，要把自己在金矿上分得的一块金子拿出来换回家的路费，年轻人手里拿着一块明晃晃的浅黄色物质，旁边还有“托”在起哄，有人说这块金子值 3000 元，有人说值 5000 元，有人佯装购买，掏出钱包一看，只有 600 元，最后年轻人咬牙一口价 1000 元叫卖，所幸并未有人上当。

黄铁矿还有一个别称“愚人金”。

第三篇　岩石类

引　言

自然界的岩石品种非常多，难以计数，根据岩石的成因可以分为三类：①由岩浆作用形成的岩石，也就是岩浆岩；②由沉积作用形成的岩石，即沉积岩。③由变质作用形成的岩石，即变质岩。我们在本篇中把各类中最典型的和最具代表性的岩石予以重点介绍。鉴于内容的系统性和全面性要求，罕见的岩石也有介绍。通过本篇的介绍，读者可以简单了解各种岩石的一些基本特征，对岩石所属类型可以大致做出判断，若需精确鉴定还需到地矿行业的专业实验室进行。

第一章　岩浆岩

【岩石】

岩石是指天然产出的具有一定结构构造的矿物集合体，它构成地球上层部分（地壳和上地幔），在地壳中具有一定的产状。岩石主要由造岩矿物组成（少数由天然玻璃质或胶体或生物遗骸组成）。岩石按成因可分为火成岩（岩浆岩）、沉积岩和变质岩三类。其中以火成岩数量最多，在地壳深至 16 千米范围内，95%以上为火成岩。矿石为经济上可供利用的特殊的岩石，煤和含油岩石也是特殊的岩石。

【单矿岩】

单矿岩指全部或几乎全部由一种矿物组成的岩石。如辉石岩由辉石组成，斜长岩由斜长石组成，以及硅质石英砂岩由石英组成等。

【复矿岩】

复矿岩是指由两种或两种以上的矿物组成的岩石。如复矿岩花岗岩由石英、长石及少量铁镁矿物组成。

【岩浆】

岩浆是地壳深部或上地幔物质部分熔融而产生的炽热熔融体。其成分以硅酸盐为主，并溶解有挥发分。岩浆具有一定的黏度。它在构造运动或其他内力的影响下，可以侵入地壳或喷出地表，经冷却固结后形成各种火成岩。

【残余岩浆】

岩浆结晶作用进行至某时期时，其剩余的液相部分称为残余岩浆。本源岩浆在分异作用的某时期内所形成的火山岩的基质成分，即代表某时期残余岩浆成分。结晶作用充分进行（伟晶岩期）后的残液，多形成伟晶岩，其成分一般富含二氧化硅、碱质及挥发分，但在某些基性残余岩浆中，则富含铁及钛。由于残余岩浆常携带一些金属物质，因此它对成矿起着一定的作用。

【火成岩】

火成岩是指由岩浆在地下或喷出地表后冷却凝结而成的岩石，又称“岩浆岩”。由于岩浆固结时的化学成分、温度、压力及冷却速度的不同，可生成各种不同的岩石。大部分火成岩是结晶质的，小部分为玻璃质。火成岩的形成温度一般较高（主要为 700～1500℃）。除由岩浆冷凝形成的火成岩外，还有一部分火成岩不是由岩浆形成的，而是由先成岩石经过超变质或强烈交代作用形成的，如某些花岗岩类岩石。因此有人认为火成岩既包括由岩浆作用形成的岩石，也包括由非岩浆作用形成的岩石。火成岩在地壳里占主要地位，从地面到深达 16km 的地方，火成岩的体积几乎占 95%，而沉积岩仅占 5%。它是组成地壳的主要岩石。

【岩浆岩】

岩浆岩即“火成岩”。

【火成岩体】

火成岩体是指由火成岩所组成的地质体，一般指侵入的火成岩体。其产状多种多样，大小差别很大，其形成历史和内部构造也不一致。例如，我国华南有不少花岗岩体，有的范围很大，可达数千平方千米，有的很小，只有几十平方千米；产状有的是岩基，有的是岩株、岩脉；而且常呈多期多阶段的复式岩体。此外，某些超基性、基性岩体常是多种岩石组成的韵律性的层状侵入岩体。

【火山机体】

火山机体又称“火山机构”，是指一定时间内由火山作用所形成的各种产物在空间分布的格局。包括由地表爆发的产物和接近地表的侵入或“爆发”的产物及有关的构造、矿产等构成的一个整体。要深入研究火山机体必须对组成它的基础物质——火成岩进行研究。

【侵入岩】

侵入岩指岩浆侵入地壳内冷凝而成的火成岩。由于冷却速度较慢，常为结晶质。侵入岩依其侵入地壳中的部位深浅，可分为深成岩（>3km）和浅成岩或半深成岩（>1.5km 且≤3km）。如果岩浆侵入接近地表，则称为超浅成岩（>0.5km 且≤1.5km）。

【侵入体】

由侵入岩构成的火成岩体称为侵入体。与围岩构造整合的岩体如岩床、岩盖、岩盆、岩鞍等，不整合的岩体如岩脉、岩栓、岩瘤、岩株、岩基等。

【深成岩】

参见“侵入岩”。深成岩是指岩浆在地下深处（>3km）缓慢冷却、凝固而生成的全晶质粗粒岩石，如花岗岩、闪长岩、辉长岩等。近年来，根据深成岩类以花岗岩类岩石占压倒的多数的事实，有不少人认为花岗岩类岩石是高度变质交代作用的产物。

【浅成岩】

参见“侵入岩”。浅成岩是指具深成岩与喷出岩中间结构的火成岩。多具细粒、隐晶质及斑状结构，在成因上常与深成岩有密切的关系，也可以与喷出岩有密切的关系。

【喷出岩】

喷出岩是岩浆喷出地表冷凝而形成的火成岩。包括各种熔岩及火山碎屑岩。喷出岩由于冷却很快，多形成细粒至玻璃质岩石，常具斑状结构。

【火山岩】

火山岩是指由地表火山作用所形成的各种岩石，既包括细粒的、隐晶质的或玻璃质的熔岩和火山碎屑岩，又包括与火山作用有关的次火山岩。从火山喷发环境可区别为海底喷发和陆相喷发。海底喷发通常是在地槽下沉阶段喷发的，它与海相沉积物一般呈整合接触关系。陆相喷发通常是在构造运动后期喷发的，与下伏的岩层多呈不整合接触关系，其中也可夹有沉积岩。

【熔岩】

火山喷溢的炽热的熔融体和由它冷却凝结的产物都可称作熔岩。但有人把火山喷出的液态物质称为熔浆（它和岩浆的区别是不含挥发分），而由熔浆凝固的岩石称为熔岩。也有人把火山喷出的液态物质称为熔岩流，而把冷却凝固后的产物称为熔岩。熔浆或熔岩流可以是在火山爆发时，从火山口喷流出来，也可以从裂隙中溢流出来。熔岩包括各种喷出岩，如流纹岩、安山岩和玄武岩等。

【次火山岩】

次火山岩是一种与火山作用有关的并与火山岩系同源的浅成和超浅成侵入岩。有人把火山通道根部的岩石也称为次火山岩。大部分次火山岩同喷出熔岩的外貌十分相似，需经野外调查和室内鉴定才能把它们区别开来。一般认为次火山岩具有下列特点：①在时间上，与火山活动同期或稍晚；②在空间上，主要分布于火山岩地区；③在成分上，与火山岩相似；④在岩石特征上，与火山岩相似。次火山岩与火山热液成矿作用有密切联系。与次火山岩有关的矿产种类很多，如铜、钼、铁、黄铁矿、金、银、锡、铅、锌等。

【岩套】

岩套是火成岩组合的一个更大的单位，往往包含几个岩浆建造。它和地质构造发育的较长的时间单元相联系。岩套中既有侵入岩建造又有火山岩建造。岩套常以造山期来划分，如前造山期、同造山期及后造山期等。例如，蛇绿岩套发育于优地槽，属于前造山期。

【岩浆杂岩】

岩浆杂岩是一种具体的火成岩组合。这些火成岩占有一定的时间和空间，包括与之有关的矿产——它们时代相近，在成因上彼此密切联系，具有岩石化学、地球化学和矿物成分上的某些共性，并隶属于一定的地质构造环境。如我国云南某地的超基性、基性杂岩，下为橄榄岩、中为橄辉岩和辉石岩、上为辉长岩，这个杂岩体自下而上的明显分带，说明是同一岩浆分异的产物。杂岩如是由各种侵入岩组成，可称为侵入杂岩；如果由喷出岩组成，则称为喷出杂岩。

【岩浆建造】

岩浆建造是在一定地质构造环境和一定的地质发展阶段内成因上有密切联系的几个特征相似的杂岩的总称。岩浆建造是地质建造的一部分，从其岩浆来源、岩浆性质和演化特征等可反映地质构造条件。如我国祁连地槽发展早期的细碧岩建造、角斑岩建造，西南地台区的暗色岩建造以及内蒙古海西褶皱带的超基性岩建造。

【火山岩建造】

火山岩建造是成因相似并有共同特征的几种火山岩呈有规律的组合。如细碧岩建造、角斑岩建造，都是富含钠的海底喷发熔岩，在空间上都分布于地槽的褶皱带。

【熔离】

熔离是指高温稳定的溶液或固溶体，在低温时不稳定，分离为两个溶液或固相的现象。前者又称为液态分离作用，后者则称为出溶作用（或固溶体分解）。由出溶作用形成的两种或两种以上的矿物共生现象称为出溶共生。熔离构造表现为叶片状、线状、点滴状、格子状，其中以叶片状最为常见。熔离结构则表现为两种矿物彼此穿插生长，如长石的条纹结构或反条纹结构。熔离的共生关系与共生结构可用于阐明火成岩及矿床的生成条件，从实验得知的熔离温度可作为地质温度计。

【混染岩】

混染岩是指由混染作用所形成的岩石。两种岩浆混合而成的火成岩也叫混染岩。

【火成岩产状】

火成岩产状是指火成岩体的大小、形状、与周围岩石的关系、形成时所处的地质构造环境及距离当时地表的深度等。查明火成岩产状，可以帮助了解火成岩的形成条件，同时对找矿和勘探有一定意义。

【整合侵入体】

整合侵入体指岩体侵入围岩，接触面与围岩的层理或片理相一致的侵入岩体，它们主要是沿着层理或片理侵入而成。根据形态不同可分为岩床、岩盖、岩盆及岩鞍等。

【不整合侵入体】

不整合侵入体指切穿周围岩石的层理或片理的侵入岩体。它们常沿着切穿层理或片理的裂隙而形成，如岩墙、岩栓、岩瘤、岩株、岩基等。

【岩基】

岩基是一种大规模的深成岩体，出露面积超过 100km^2。常产于褶皱带的隆起部分，延伸与褶皱轴走向一致。呈岩基产出的岩体以花岗岩类最为常见。

【岩株】

岩株又称“岩干”，是一种呈树干状向下延伸的、呈不整合的岩体。规模较大，但较岩基小，出露面积小于 100km^2。岩株以花岗岩类最为常见。

【岩镰】

岩镰是指在剖面上呈镰刀形的规模较大的侵入体，是岩浆侵入已变形的岩层中而形成的，或在侵入的同时与围岩一起受水平挤压力或造山力的影响经变形而形成的。但有时岩浆侵入到不整合面、软弱的层面或其他构造面时，局部上侵方面发生变化，也可形成岩镰。

【岩盆】

岩盆是指岩浆侵入到岩层之间，其中央部分受岩浆的静压力使底板下沉断裂，形成中央微凹下去的盆状侵入体。大小不一，个别大的超基性、基性岩岩盆直径可达数十到数百千米。

【岩盖】

岩盖又称“岩盘”。产于岩层间的底部，平坦、顶部拱起、中央厚、边缘薄，在平面上呈圆形的侵入体，其形成深度一般较浅。岩盖直径一般是 3~6km，其厚度可达 1km。呈岩盖产出的以中酸性侵入体为常见。

【岩鞍】

岩鞍是指位于背斜层或向斜层鞍部的整合侵入体。由岩浆侵入褶皱部的软弱带或层间剥离的空隙而成。岩体一般规模较小。

【岩床】

岩床又称“岩席”，是由岩浆沿层面流动铺开，形成与地层相整合的板状岩体。岩床厚度一般较小，而面积较大。呈岩床产出的岩体以基性、超基性岩为常见，如河北下花园的辉绿岩岩床。

【岩席】

岩席即“岩床”。近年来习惯把倾斜的层状侵入岩体称侵入岩席；在强调斜切地层的关系时称斜交岩席。

【层状侵入体】

层状侵入体是指由基性岩浆分异的火成岩（包括纯橄榄岩、橄榄岩、辉石岩、苏长岩、辉长岩及斜长岩等）所构成的层状岩盆或漏斗状侵入体。岩体具良好的韵律层和旋回性。著名的例子如非洲南部的布什维尔德火成杂岩体，规模达 450km×270km，它是由超基性岩和基性岩层状侵入体所组成，超镁铁质岩约占 1/7。

【岩枝】

岩枝是指不规则枝杈状的脉状岩体。常见于较大侵入体的边缘，并穿插于围岩之中。

【岩瘤】

岩瘤是侵入体的产状之一，大小与岩株相近，但出露面积较小，且在平面上近于圆形。

【岩脉】

岩脉又称“岩墙”，为充填在岩石裂隙中的板状岩体，横切岩层，与层理斜交，属于不整合侵入体的一种。岩脉的宽度一般为几十厘米至数十米，长度可由数十米至数千米，个别大的可达几十千米及以上。依据成分、形态、产状及与地质构造的关系，可分为简单岩脉、复杂岩脉、岩脉群及环状岩脉等。有人将直立或近直立的板状岩体称为岩墙，而将与层理斜交、形状较不规则的板状岩体称为岩脉。

【岩钟】

岩钟是指由黏度较大的熔岩在火山通道上部堆积而成的钟状体。大规模侵入体的顶部钟状凸起部分或小规模的圆丘状的侵入岩体也称岩钟。

【岩丘】

岩丘是指黏度较大的熔岩在火山口附近形成具有急倾斜侧面的丘状火山。亦称为钟状火山或块状火山。

【岩针】

岩针是火山岩的一种产状，是黏度很高或快要凝固的熔岩，在下部强大的力量挤压下，从火山口缓慢地冲出地表而形成的尖顶状柱状体。1902年，培雷火山活动时生成的火山岩针最高达300m。

【火山颈】

火山颈又称“岩颈”。填塞在中心式火山管道内。由熔岩和火山碎屑物组成。在火山主体被侵蚀消失后，火山口内熔岩或火山碎屑岩由于侵蚀差别而残留的塔状岩体，则表示火山管道轮廓。

【岩筒】

岩筒为发育在岩体中的构造，是后期同源岩浆向上涌动时在围岩中留下的通道。因为是同源岩浆，岩筒与围岩的岩性一致，但在岩筒边缘发育细粒化边，它对岩浆的就位具有重要的指示意义，说明岩浆的就位是多期次的，即岩体内部的热动力是多次涌动的。众所周知，房山岩体是一个典型的岩浆多期次侵位而成的复式岩株，在其内部发育着大量的岩筒，与其整体的构造特点是相适应的。金伯利岩常呈这种产状。

【火山锥】

火山锥是指由火山喷发出来的熔岩和火山碎屑物质围绕着火山口堆积而成的圆锥形火山体。它是中心式喷发的一种重要特征。依其组成物质和堆积形态，可分为三种：①熔岩锥，全由熔岩所组成，锥的坡度较平缓；②火山碎屑锥，全由火山碎屑物（火山弹、火山角砾及火山灰等）组成，坡度较大；③层状火山锥，也叫混合锥，由熔岩和火山碎屑物的互层所组成。火山锥的高度及大小极不一致。

【熔岩锥】

参见“火山锥”。

【熔岩流】

呈液态在地表流动的熔岩称为熔岩流。从火山裂隙或火山口溢出的炽热的岩浆沿山坡或河谷顺流而下，其范围视坡度及岩浆黏度而异，有的呈狭长的带状，有的呈宽阔、平缓的舌状。它冷却固结后所形成的岩体称熔岩流。在熔岩流表面，气孔最发育。其断面上限及下限常有破片集合物，或呈岩渣状，中部为熔岩，有时出现柱状节理。

【熔岩被】

熔岩被又称“熔岩席”。从火山喷发出来的岩浆可沿地面向四方流散。当喷发量多时，岩浆可铺成一大片，被覆在地面上，而后冷凝，称为熔岩被。形成熔岩被的熔岩往往是黏度小、流动速度快的基性熔岩。

【火成岩相】

火成岩由于生成条件不同而产生不同的岩石特征。相的概念是以岩石形成深度为主要根据，深度不同，引起岩浆温度、压力、冷却时间的长短等一系列物理化学条件的差异，而这些条件与岩石成因、岩石外貌有密切关系。根据岩体形成的深度不同，可分为深成相、中深成相、浅成相和喷出相。深成相和中深成相（>3km）岩体较大，结晶较粗，同化作用强烈。浅成相（0.5~3km）岩体较小，结晶较细，常具斑状结构。喷出相由于冷却快，结晶程度较差，常具玻璃质结构。岩相划分的根据，还有岩体的大小、构造环境的差异、岩浆的性质等。所以上述三个相的划分，必须综合分析。此外，在同一侵入岩体中，由于各部分冷却条件和同化混染程度不一样，岩性有显著变化，因此有的也进行岩相划分，通常自内向外分为内部相、过渡相和边缘相，用以说明岩体各部分成分及结构的变化。由于火山作用的形成条件不同而产生的不同的火山岩特征，则称为火成岩相，又称为火山岩相。常见的火山岩相有：①喷发相，②火山通道相，③次火山相，④火山沉积相。

【火成堆积】

火成堆积是指岩体构造与沉积岩的层状构造相似的层状火成岩侵入体的成岩过程。其特点为：①早期结晶并沉降下来的矿物被后期残余岩浆冷凝物充填或胶结；②表现良好的韵律性；③韵律层严格遵循沉积岩的重叠律，即岩体的下层必老于上层；④堆积晶体的粒度频率分布，在对数坐标上成一直线，即属于对数正态分布。由于火成堆积作用而形成的岩石，称为堆积岩。

【岩石构造】

岩石中不同矿物集合体之间、岩石的各个组成部分之间或矿物集合体与岩石其他组成部分之间的相互关系的特征，称为岩石构造。也有人认为岩石的构造应是组成岩石的矿物集合体的形状、大小和空间的相互关系及配合方式，即这些矿物集合体组合的几何学的特征。如片麻构造、块状构造、流纹构造、枕状构造等。

【块状构造】

块状构造是指具块状构造的岩石，其矿物排列无一定次序，无一定方向，不具任何特殊形象的均匀块体。块状构造是火成岩（如花岗岩等）中最常见最广泛的一种构造。

【斑杂构造】

斑杂构造是指具斑杂构造的岩石，其不同组成部分在结构上或矿物成分上有较大的差异，整个岩石是不均一的。引起斑杂构造的原因很多，可由析离体和捕虏体形成，也可由不均匀或不彻底的同化混染作用及不均匀的交代作用形成。

【球状构造】

球状构造是指岩石中矿物围绕某些中心呈同心层分布，外形呈圆或椭圆球体的一种构造。这种构造在显晶质火成岩中十分常见，如球状闪长岩和球状辉长岩。在安山岩中亦可见到。

【晶洞构造】

晶洞构造是指侵入岩中有小型孔洞的构造。孔洞多数是不规则的，孔洞中经常生长着完好的晶体。这种构造在某些花岗岩中比较常见，如福州鼓山的花岗岩的晶洞构造非常发育。

【带状构造】

带状构造是指岩石中的不同结构和成分的条带大致呈平行排列的一种构造。常见于基性、超基性侵入岩及各种变质岩中。

【流纹构造】

流纹构造为流纹岩具有的典型构造。其特征是由不同颜色的矿物、玻璃质和气孔等在岩石中呈一定方向的流状排列。流纹构造是由熔岩流动造成的，它可以表示熔岩流动的方向。常见于酸性或中酸性喷出岩中。

【杏仁状构造】

杏仁状构造是指由次生矿物充填于喷出岩气孔中的一种构造。由于充填体宛如杏仁，故得名。此种构造在玄武岩中最为常见，充填的矿物多为沸石、冰洲石、玉髓、方解石等，有时有金属物质如自然铜等充填其中，形成有工业价值的矿床。

【气孔构造】

气孔构造是火山岩的一种构造。当熔岩喷出时，由于压力降低，气体从熔岩中逸出而形成各种大小和数量不同的圆形或椭圆形气孔，个别呈管状，以浮岩和火山渣的气孔构造最为发育。在玄武岩中经常见到。某些次火山岩、超浅成侵入岩中也具气孔构造。

【枕状构造】

枕状构造是由海底喷发的基性熔岩所形成的一种特殊构造。熔岩多呈枕状椭球体，互相堆叠。枕状熔岩常与沉积岩伴生，枕状椭球体之间常有沉积物充填，其中还可以找到海生化石。多数枕状体在生成固结时常残留塑性变形遗迹，有因重力向下方间隙下垂的形迹，由此特征可以判断沉积当时的上下方向。枕状椭球体表层坚硬，结晶程度比内层要差，以此可与球状风化所形成的椭球体区别开来。

【石泡】

石泡是指酸性熔岩的表面由于凝固时气体逸

出、体积缩小而产生的具有空腔的多层同心圆球体。每一球层常为放射状纤维钾长石或长英质组成。石泡见于玻璃质岩中，尤以在黑曜岩、流纹岩中最为常见，空腔内常被微细的次生石英、玉髓等矿物替代。

【流动构造】

流动构造是指岩浆在流动过程中所产生的构造。主要包括流线构造和流面构造两种。前者是长形矿物（角闪石等）及长形捕虏体、析离体等呈长轴定向排列，一般平行于岩浆流动方向；后者是片状矿物（云母等）、板状矿物（长石等）及扁形捕虏体、析离体呈层状及带状排列，一般平行于岩体的接触面。因此，利用流面可以推断岩体接触面的产状。

【流线构造】

参见“流动构造”。

【流面构造】

参见“流动构造”。

【柱状节理】

柱状节理是指火山岩特别是中基性熔岩和某些次火山岩中发育的呈多角柱状的节理。由岩浆或熔岩流冷却收缩而成，柱体垂直于冷却面，断面近六角形。例如玄武岩、安山岩等的柱状节理。

【岩石结构】

岩石结构是指组成岩石的矿物的结晶程度、大小、形态以及晶粒之间或晶粒与玻璃质之间的相互关系的特征。有等粒、斑状、似斑状等名称。有时因在某种岩石中较为典型，结构的名称就以岩石名称命名，如花岗结构、粗面结构等。岩石结构是研究岩石形成条件和岩石分类、命名的重要依据。

【显晶质结构】

显晶质结构是指火成岩中的矿物晶体颗粒肉眼能分辨的结构。具有显晶质结构的岩石叫“显晶岩”，如花岗岩、辉长岩等。按晶体颗粒直径的大小分为三类：大于5mm的叫粗粒结构；1~5mm的叫中粒结构；0.1~1mm的叫细粒结构。

【显晶岩】

参见“显晶质结构”。

【显微晶质结构】

显微晶质结构是指岩石中矿物晶粒细小，肉眼无法分辨，但使用偏光显微镜可以看出矿物颗粒的结构。

【隐晶质结构】

隐晶质结构是指岩石中矿物晶粒极为细小，在偏光显微镜下也不能分辨，但有光性反应，据此可以区别于玻璃质的一种结构。具有隐晶质结构的岩石叫“隐晶岩”。一般火山岩常具有这种结构。

【隐晶岩】

参见“隐晶质结构”。

【玻璃质结构】

玻璃质结构是指全部由天然玻璃物质组成的岩石的结构。由于熔岩喷出地表，冷却得很快，以致其中的原子或离子来不及组合形成有规则排列的结晶物质，遂凝固形成天然的玻璃物质。玻璃质结构是地质时代较新的火山岩的特征。玻璃质肉眼看来是致密块状，具玻璃光泽及贝壳状断口。在正交偏光下无光性反应等性质，据此可以区别于隐晶质。玻璃质是不稳定的，随时间和物理条件（温度和压力）的变化，会发生脱玻化或晶化作用，转变成结晶质。

【自形晶】

自形晶是指岩石中矿物晶体所具有的完整的固有晶形，在薄片中常呈规则的多边形。这种晶粒是在有足够的空间允许其充分发育的条件下形成的。如晶粒的结晶较早或晶粒的生长力很强，也可以形成自形晶，前者如斑岩中的斑晶，后者如深成岩中的某些副矿物。

【半自形晶】

半自形晶是指晶体发育不完整，部分带有晶

体界面的矿物晶体。由于在岩石中矿物结晶有先有后，较后结晶的矿物由于部分先结晶的完整晶体的存在而使晶粒不可能完全发育自己的晶面。这种半自形的晶粒在等粒结构的火成岩中较为常见，因此常称为半自形粒状结构。

【他形晶】

他形晶是指矿物晶粒不出现它们固有的晶面，其形状受相邻晶体或遗留的空间所限制，因此多半是不规则的。在粒状结构的火成岩中，他形晶常是结晶较晚的矿物，如花岗岩中的石英。

【粒状结构】

粒状结构又称“等粒结构”。是指岩石中同种主要矿物的粒径近似或大致相等的结构。常见于深成岩中。按粒径大小，可分为粗粒（直径大于5mm）、中粒（直径为1～5mm）和细粒（直径小于1mm）等粒状结构。根据矿物颗粒的自形程度，可以分为全自形粒状结构、半自形粒状结构和全他形粒状结构等。

【等粒结构】

等粒结构即“粒状结构”。主要矿物大小基本一致。

【花岗结构】

花岗结构是深成酸性岩的一种结构。该结构常见于中酸性和酸性深成岩中，以花岗岩中最为典型，故称花岗结构。其特点是全晶质，岩石中的主要矿物长石呈半自形粒状，其中斜长石的自形程度比钾长石要高，而钾长石又比石英的自形程度要高；暗色矿物角闪石和黑云母与斜长石相比，晶形发育较好，因此，又称半自形粒状结构。

【半自形粒状结构】

参见“花岗结构”。

【斑状结构】

岩石中有两种大小截然不同的矿物颗粒（大的称斑晶，小的称基质）的一种结构。一般是把基质为隐晶质、玻璃质的结构称为斑状结构；如斑晶数量很多，超过基质，称为多斑结构；如斑晶很少，则称少斑结构。浅成岩和喷出岩中常见这些结构。

【斑晶】

斑晶是斑状结构中的较大的矿物晶体。结晶通常较基质为早，故常为自形晶。由于结晶条件经常变化，斑晶形成后，往往遭受熔蚀、分解、破碎或转变为另一些矿物。

【基质】

基质是指在斑状结构的斑晶之间充填的细粒部分。基质中一般结晶较斑晶为晚，可呈显晶质或隐晶质，有时甚至为玻璃质。

【似斑状结构】

似斑状结构是斑状结构的一种。其特征为基质多为显晶质（细粒、中粒、粗粒），斑晶可以是与基质在相同或近于相同的冷凝条件下形成的，也可以是由交代作用形成的变斑晶（由交代成因的似斑状结构，有人称为交代斑状结构）。这种结构多见于花岗岩类岩石中。

【自碎结构】

自碎结构是见于喷出岩及火山凝灰岩中的一种结构。其特征是斑晶或粗大碎屑遭受机械的角砾化，但单个碎屑并无位移现象。我国福建中生代火山岩系中经常具有这种结构。

【细碧结构】

细碧结构是基性喷出岩中的一种结构（类似玄武岩结构），具杏仁状、多孔状，其中斜长石几乎全部为钠长石化，暗色矿物也几乎全蚀变为绿泥石、阳起石、绿帘石及碳酸盐矿物。这种结构以细碧岩中最为典型，故得名。

【辉长结构】

辉长结构是粒状结构的一种，以辉长岩最为典型，故得名。这种结构是辉石和斜长石晶形发育程度相近，或均为半自形晶粒，或均为他形晶粒，这表明辉石和斜长石是同时从岩浆中共结结晶的。

【包含结构】

包含结构又称“嵌晶状结构”，泛指岩石中大晶体包含小晶体的一种结构。根据包裹和被包裹的关系可分为主晶和客晶。主晶是指大的包裹矿物，客晶是指小的被包裹矿物。这种结构说明：客晶矿物形成早于主晶矿物。主晶常有熔蚀和交代早期客晶的现象。例如，在超基性岩中常见到大的辉石晶体包裹小的圆形的橄榄石晶体，这是一种典型的包含结构。

【辉绿结构】

辉绿结构是浅成的基性岩如辉绿岩常具有的结构，故得名。在肉眼或偏光显微镜下，岩石中斜长石呈自形板条状交织分布，而他形粒状辉石则充填在斜长石板条状晶粒构成的三角形空隙中间。

【含长结构】

含长结构是包含结构的一种，即辉石大晶体中包含板条状斜长石的小晶体。常见于基性侵入岩中。

【二长结构】

二长结构是指深成岩中斜长石的自形程度较正长石高得多的粒状结构。二长岩常具这种结构，故得名。

【微晶结构】

微晶结构是喷出岩的一种结构。由长石的微晶组成，微晶近于自形，两端不规则，具双晶，也可以见不到双晶。按微晶的排列形式，可分为定向微晶结构（粗面结构）和交织微晶结构（交织结构）。这种结构可以是原生的，也可以由重结晶形成。

【粗面结构】

粗面结构是粗面岩所常具的一种特征结构。其特点是在偏光显微镜下可以看到基质中的碱性长石微晶呈大致平行的排列，这反映熔岩凝固时的流动情况。

【安山结构】

安山结构又称“玻基交织结构”，是安山岩中常见的一种结构，故得名。其特征是基质中的斜长石微晶呈半平行而又相互交织排列，在其空隙中充填有玻璃质。

【交织结构】

安山岩基质中的斜长石微晶，由于流动结果，呈半平行而又相互交织排列，在其间隙中有显微晶质或隐晶质的物质充填，这种结构常称为交织结构。如果斜长石微晶相互紧靠，交织成不规则形式，则称毡状结构。

【毡状结构】

参见“交织结构”。

【霏细结构】

霏细结构是浅色喷出岩或浅成岩的一种结构，是由个体不清晰的隐晶质长英矿物集合体构成的，不具斑晶或具少量斑晶。除原生外，部分霏细结构可能是玻璃质发生脱玻璃化作用所形成的。这种结构在酸性熔岩中很常见。

【文象结构】

文象结构是指岩石中石英和钾长石（通常为微斜长石或微纹长石）有规则共生的一种结构，这两种矿物互结成楔形连晶，似楔形文字，故得名。它是石英、长石在共结情况下形成的，但也有由于交代作用或固溶体分解而形成的。常见于伟晶岩的边缘带。大者肉眼可见。在显微镜下才能看清楚的，叫作显微文象结构。

【显微文象结构】

参见“文象结构”。

【蠕虫结构】

蠕虫结构是岩石中斜长石交代钾长石以后，由剩余的二氧化硅形成的蠕虫状的石英镶嵌在斜长石的边部，而与斜长石形成连晶的一种结构。此外，钾长石交代斜长石或由于出溶作用等也可形成这种结构。多见于酸性侵入岩和变质岩中。

【条纹结构】

条纹结构是钠长石（或其他酸性斜长石）

在钾长石（正长石或微斜长石）晶体中，呈水滴状、纺锤状、树枝状、碎云状的一种连晶结构。具有这种结构的钾长石，称条纹长石。其成因有：①由固溶体分解而成；②由交代作用生成；③当岩浆中的长石成分达到钠长石约60%和正长石约40%时，它们分别而又同时共结结晶而成。

【反应边构造】

岩浆中早期析出的矿物，因物理化学条件改变，与周围岩浆发生反应，在其外围产生新的反应矿物，这种现象称为反应边构造。例如，橄榄石外围可反应成为辉石，辉石外围可反应成为角闪石，角闪石外围又可反应成为黑云母。这种构造常见于超基性和基性岩中。

【反应矿物】

参见“反应边构造”。

【间粒结构】

间粒结构是玄武岩的一种结构。在偏光显微镜下，可见斜长石呈板条状的微晶交叉生长，在其空隙中充填有细小的辉石、磁铁矿或其他暗色矿物晶粒。具这种结构的玄武岩比一般的玄武岩肉眼看来颗粒要粗一些，故又称“粗玄结构”。

【粗玄结构】

粗玄结构即“间粒结构”。

【间隐结构】

间隐结构又称“填间结构”，是玄武岩常见的一种结构。多见于隐晶质或半晶质的玄武岩中，由微晶和玻璃质组成。密集的斜长石板条状晶体组成架状，在其空隙中充填有玻璃质物质。如晶体间隙中除玻璃质之外，还有粒状矿物，如辉石、磁铁矿等，则称为“拉斑玄武结构”。

【填间结构】

填间结构即“间隐结构”。

【拉斑玄武结构】

参见“间隐结构”。

【雏晶】

雏晶是指火山玻璃中的极细小的刚刚萌芽的结晶物质。它较微晶的结晶程度更低，由炽热的熔岩到地表骤然冷却，迅速结晶而成。在正交偏光镜下无光性反应。根据雏晶的形状可分为小圆点状的球雏晶、纤维状的发雏晶、链状的串雏晶和羽毛状的羽雏晶等。

【微晶】

炽热的熔岩流出地表，由于骤然冷却，迅速结晶形成比雏晶稍大的细小晶体，称为微晶。微晶已具有结晶物质的性质和晶体的轮廓，但生成还不完全。在偏光显微镜下，有光性反应。有的呈长条形、毡状，有的呈粒状隐晶质集合体。这种结构叫作微晶结构或霏细结构，常见于隐晶质的火山岩中。

【脱玻璃化作用】

脱玻璃化作用又称“失透作用”或“晶化”，指火山玻璃随着时间和温度、压力的变化，逐渐转化为雏晶或微晶的作用。在这个过程中，最初形成的雏晶的细纤维，常组成放射状的球粒。岩石具有这些球粒的常称为“球粒结构”。

【球粒结构】

球粒结构是介于非晶质和显晶质之间的一种结构。即在玻璃质岩石中，常见到针状和纤维状的矿物集合体，呈放射状排列，具十字形消光。特称为球粒。如果岩石全部或部分由球粒组成，则这种岩石的结构称为球粒结构。这种结构有原生的，也可由脱玻璃化作用产生。在酸性、中酸性熔岩和超浅成侵入岩的玻璃基质中比较常见。

【杏仁体】

杏仁体是由次生矿物在熔岩气孔中充填而成，状如杏仁（大致呈椭球形的矿物集合体），故得名。杏仁体的中心有的可能是空的，其壁上有时还分布有钟乳状体。玄武岩气孔中的杏仁体常由玉髓、沸石、方解石等充填而形成。

【捕虏体】

捕虏体是指岩浆侵入过程中所捕获的围岩碎

块。其形状和大小不一，有的为不规则棱角形，有的为长圆形、透镜形；有的很大，如某些矽卡岩矿体就产生在捕虏体中。捕虏体由于围岩崩落时发生移动，因此其构造方向与围岩整体的构造方向常不一致。围岩崩落于岩浆中，大部分都被岩浆所熔化及交代，只有少数在岩体边缘还可残存，因此，捕虏体多分布于火成岩的边缘部分。捕虏体如呈平行排列，其扁平面方向与岩浆流面方向一致，其长轴常为岩浆流动方向（流线）。

【析离体】

析离体又称“异离体”。在岩浆结晶过程中，有一部分早期结晶矿物相对集中，呈团块状或条带状分布在岩体中，其边缘界线有时不清，逐渐消失。析离体因受岩浆流动影响，常与流动方向平行，呈定向排列。橄榄岩中常见铬铁矿析离体，基性岩中常见橄榄石析离体。

【残留体】

残留体是指在花岗岩化过程中，由于交代作用进行不完全而留有原岩的残留物。这种残留体的形状和大小不一，但其构造方位（如层理、片理等）与围岩一致。如残留体在花岗岩化岩石中只留形迹，则称为残影体。

【残影体】

参见“残留体”。

【造岩元素】

造岩元素是指地壳中分布最广，并且是组成各种岩石的最基本的元素，如硅、铝、铁、镁、钙、钾、钠、钛、磷等。火成岩的化学成分是用这些元素的氧化物的重量百分比来表示的，如 SiO_2、Al_2O_3、Fe_2O_3、FeO、MgO、CaO、K_2O、Na_2O、TiO_2、P_2O_5 等，故又称为造岩氧化物。

【造岩氧化物】

参见“造岩元素”。

【铁镁矿物】

铁镁矿物又称“暗色矿物”，是火成岩中含铁镁成分较多的硅酸盐矿物的总称。主要为橄榄石、辉石、角闪石和黑云母等。岩石的颜色和相对密度常与铁镁矿物的含量多少有关。含铁镁矿物多的颜色深，相对密度较大；反之，颜色浅，相对密度较小。

【暗色矿物】

参见“铁镁矿物”。

【色率】

色率或称“颜色指数”。岩石中含铁镁矿物（暗色矿物）的百分数常称为色率。为火成岩分类的基础之一。色率 0～30%的岩石称浅色岩；色率 30%～60%的岩石称中色岩；色率 60%～100%的岩石称深色岩。例如，花岗岩的铁镁矿物占 10%，称浅色岩；闪长岩的铁镁矿物占 30%～40%，称中色岩；橄榄岩的铁镁矿物占 90%以上，称深色岩。

【硅铝矿物】

硅铝矿物又称“浅色矿物”，是火成岩中的石英及含钾、钠（部分钙）较多的铝硅酸盐矿物的总称。主要有石英、长石、副长石和白云母等。岩石中硅铝矿物和铁镁矿物相对含量的变化，常是火成岩分类的依据，同时也是反映岩石化学成分的特征。如花岗岩，其中硅铝矿物含量往往大于铁镁矿物，而二氧化硅的含量常超过 65%；而超基性岩则几乎不含硅铝矿物，二氧化硅含量往往在 45%以下。

【浅色矿物】

浅色矿物即“硅铝矿物”。

【主要矿物】

主要矿物是指火成岩中含量高，可作为区分岩类根据的矿物，如花岗岩中的钾长石和石英。主要矿物和次要矿物因岩石种类不同而异，如石英在花岗岩中是主要矿物，而在闪长岩中则为次要矿物。

【次要矿物】

次要矿物是指火成岩中含量较少，对分类定名不起主要作用，但可作为确定岩石种属依据的矿物。如闪长岩中的石英，可有可无，并不影响岩石的命名。如含一定数量（5%~20%），则称为石英闪长岩。

【副矿物】

副矿物是指火成岩中含量极少的矿物，一般不超过1%，在个别情况下，可达3%左右。因此，副矿物在一般分类中不起作用。常见的副矿物有铬铁矿、磁铁矿、钛铁矿、锆石、榍石、磷灰石及褐帘石等。近年来对副矿物的研究日益深入，有时也用特征性的副矿物作为命名根据，如褐帘石花岗岩、锆石花岗岩、榍石花岗岩等。查明副矿物的成分、形态及其数量等，对于划分岩石类型、探讨母岩的含矿性以及确定和对比火成岩形成的时代都有很大的意义。

【饱和岩】

饱和岩是指由二氧化硅饱和矿物（长石、角闪石、辉石、黑云母等）所组成的火成岩，如闪长岩、辉长岩等。在化学成分分类法则中，从标准矿物中未计算出游离硅酸及不饱和矿物时，称为饱和岩。

【未饱和岩】

未饱和岩是指一部分或全部由二氧化硅不饱和矿物（橄榄石或副长石类矿物）所组成的火成岩，如霞石正长岩。在化学成分分类法则中，从标准矿物中计算出不饱和矿物时，称为未饱和岩。

【过饱和岩】

过饱和岩是指除饱和矿物（长石、辉石、角闪石、云母等）外，还含有原生的游离二氧化硅（石英）的火成岩，如花岗岩。

【浅色岩】

浅色岩又称“淡色岩”。火成岩有时按暗色矿物与浅色矿物的量比分为浅色岩、中色岩和深色岩。凡岩石中暗色矿物多于浅色矿物的（暗色矿物占60%~90%），颜色往往较深，称为深色岩，如橄榄岩。暗色矿物略少于浅色矿物（暗色矿物占30%~60%）或近于相等的，称为中色岩，如闪长岩。暗色矿物较少（占30%以下）而大部分为浅色矿物的称为浅色岩，如花岗岩。此外，在同一岩类中，也可按其暗色矿物含量多少而分为浅色的、中色的和深色的岩石。如辉长岩中的暗色矿物含量为15%~30%时，称为浅色辉长岩；暗色矿物含量在60%以上时，称为深色辉长岩；而介于其间者称为中色辉长岩。

【淡色岩】

淡色岩即“浅色岩”。

【中色岩】

参见“浅色岩”。

【深色岩】

参见“浅色岩”。

【地幔岩】

地幔岩是指对原始上地幔物质假想的岩石。其物质成分根据不同资料拟定出有各种模式，其中较通行的地幔岩模式是由3~5份橄榄岩（含斜方辉石的橄榄岩）和1份玄武岩组成，其成分比较接近球陨石的硅酸盐相或二辉橄榄岩。地幔岩可顺超壳深大断裂带进入地壳，如洋中脊的二辉橄榄岩和裂谷带的金伯利岩。高温高压实验研究表明，地幔岩在不同的深度所分熔出来的玄武岩的成分并不相同，如拉斑玄武岩是在深度<15km分熔产生的，高铝玄武岩是在深度15~35km产生的，而碱性橄榄玄武岩则是在深度35~70km产生的。

【超基性岩】

超基性岩是火成岩的一个大类，指化学成分中SiO_2含量小于45%，同时MgO、FeO等基性组分含量高的火成岩。主要矿物成分为橄榄石、辉石或它们的蚀变产物（蛇纹石、滑石、绢石、绿泥石等）。色深，相对密度大。代表岩石有纯橄榄岩、橄榄岩及金伯利岩等，它们常与基性岩组成分异杂岩体。超基性岩常沿深断裂成带状分布。造山带的阿尔卑斯型超基性岩多呈带状分布，岩体成透镜状、脉状或不规则状，以镁质超基性岩为主。超基性岩岩体大小不一，最大者可达$10km^2$以上，但一般较小，产状为岩床、岩盆、岩筒等。与超基性岩有关的矿产如铬、镍、钴、铂及铂族元素、金刚石等。

【超镁铁岩】

超镁铁岩是指铁镁矿物（以橄榄石、辉石为主）含量达90%以上的一类火成岩。因此，大多数超镁铁岩就是超基性岩，反之亦然。但也有例外，如辉石类单矿物岩，铁镁矿物含量在90%以上，但SiO_2含量高于45%（如顽火辉石岩含SiO_2 60%，透辉石岩含SiO_2 55.6%），所以，它们是超镁铁岩，而不是超基性岩；又如单矿物斜长岩，是由钙的硅铝酸盐矿物组成，SiO_2含量低于45%，属于超基性岩，但不是超镁铁岩。

【基性岩】

基性岩是火成岩的一个大类。SiO_2含量为45%~52%。主要矿物成分为辉石、基性斜长石，不含石英或石英含量极少。色深。相对密度较大。常见的基性深成岩为辉长岩，浅成岩为辉绿岩，喷出岩为玄武岩。与其有关的矿产有铁、钛、钒、铜、镍等。

【暗色岩】

暗色岩是基性的喷出岩和浅成岩的总称，是由地台区沿断裂带的大规模的基性熔岩（玄武岩）喷发和相应的浅成基性岩（辉绿岩）侵入相结合而成的。分布面积广大。常有含铂硫化铜镍矿床及铁矿等矿产。

【中性岩】

中性岩是火成岩的一个大类。SiO_2含量为42%~54%。主要矿物成分为角闪石和中性斜长石，可以含有少量石英。色深灰。常见的中性深成岩为闪长岩、石英闪长岩，浅成岩为闪长玢岩、石英闪长玢岩，喷出岩为安山岩、英安岩。与其有关的矿产为铁、铜等多种黑色金属和有色金属。正长岩、粗面岩类从二氧化硅含量看，也可作为中性岩一类，但其矿物成分中钾长石和酸性斜长石占岩石总量≥3，因此，它是偏碱性的中性岩。

【酸性岩】

酸性岩是火成岩的一个大类。SiO_2含量大于65%。浅色矿物含量大大多于暗色矿物。色浅。浅色矿物以钾长石、酸性斜长石、石英为主。其中石英含量占岩石1/4~1/3。暗色矿物一般为黑云母。常见的酸性深成岩为花岗岩及花岗闪长岩，分布很广，岩体大小不一。浅成岩为花岗斑岩，喷出岩为流纹岩。同酸性岩类有关的矿产异常丰富，如锡、钨、钼、铋、铅、锌、银、铜、铁、铀及稀有元素等多种金属矿产。

【超酸性岩】

超酸性岩一般是指SiO_2含量大于75%的岩石。代表岩石为白岗岩和某些白云母花岗岩等。几乎不含暗色矿物，浅色矿物主要为碱性长石和石英。

【碱性岩】

碱性岩是火成岩的一个大类。含二氧化硅较低而碱质较高。主要矿物成分为碱性长石（微斜长石、正长石、钠长石）、各种副长石（霞石、方钠石、钙霞石等）以及碱性暗色矿物（霓石、霓辉石、钠铁闪石、钠闪石等）。深成岩的代表为霞石正长岩，浅成岩为霞石正长斑岩，喷出岩为响岩。侵入的碱性岩较少成独立岩体，一般同稳定地区的基性、超基性岩以及碱性正长岩等相共生，构成超基性-碱性和基性-碱性等杂岩体。与碱性岩有关的矿产主要有铌、锆、稀土元素、铁、钛、磷等。

【斑岩】

以钾长石、副长石或石英为斑晶的喷出岩、浅成岩和超浅成侵入岩，都可称为斑岩。但一般是指以碱性长石为斑晶的喷出岩和浅成岩，基质为细粒或隐晶质-玻璃质。按岩石类型不同，喷出岩可分为流纹斑岩、粗面斑岩、白榴斑岩等；浅成岩可分为石英斑岩、花岗斑岩、正长斑岩等。根据基质的成分可以描述为花岗斑岩、闪长斑岩等。斑岩一词在希腊语中为紫红色之意，原指一切成分的具有斑晶的或具有斑状结构的岩石，最早用于一种从埃及采到的紫红色的具有碱性长石斑晶的岩石。

【玢岩】

玢岩是具斑状结构的中基性喷出岩、浅成岩

和超浅成岩的总称。以呈紫色为特征，玢岩即希腊语紫色之意。后来，多用以指浅成、超浅成的与安山岩或闪长岩类有密切成因联系的侵入岩，以斜长石及暗色矿物为主要斑晶，基质多为隐晶质-玻璃质，如闪长玢岩、安山玢岩、辉绿玢岩等。此词在美、英等国用作与斑岩同义的名词，与斑岩的不同之处是其斑晶为斜长石，现已废弃不用。在我国也有人用以指古相的安山岩。

【纯橄榄岩】

纯橄榄岩是超基性侵入岩的一种。矿物成分几乎全由橄榄石（90%~100%）组成，可有0~10%的辉石，还可有少量铬铁矿、磁铁矿、钛铁矿、磁黄铁矿、自然铂等。颜色呈深绿、褐绿色。全自形或全他形粒状结构，致密块状构造。蚀变后成为具油脂光泽的致密蛇纹岩。常与橄榄岩、辉石岩、辉长岩等形成杂岩体。因在新西兰的邓尼山初次发现，故又名邓尼岩。

【橄榄岩】

橄榄岩是超基性侵入岩的一种。主要由橄榄石和辉石组成。辉石为斜方辉石或单斜辉石。橄榄石的含量占40%~50%及以上。有时可含有少量角闪石、黑云母、铬铁矿等。颜色呈深绿色。粒状结构，其他如包含结构、海绵陨铁结构等也较常见。橄榄岩根据其所含辉石成分的不同，可分为斜方辉橄榄岩、异剥橄榄岩及二辉橄榄岩等。蚀变后成为蛇纹岩。橄榄岩常与其他超基性岩（如纯橄榄岩、辉石岩及基性岩）形成杂岩体，主要产于造山带中。与其有关的矿产有铬、镍、钴、铂、石棉、滑石等。

【斜方辉橄岩】

斜方辉橄岩又称斜辉橄榄岩，是橄榄岩的一种。几乎全部由橄榄石和斜方辉石（顽火辉石、古铜辉石或紫苏辉石）组成。次要矿物和副矿物常为铬铁矿、磁铁矿、透辉石和异剥石，有的还含有少量斜长石。属于镁质超基性岩。常与纯橄榄岩组成杂岩体。主要分布于造山带中，与其有关的矿产有铬、铂等。

【异剥橄榄岩】

异剥橄榄岩是橄榄岩的一种。主要由橄榄石和异剥辉石所组成，异剥辉石含量<60%，还含有少量（<5%）的顽火辉石、角闪石和铬铁矿等。

【二辉橄榄岩】

二辉橄榄岩是橄榄岩的一种。其橄榄石含量为40%~90%，并含单斜辉石和斜方辉石，每种辉石含量>5%。是介于异剥橄榄岩和斜方辉橄岩之间的岩石。

【辉石岩】

辉石岩是超镁铁岩的一种。SiO_2含量为55%~60%。矿物成分几乎全由辉石（90%~100%）组成，含有少量橄榄石、角闪石、黑云母、铬铁矿、磁铁矿、钛铁矿等。色深。粒状结构。辉石易蚀变成纤维状蛇纹石，这种蛇纹石变种称为绢石，肉眼观察呈灰黄色及强烈的丝绢光泽。辉石岩根据辉石含量的不同可分为斜方辉石岩（斜方辉石>90%）、单斜辉石岩（单斜辉石>90%）和二辉岩（每种辉石>10%）等。根据次要矿物的不同，分为黑云母辉石岩、角闪石辉石岩等。辉石岩常与纯橄榄岩、橄榄岩、辉长岩形成杂岩体。与其有关的矿产有铬、镍、钴、铂等。

【二辉辉石岩】

二辉辉石岩简称“二辉岩”，是辉石岩的一种，由斜方辉石和单斜辉石组成。其中，每种辉石含量>10%，橄榄石含量<5%。两种辉石常彼此相连，形成不规则的镶嵌结构。

【斜方辉石岩】

斜方辉石岩是辉石岩的一种。主要由斜方辉石（含量>90%）组成。常与其他辉石岩、橄榄岩、苏长岩、斜长岩等组成层状杂岩体。在斜方辉石岩中以古铜辉石岩最为常见。此外，还有顽火辉石岩等。在某些斜方辉石岩及其他超基性杂岩体中，铬铁矿呈层状或条带状分布。与其有关的矿产有铂、镍、铜等。

【单斜辉石岩】

单斜辉石岩是几乎全部由单斜辉石（含量>

90%）组成的辉石岩。最常见的有：①透辉石岩，几乎全由透辉石组成，含有少量的角闪石和黑云母，常与二辉橄榄岩共生；②异剥辉石岩，几乎全由异剥辉石组成，含有少量紫苏辉石、斜长石，常与超基性岩、基性岩形成杂岩体。与单斜辉石岩有关的矿产有铬、铂、铁等。

【角闪石岩】

角闪石岩又称“普通角闪石岩”，是超镁铁岩的一种。主要矿物成分为普通角闪石（含量>90%），有时含少量辉石和橄榄石，还可能见到铬铁矿和钛磁铁矿。与之有关的矿产主要是含钒的钛磁铁矿。它与变质作用形成的角闪岩不同，有些人常把两者混淆。

【苦橄岩】

苦橄岩是富橄榄石的超镁铁质喷出岩。深色。具粒状结构。矿物成分为辉石（含量<40%）、橄榄石（含量>30%），有时有少量基性斜长石（含量<10%）、角闪石，副矿物为钛铁矿、磁铁矿及磷灰石等。相当于橄榄岩组成（钛辉石含量34%、橄榄石含量31%、棕闪石含量25%、副矿物5%、碱性玻璃5%）的浅成岩，亦曾命名为苦橄岩。此词我国原译为辉云橄榄岩。有人认为，成分与橄辉岩相当的喷出岩称为苦橄岩，而成分相当于纯橄榄岩的喷出岩称为麦美奇岩。后者由于产在西伯利亚麦美奇河而得名。

【苦橄玢岩】

苦橄玢岩是具斑状结构的苦橄岩。

【金伯利岩】

金伯利岩最初见于非洲金伯利地区，故得名，旧称“角砾云母橄榄岩”，是一种偏碱性的超基性岩。产状为爆破岩筒、火山颈，或为岩墙、岩脉。时代以白垩纪为主。金伯利岩多呈深色，以绿色居多。矿物成分十分复杂。一般可分三种类型：①金伯利岩的原生矿物，如橄榄石（大都已蛇纹石化或钙化）、金云母（大都已绿泥石化）、镁铝榴石、铬透辉石、金刚石等；②来自上地幔、地壳深处其他岩石和围岩的捕虏体中的矿物；③金伯利岩蚀变产生的矿物，如蛇纹石、碳酸盐等。金伯利岩包括火山角砾岩或凝灰岩到浅成侵入岩的一套岩石，因此，可分为凝灰质金伯利岩、角砾状金伯利岩及岩浆型金伯利岩等。岩浆型的金伯利岩常具斑状结构，斑晶主要为镁橄榄石、金云母、镁铝榴石、铬透辉石等。普遍受到熔蚀和蚀变。金伯利岩主要分布于稳定地区的深断裂带中。有关的矿产为金刚石。

【斜长岩】

斜长岩是几乎全由基性斜长石（含量>90%）组成的一种基性深成岩。角闪石、普通辉石、紫苏辉石、黑云母等暗色矿物的总含量不超过10%。其他矿物成分有钛磁铁矿、钛铁矿、铁和铜硫化物、金红石、刚玉等。色浅，常呈灰色。半自形或他形粗粒结构。基性斜长石，一般为拉长石，用肉眼观察有闪光变彩现象，也有比拉长石更基性的，为培长石或钙长石。基性斜长石易蚀变为钠长石、黝帘石、绿帘石等矿物集合体。一般认为斜长岩是基性岩浆分异的产物，常分布在分异岩体的上部；但也有人认为斜长岩是由地壳深部或上地幔的深熔作用形成的。与斜长岩有关的矿产有钒钛磁铁矿及钛铁矿等。斜长岩本身也是优良的建筑材料。

【中长岩】

中长岩是指主要由中长石组成的一种斜长岩。含中长石90%，正长石+石英的含量为5%，此外还含有辉石及副矿物（磷灰石、磁铁矿等）。

【拉长岩】

拉长岩是指主要由拉长石组成的一种斜长岩。因具有变彩特性，是贵重的装饰石料。

【辉长岩】

辉长岩是基性侵入岩的一种。主要矿物成分为单斜辉石（普通辉石、透辉石等）和基性斜长石，两者含量近于相等。次要矿物为角闪石、橄榄石、黑云母等，副矿物为磷灰石、磁铁矿、钛铁矿等。颜色灰黑。中粒到粗粒。半自形等粒结构或辉长结构。根据次要矿物不同，辉长岩可分为橄榄辉长岩、角闪辉长岩等。辉长苏长岩为既含有单斜辉石也含有斜方辉石的岩石，是介于辉长岩和苏长岩之间的过渡类型。如含有少量正长石，称之为正长辉长岩，是向碱性辉长岩过渡的种属。辉长岩中的辉石可蚀变为纤维状阳起石、透闪石。基性斜长石可蚀变为钠长石、黝帘石、绿帘石等矿物集合体以及碳酸盐、葡萄石、高岭土等。辉长岩常呈规模较小的侵入体，往往具有较好的分异作用，可与超基性岩和闪长岩相过渡；有时可与超基性岩组成杂岩体，由多种基性岩、超基性岩分异成层状产出。含矿层常堆积于分异系列的底部；分异越好，含矿性越大。与辉长岩有关的矿产有铁、钛、铜、镍、磷等。

【苏长岩】

苏长岩是基性侵入岩的一种。主要矿物成分为基性斜长石和斜方辉石（一般为紫苏辉石），还常含橄榄石。色深，相对密度较大。苏长岩常与超基性岩及辉长岩共生。与苏长岩有关的矿产主要有铜、镍、铂、铁等。

【暗色辉长岩】

暗色矿物主要有透辉石（65%），次为橄榄石（11%）。色率 80。浅色矿物为基性斜长石（20%）。暗色辉长岩是辉长岩与橄榄岩的过渡类型。

【橄长岩】

橄长岩是基性侵入岩的一种。主要矿物成分为基性斜长石、培长石和橄榄石，有时含少量辉石。

【辉绿岩】

辉绿岩是指基性浅成侵入岩岩石。有人把具辉绿结构的基性熔岩或次火山岩也称为辉绿岩。主要矿物成分为辉石和基性斜长石，还可有少量橄榄石、黑云母、石英、磷灰石、磁铁矿、钛铁矿等。基性斜长石显著地较辉石自形，常构成辉绿结构。灰黑色。根据次要矿物的不同，进一步分为橄榄辉绿岩、石英辉绿岩等。基性斜长石常蚀变为钠长石、黝帘石、绿帘石等矿物集合体及高岭土等，辉石常蚀变为绿泥石、角闪石、碳酸盐等。常呈浅成侵入体，如岩床、岩墙、火山颈等。辉绿岩是制造铸石的原料。以辉绿岩为主要原料制成的铸石，称为辉绿岩铸石，是一种具有高度耐磨性和耐腐蚀性的材料。

【辉长玢岩】

辉长玢岩是指具斑状结构的基性浅成岩，基质具辉长结构。

【辉绿玢岩】

辉绿玢岩是指具斑状结构的基性浅成岩，基质具辉绿结构。

【玄武岩】

玄武岩是基性喷出岩的一种。矿物成分相当于辉长岩。一般呈灰黑色，细粒致密状，往往具气孔状构造、杏仁状构造及六方柱状节理。常见斑状结构。斑晶为橄榄石、辉石、基性斜长石等。基质一般是细粒的，有时为隐晶质或半晶质的，由微晶和玻璃质组成。包括间隐、拉斑玄武、粗玄、辉绿结构。基质中基性斜长石较多，也有暗色矿物。根据次要矿物的不同，可分为橄榄玄武岩、紫苏辉石玄武岩等。按结构和构造可分为气孔状玄武岩、杏仁状玄武岩等。如玄武岩全部由玻璃质组成，则称为玄武玻璃。广义的玄武岩，按化学成分、矿物成分及成因、分布特征，可分为拉斑玄武岩、高铝玄武岩、碱性玄武岩等，各有其伴生岩系。玄武岩是火山岩中分布最广的，常形成广大的熔岩台地、火山岛及海岭，在造山带内作为钙碱岩系的基性成员。由于玄武岩浆黏度小，流动性大，大量溢出地表，易形成大规模熔岩流或熔岩被；但也有呈层状侵入体的，如岩床等。我国西南诸省区有二叠纪玄武岩；华北和华东有第三纪、第四纪玄武岩。玄武岩除可用作熔铸耐酸铸石原料外，其气孔中往往充填有铜、钴、硫黄、冰洲石等有用矿产。经风化作用，玄武岩可变成黄褐色玄武土，进一步淋滤，可除去二氧化硅而形成有价值的铝土矿。

【拉斑玄武岩】

拉斑玄武岩是指以富硅（SiO_2 含量 49%~51%）、贫碱（Na_2O+K_2O 含量 1.5%~3%）为特征的玄武岩。矿物成分为拉长石、钙长石；辉石成分贫钙，为易变辉石和贫钙普通辉石。橄榄石多见于斑晶，与辉石形成反应关系。在基质中，有时见石英与钾长石的微文象连晶或具残余玻璃。岩石结构主要为拉斑玄武、间粒或辉绿结构。产于环太平洋火山带的大洋一侧，为洋壳的基本组分。多数人认为它是上地幔物质在较低压条件下部分熔融的产物。

【高铝玄武岩】

高铝玄武岩是广义的钙碱玄武岩的一种。其化学成分特点是 Al_3O_2 含量达到 17%以上。斑晶由培长石、橄榄石、普通辉石、紫苏辉石组成，基质由拉长石、普通辉石、橄榄石、石英等组成，有时含碱性长石。在矿物组分、化学成分上具有拉斑玄武岩与碱性玄武岩的中间性质。主要分布于环太平洋地区造山带，大陆及海洋亦有产出。

【碱性玄武岩】

碱性玄武岩是基性碱性火山岩的总称。比一般玄武岩富碱，而 SiO_2 和 CaO 的含量较低。主要矿物为斜长石（中长石、拉长石）、橄榄石、富钙辉石和钛辉石，橄榄石与辉石间无反应关系，不含斜方辉石，而含有钾长石、歪长石及白榴石、霞石、方钠石等副长石矿物。主要分布于大陆地区及海洋火山岛。在亚洲环太平洋火山带，碱性玄武岩分布于靠近大陆一侧。另外，在夏威夷群岛把含实际矿物橄榄石>5%、标准矿物霞石<5%的玄武岩也称为碱性玄武岩。碱性橄榄玄武岩岩系也简称为碱性玄武岩岩系。

【粗玄岩】

粗玄岩指颗粒较粗的玄武岩。全晶质。中粒。多具粗玄结构。如矿物成分肉眼不能鉴别，则称为细粒玄武岩。多呈岩床、岩脉产出。化学成分同玄武岩，与玄武岩的区别在于它不含玻璃质，而结晶粒度较粗。与显微辉长岩为同义语。

【橄榄玄武岩】

橄榄玄武岩是指含橄榄石（<30%）的玄武岩，橄榄石多呈斑晶。这种岩石常见于玄武岩-安山岩-流纹岩组合、拉斑玄武岩组合以及碱性玄武岩组合中。前两个组合中的橄榄玄武岩，含橄榄石较少，且斜长石为基性斜长石。后一组合中的橄榄玄武岩，含橄榄石较多，常含少量碱性长石，是一种偏碱性的玄武岩。

【细碧岩】

细碧岩是海底喷出的含大量钠长石的基性熔岩。一般具枕状构造和细碧结构。矿物成分复杂且变化很大，主要以钠长石和辉石斑晶为主，基质由绿泥石、阳起石、方解石、绿帘石、葡萄石、石髓等矿物以及分解了的玻璃质组成。浅绿色。隐晶质。常与角斑岩、石英角斑岩共生，组成海底喷出的火山岩系，称为细碧-石英角斑岩系，主要分布于地槽区。常伴有黄铁矿、黄铜矿的富集层。近年来有人认为细碧岩不是原生火成岩，也不一定出现在地槽区，而是在水的参与下经过变质的基性火山岩。有人认为细碧岩就是变了质的玄武岩。

【玄武玻璃】

玄武玻璃指具玻璃结构的不含水的玄武岩。如含大量水，则称“橙玄玻璃”。

【橙玄玻璃】

参见“玄武玻璃”。

【火山渣】

火山渣又称“岩渣”，是火山碎屑物的一种。具黑色、暗褐色等深色。质地轻而粗糙，气孔多。成分相当于玄武岩或安山岩。由于熔岩中气体在冷凝以前迅速逸散，因而气孔常为不规则或呈圆形、长圆形。火山渣也见于熔岩流的表面。它与长英质浮岩的区别是，镁铁质较多，色较深。

【蛇绿岩套】

蛇绿岩套又称“奥菲奥岩”或“蛇绿岩建造”，是地槽初期火成活动喷出和侵入的基性、超基性火成岩的总称。大致是指一套由超基性岩、辉长岩、辉绿岩和玄武岩质熔岩，以及其上覆的远海硅质沉积物组成的浅变质（一般不超过绿片岩相）的岩石组合。这套岩石主要分布于优地槽区、洋中脊及板块碰撞带。我国祁连山、西藏、天山等地均有分布。

【奥菲奥岩】

奥菲奥岩即“蛇绿岩套”。

【闪长岩】

闪长岩是中性深成岩的代表岩石。全晶质。粗粒。主要由中性斜长石和角闪石组成，有时含有黑云母和少量碱性长石。副矿物为磷灰石、磁铁矿、钛铁矿和榍石等。色深灰或浅绿。多为半自形粒状结构，有时为似斑状或斑状结构。闪长岩在我国有广泛的分布，有的与其他中性岩构成杂岩体，如长江中下游一带；有的则与基性岩或酸性岩相伴生，如济南辉长岩体；其边缘部分有闪长岩出露。与闪长岩有关的矿产主要有铁、铜及其他金属。

【石英闪长岩】

石英闪长岩是闪长岩的一种。含石英。这种岩石往往与其他中酸性侵入岩相伴生，因此，常把它归属于花岗岩类岩石。

【闪长玢岩】

闪长玢岩又称“闪长斑岩”，是一种常见的中性浅成岩。成分与闪长岩相当。斑状结构，斑晶以中性斜长石为主，其次为角闪石和黑云母。基质为细粒或微晶质。一般呈小型岩体，有时是闪长岩体的边缘相。闪长玢岩如与喷出的安山岩有同源关系，则属于次火山岩。与闪长玢岩有关的矿产有铁、铜、黄铁矿等。

【安山岩】

安山岩是与闪长岩成分相当的中性喷出岩。其特点是：颜色为深灰色、浅玫瑰色和褐色，斑状结构，基质有玻基交织结构、交织结构及玻璃质结构，基质经脱玻化，有的亦称为安山玢岩。斑晶通常为具环带状的中基性斜长石。根据斑晶中含有辉石、角闪石、黑云母等暗色矿物的种类，可划分为辉石安山岩、角闪石安山岩和黑云母安山岩等。安山岩为造山带内最普通的火山岩。随石英含量增加，过渡为英安岩，与流纹岩等为钙碱系的主要岩石。安山岩在新生代环太平洋地区有大量喷出，称为安山岩线，而在海洋地区几无产出。

【安山玢岩】

安山玢岩属于岩浆岩中的喷出岩。斑状结构，斑晶为斜长石，灰色、灰绿色或紫色。多呈气孔状或杏仁状构造。由安山岩变质而成，质地坚硬，表面粗糙。

【辉石安山岩】

辉石安山岩是指以辉石为主要铁镁矿物斑晶的安山岩。斑晶辉石一般为透辉石、古铜辉石、紫苏辉石，而易变辉石则较少见。斜长石斑晶一般为拉长石、中长石，多具环带构造。基质由斜长石、紫苏辉石、易变辉石、磁铁矿、鳞石英、方英石、碱性长石等组成，具填间、毡状至玻璃质结构。一般产于造山带。我国东部中生代火山岩有此种岩石分布。

【英安岩】

英安岩是指化学成分和矿物成分与花岗闪长岩或石英闪长岩相当的喷出岩。其特征是色浅，为灰色或灰白色。斑状结构，斑晶多为中性斜长石，碱性斜长石较少，有时含少量石英。基质为细粒的长石、石英等。通常为玻璃质结构、玻基交织结构或霏细结构。有的具流纹构造。英安岩常与流纹岩、粗面岩、安山岩以及石英斑岩等共生，组成巨厚的火山岩系。我国火山岩地区均有出露，特别是东南沿海一带最为发育。与英安岩有关的矿产有高岭石、蒙脱石、明矾石、叶蜡石、黄铁矿、萤石等。

【二长岩】

二长岩是中性深成岩的一种。岩石性质介于正长岩和闪长岩之间，其中碱性长石和斜长石的含量近于相等，暗色矿物成分约占30%，以角闪石为主。但某些二长岩中的斜长石，有的相当基性，大部为拉长石，其次为培长石或中长石，这种二长岩是介于辉长岩与正长岩之间的岩类。具二长结构。含石英5%～20%的叫石英二长岩。较少成单独岩体，大多数同正长岩、碱性正长岩或闪长岩共生。与二长岩成分相当的喷出矿叫安粗岩。

【安粗岩】

安粗岩相当于二长岩的喷出岩。其矿物成分介于粗面岩与粗安岩之间。矿物成分的特点是，斑晶中碱性长石与斜长石的含量相近，或除斜长石斑晶外，不含有碱性长石；或斑晶为斜长石，而基质为微晶碱性长石。

【粗安岩】

粗安岩又称“粗面安山岩”。是成分介于安粗岩与安山岩之间的一种喷出岩。碱性长石占长石总量的10%~35%。

【花岗岩类】

花岗岩类是 SiO_2 含量为65%~78%的花岗岩、花岗闪长岩、石英闪长岩、石英二长岩、石英正长岩的总称。一般以含石英和具花岗岩外貌为其特征。其成因既有由岩浆形成的，也有由花岗岩化作用形成的。花岗岩类岩石分布很广，常呈较大的杂岩体。与其有关的矿产有钨、锡、铍、铌、钽、稀有元素、铀、金、铅、锌等。

【花岗岩】

花岗岩俗称“花岗石”。是一种分布很广的深成酸性火成岩，SiO_2 含量多在70%以上，颜色较浅，以灰白色、肉红色较为常见。主要由石英、长石及少量暗色矿物组成。石英含量在20%以上。碱性长石常多于斜长石。斜长石主要为酸性，碱性长石为各种钾长石及钠长石。暗色矿物以黑云母为主。具花岗结构或似斑状结构。花岗岩依暗色矿物种类可分为黑云母花岗岩、白云母花岗岩、二云母花岗岩、角闪花岗岩等；依结构和构造可分为细粒花岗岩、中粒花岗岩、粗粒花岗岩、斑状花岗岩及片麻状花岗岩等。通常呈岩基、岩株、岩钟等产出。花岗岩在我国有广泛分布，各个地质时代都有出露。与其有关的矿产也极为丰富，主要有钨、锡、钼、铋、汞、锑、金、铜、铅、锌、铌、钽、铍等，以及放射性元素等矿产。花岗岩具有结构均匀、质地坚实、颜色美观等特点，是一种优质建筑石料。关于花岗岩的成因，主要有火成论和变质论两种观点，前者认为花岗岩是花岗岩浆在地壳深处冷凝结晶或由玄武岩浆经结晶分异而成，后者认为花岗岩是由深成变质和交代作用的花岗岩化作用而成。

【二长花岗岩】

二长花岗岩是指碱性长石与斜长石的含量近于相等的花岗岩。

【斜长花岗岩】

斜长花岗岩是指含碱性长石很少或不含碱性长石的花岗岩，如由石英（20%~40%）、斜长石（更中长石至中长石）及一些暗色矿物组成的花岗岩。所指的是一些含钾较低的火成岩，包括从石英闪长岩到更长花岗岩一类的岩石，岩石的平均矿物成分为斜长石56%、石英27%、黑云母12%、角闪石5%。

【碱性长石花岗岩】

碱性长石花岗岩是一种富含碱性长石（正长石、微斜长石、条纹长石、歪长石、钠长石）的花岗岩，斜长石含量不超过长石总量的10%。

【碱性花岗岩】

碱性花岗岩通常指钠质花岗岩，是含碱性长石（钠长石、歪长石、微纹长石等）和含钠的暗色矿物（钠闪石、钠铁闪石、霓辉石、霓石、铁云母等）的花岗岩。按暗色矿物的种类，碱性花岗岩可分为钠闪石花岗岩、霓石花岗岩等；有时也将不含暗色矿物但含碱较高的白岗岩等列入碱性花岗岩。与碱性花岗岩有关的矿产有铌、钽、锡、稀土元素、锆等。

【更长环斑花岗岩】

更长环斑花岗岩是花岗岩的一种。其特点是，具似斑状结构，钾长石斑晶为卵形，外面包围一圈更长石或中长石。斑晶可达数厘米；其中包有较多的石英嵌晶，可能为变斑晶。基质由石英、长石、黑云母及少量角闪石等组成。这种岩石常分布于前寒武纪变质岩系中。在北京密云就有这种岩石，其中钾长石斑晶很大，最大的直径可达10cm，多数呈卵形，外有一层白色的中长石环，非常美观，可用作装饰石料。

【紫苏花岗岩】

紫苏花岗岩是花岗岩的一种。颜色深暗，外貌与粗粒片麻岩相似。主要由石英、微条纹长石、更长石及紫苏辉石组成。多与深变质的麻粒岩相共生。石英和长石含有麻粒岩相特征的熔离微晶而呈青色。条纹长石中的条纹不是钠长石，而是更长石或中长石，有时还有反条纹长石。这种花岗岩有的也与斜长岩共生。其成因有岩浆成因和深成变质作用的产物两种说法。

【文象花岗岩】

文象花岗岩是花岗岩的一种。主要由钾长石和石英组成。具文象结构。含暗色矿物很少。这种岩石多数属于伟晶岩相。

【花岗闪长岩】

SiO_2 的含量为 56%左右，石英含量为 20%以上，斜长石（更长石或中长石）含量多于碱性长石，暗色矿物为角闪石或黑云母。它是介于二长花岗岩和斜长花岗岩之间的岩石，与其有关的矿产主要有矽卡岩型铜、铁矿产。

【石英二长岩】

石英二长岩是花岗岩类岩石的一种。斜长石和碱性长石含量相近，石英含量为 5%～20%。如石英和碱性长石同时增加，则过渡为花岗岩。与石英二长岩有关的矿产主要有铜、钼矿。

【白岗岩】

白岗岩是花岗岩的浅色变种之一。化学成分和花岗岩相似，但 SiO_2 含量近 75%，较花岗岩高，属超酸性岩石。其特征是几乎不含暗色矿物，全部由石英、碱性长石和酸性斜长石组成，可含少量的云母。具花岗结构。与其有关的矿产主要有锡、钨、铌、钽等。

【花岗斑岩】

花岗斑岩是酸性火成岩的浅成相岩石。化学成分和矿物组成与花岗岩相当。具全晶质斑状结构，斑晶为石英及碱性长石，可含少量斜长石；基质由细粒石英、长石及少量暗色矿物组成。岩体一般较小，常呈岩枝、岩瘤或岩脉产出。

【花斑岩】

花斑岩是花岗斑岩的一种，即基质具微文象结构或微球粒结构的花岗斑岩。

【石英斑岩】

石英斑岩是长英质斑状浅成岩或喷出岩的一种。斑晶以石英为主，含有少量透长石或正长石及黑云母。基质为隐晶质。石英斑岩多呈脉状产出，有时为浅成岩体的边缘相，亦常见于喷出的或超浅成的中酸性火山岩系中。

【流纹岩】

流纹岩是酸性喷出岩的一种。成分与花岗岩相当。斑状结构，斑晶为石英、碱性长石（透长石、歪长石），有时含有少量斜长石。基质一般为致密的隐晶质或玻璃质，有时有球粒结构。常具流纹构造。产状为岩丘。流纹岩的基质如已发生明显的脱玻化作用，则称为流纹斑岩。流纹岩在我国东南沿海各省广泛分布。与其有关的矿产有高岭石、蒙脱石、叶蜡石、明矾石、黄铁矿和萤石等。如斑晶为碱性长石和石英，并含有霓辉石，基质为微晶霓辉石和碱性长石，$\omega(Na_2O)>\omega(K_2O)$，则称为碱流岩。

【流纹斑岩】

参见“流纹岩”。

【斑流岩】

斑流岩是具有多量的石英、碱性长石等大斑晶的流纹岩。

【霏细岩】

霏细岩是酸性喷出岩或浅成侵入岩的一种。是具有无斑隐晶质结构或霏细结构的流纹岩。浅色，主要由石英和长石组成。基质脱玻化现象很明显，在重结晶以后出现微晶和雏晶。它们如呈放射状排列，则称为球粒结构。霏细岩如具有长石斑晶，则称为霏细斑岩。

【黑曜岩】

黑曜岩是酸性的玻璃质火山岩。成分与花岗岩相当，但全部由玻璃质组成。含水分很少

（少于1%）。一般为黑色或褐色。有明显的玻璃光泽和贝壳状断口。常产于酸性火山岩分布地区，我国东南沿海的火山岩出露地区即有产出。可用作工艺品、装饰品的原料。

【松脂岩】

松脂岩是酸性的玻璃质火山岩。含水分8%。有各种颜色，具松脂光泽和贝壳状断口。松脂岩可用作制造膨胀珍珠岩的原料。

【珍珠岩】

珍珠岩是由火山喷发的酸性熔岩（成分相当于流纹岩）经急速冷却而成的玻璃质岩石。SiO_2含量为70%左右，含水分3%~5%。具有珍珠或油脂光泽和圆弧形的裂纹，这种裂纹由冷凝收缩作用形成“珍珠”，特称为珍珠结构。颜色多呈浅灰色、绿灰色、淡绿色或带褐色。粉末多为白色或灰色。珍珠岩可用于制造膨胀珍珠岩，后者具有良好的建筑性能（吸音性好、吸湿性小、抗冻性强），因此在建筑上应用广泛；在农业上用于改良土壤，增强保水能力；还可用作铸造、酿造、过滤、制药以及洗涤等工业的辅助材料。

【浮岩】

浮岩俗称“浮石”，是一种多孔的玻璃质酸性喷出岩。其特点是岩石气孔较多。白色或浅灰色，无光泽，全玻璃质结构。相对密度较小（0.3~0.4），能浮于水，故得名。浮岩的成分相当于流纹岩，化学成分变化较大，含SiO_2 65%~75%，含Al_2O_3 9%~20%，其次为钙、镁、钾、钠的氧化物。浮岩多产于火山岩分布的地区。浮岩在化学工业中可用作过滤器、干燥器、催化剂。孔隙间壁锋利的可用作磨料，用于磨制大理石、金属等。在建筑材料方面可制作浮石混凝土、石灰浮石加料，以使建筑物体重量减轻，并具有隔热、隔音的性能。

【正长岩】

正长岩是中性深成侵入岩的一种。SiO_2含量约60%，与闪长岩、安山岩类相近，但碱性物质含量稍高（Na_2O约40%，K_2O约5%）。矿物成分以长石、角闪石和黑云母为主，不含或只含极少量石英。如石英含量达5%~20%，称为石英正长岩。长石中碱性长石（通常为正长石、微斜长石、条纹长石）占2/3以上，还有少量斜长石存在。呈浅灰色或玫瑰色。等粒或斑状结构。块状、似片麻状构造。一般形成中等大小的岩体（如小岩株），或与基性岩、碱性岩形成杂岩体。是优良的建筑材料。与正长岩有关的矿产有铁矿和稀有元素等。

【碱性正长岩】

碱性正长岩是一种以碱性长石为主，而暗色矿物为碱性辉石或碱性角闪石的正长岩。一般含有少量副长石。常与霞石正长岩等共生。

【等色岩】

等色岩是富含暗色矿物（一般大于50%）的碱性正长岩。在成分上接近于富含辉石的正长岩，主要由带霓辉石边的普通辉石及正长石等组成，并含霞石、橄榄石、角闪石及黑云母等。

【粗面岩】

粗面岩是成分相当于正长岩的喷出岩。呈浅灰色、浅黄色或粉红色等。常具斑状结构。按所含长石性质的不同，分为钾质粗面岩和钠质粗面岩。前者以碱性长石（透长石、正长石）占优势，并含少量斜长石，有时含角闪石、黑云母等暗色矿物；后者以钠长石和歪长石占优势，或含量较多，同时铁镁矿物也常富含钠质。基质常为隐晶质或微晶，具粗面结构。有时具流纹构造或气孔构造，通常与流纹岩或安山岩等共生。

【石英粗面岩】

石英粗面岩是含有少量石英的粗面岩。石英在这种岩石中成为斑晶，在基质中呈他形，与碱性长石呈共结连晶。这种岩石在我国浙江天目山有广泛分布。

【角斑岩】

角斑岩是一种富含钠质的海底喷发的中性熔岩。常具斑状结构。斑晶主要为钠长石，其次为歪长石。暗色矿物中偶可见到透辉石和黑云母，但已蚀变为绿泥石、绿帘石等。基质多为隐晶质。浅绿或浅褐色，在偏光显微镜下可以看出基质是由板条形钠长石微晶组成。有人认为角斑岩可能是钠长石化的碱性粗面岩。含有石英时，称为石英角斑岩。它们常与细碧岩共生，与海相沉积互层，在地槽区组成海底喷发的细碧角斑岩系。我国祁连山有这种岩系的分布，与黄铁矿型铜矿密切有关。

【石英角斑岩】

石英角斑岩是一种富含钠质的海底喷发的酸性熔岩。具斑状结构，除有钠长石斑晶外，还有石英和歪长石斑晶，以此可与角斑岩区别。根据石英角斑岩和角斑岩经常与细碧岩共生，而且有相似于细碧岩中所见的钠长石化和绿泥石化等现象，可以推知它们都是地槽区海底喷发的火山岩，后经钠长石化和绿泥石化而形成。

【钠长斑岩】

钠长斑岩又称“钠长玢岩”，是指斑晶为钠长石，基质由钠长石、白云母、石榴子石、磷灰石、石英等微晶组成的斑状火成岩。具有与正长斑岩相似的结构。

【霞石正长岩】

霞石正长岩是碱性的长石质深成岩。在化学成分方面富含碱质，特别富含钠质。矿物成分主要为碱性长石（正长石、微斜长石、钠长石）及各种副长石（以霞石为主），次要矿物有碱性辉石及碱性角闪石。灰色或浅灰色，中粒，有时为粗粒结构。霞石正长岩可分为：以钠长石为主的钠霞正长岩；以正长石为主的正霞正长岩和流霞正长岩；以其他副长石为主的钙霞正长岩和方钠正长岩等。产状不一，通常呈不大的岩体（岩株、岩盖、环状岩体等）。常与碱性正长岩、碱性辉长岩类等共生。我国山西、四川、云南、辽宁等省都有发现。与霞石正长岩有关的矿产有铌、钽、锆、钍、铀和稀土元素等。

【响岩】

响岩是成分与霞石正长岩相当的喷出岩。含有较多的碱质。矿物成分主要为碱性长石、副长石及碱性辉石或碱性角闪石。因某些响岩类岩石在沿节理击碎时能发出响声，故得名。常为斑状结构，有时为无斑隐晶结构。呈斑状结构时，斑晶大多为钠正长石或透长石及霞石、黝方石、白榴石等副长石类矿物。根据所含主要副长石矿物种类可分为霞石响岩、黝方石响岩及白榴石响岩等。呈灰白色或深灰色，略具脂肪光泽。常呈小型岩丘或岩流产出。

【白榴岩】

白榴岩是碱性喷出岩的一种。由白榴石和霓石或普通辉石所组成。具斑状结构或粒状结构。全部由白榴石组成的粒状岩石，称为粗白榴岩，见于意大利的火山集块岩中。如白榴岩中富含铁镁矿物，如橄榄石或辉石等，则称橄榄白榴岩、辉石白榴岩。

【粗白榴岩】

参见“白榴岩”。

【碱正辉长岩】

碱正辉长岩是碱性辉长岩类的一种。SiO_2 含量与辉长岩相当，为 45%～52%，但碱质含量较高（Na_2O 为 4%～5%，K_2O 为 3%～4%），矿物成分主要为斜长石（中长石、拉长石）、含钠的角闪石、黑云母、钛辉石，以及碱性长石（正长石、歪长石）和霞石等。岩石一般呈深色，半自形粒状结构或辉长结构，块状构造。常与霞石正长岩共生，有时与基性岩共生。

【霞斜岩】

霞斜岩是碱性辉长岩类的一种。深灰色至黑色。暗色矿物含量约 50%，主要为钛辉石，也可有少量角闪石、黑云母或橄榄石。浅色矿物为拉长石（35%～40%）及较少的霞石（10%～15%）。

【碱玄岩】

碱玄岩又称“灰玄岩”。是碱性玄武岩的一种，是与霞斜岩成分相当的喷出岩。由基性斜长石、单斜辉石及副长石组成，具斑状结构。不含或含极少量的橄榄石。如含较多的橄榄石，则称为碧玄岩。

【碧玄岩】

碧玄岩是碱性玄武岩的一种，由基性长石、普通辉石、橄榄石及副长石（霞石、白榴石、方沸石等）组成。灰色至暗灰色，全晶质，常具斑状结构。按副长石成分不同可分为白榴碧玄岩、霞石碧玄岩、方沸碧玄岩等。如果不含副长石而含富钠的玻璃质，则称似碧玄岩。

【似碧玄岩】

参见“碧玄岩”。

【霓霞岩】

霓霞岩是不含长石的一种碱性岩。主要由霞石和霓石或霓辉石、钛辉石组成，有时含有黑榴石及黑云母。暗色矿物含量为35%～70%。典型的霓霞岩的暗色矿物含量为50%。它常常一方面向磷霞岩过渡，一方面向霞霓钛辉岩过渡。

【霞石岩】

霞石岩是一种细粒或斑状，甚至为无斑隐晶质的碱性喷出岩或浅成岩，成分与霓霞岩相当。主要矿物成分为霞石和辉石，辉石中以钛辉石为特征，一般不含长石。霞石岩常与其他碱性喷出岩如白榴岩、响岩等共生。

【磷霞岩】

磷霞岩是不含长石的一种碱性岩。它是磷霞岩、霓霞岩、霞霓钠辉岩、钛铁霞辉岩系列的一个端员。典型的磷霞岩由70%～90%的霞石和10%～30%的霓石组成。此外，尚含少量的磁铁矿、钛铁矿和磷灰石等。我国四川所产磷霞岩的矿物成分如下：霞石79.61%、钙霞石2.26%、钛辉石9.91%、霓石0.91%、白云母3.09%，其余为副矿物。磷霞岩常与霓霞岩、霞霓钠辉岩、超基性岩、碳酸岩等组成超基性-碱性-碳酸岩的杂岩体，呈筒状产出，岩体中各种岩石常成环带状。主要分布在稳定地区的断裂带中。与其有关的矿产有铌、稀土元素、锆、铁、钛、磷和霞石等。

【霞霓钠辉岩】

霞霓钠辉岩是碱性岩类的一种。其特点是几乎不含长石，暗色矿物含量为65%～80%，主要为霓石、霓辉石、钛辉石；霞石含量为20%～35%，次要矿物有钙霞石、榍石、磷灰石、黑榴石、方解石等。我国四川所产霞霓钠辉岩的矿物成分如下：霞石26.3%、钙霞石10.32%、钛辉石54.46%、霓石5.68%、次闪石0.60%、磁铁矿2.2%、锆石0.1%、方解石0.17%、赤铁矿0.08%。在结构方面，暗色矿物及榍石、磷灰石形成自形晶，霞石呈他形晶充填于其他矿物的间隙中。

【钛铁霞辉岩】

钛铁霞辉岩是一种深色的碱性岩。几乎不含或完全不含霞石等浅色矿物。为磷霞岩、霓霞岩、钛铁霞辉岩系列的一个端员。岩石外貌多种多样。常为片状构造。粗粒结构。其成分主要为钛辉石（大于80%），次为钛磁铁矿，并含有钛铁矿、磷灰石等。

【碳酸岩】

碳酸岩是由碳酸盐矿物（方解石、白云石、菱镁矿等碳酸盐矿物占80%以上）所组成的火成岩。在碳酸岩中，次要矿物种类很多，数量不等，常见的有辉石、金云母、黑云母、磷灰石、钛铁矿、微斜长石、霞石、黑榴石以及含稀有元素和稀土元素的矿物（如烧绿石、氟碳铈矿等）。具中粒、粗粒结构。块状构造。碳酸岩在成因上和空间上与超基性-碱性岩有紧密关系，组成超基性-碱性-碳酸岩杂岩体。杂岩体呈岩筒或火山颈产出。碳酸岩常分布于杂岩体上部的中心部分，少数在边部，呈同心状脉、放射状脉、囊状体及筒状体。这类杂岩体主要分布于地壳稳定地区，沿区域性深断裂分布。围岩常具明显的长霓岩化现象。关于碳酸岩的成因有以下不同说法：①超基性岩浆分异的产物；②富含二氧化碳的热液交代碱性-超基性岩的结果；③是石灰岩被花岗岩浆同化的产物；④碱性-超基性岩的霓石化、霞石化的结果。

与其有关的矿产为铌、锆、稀土元素、磷、铁、金云母及蛭石等。最为重要的矿床类型为稀土碳酸岩及烧绿石碳酸岩。

【脉岩】

脉岩是指经常呈脉状产出的火成岩。它们在空间分布上常与一定的深成岩体有密切关系，产于深成岩体内，或产在深成岩体附近的围岩中。脉岩有的以其成分与深成岩不同，分为两类：①浅色脉岩，其浅色矿物特别集中，如细晶岩、伟晶岩；②深色脉岩，其暗色矿物特别集中，如煌斑岩。有的以其成分与深成岩相似，则根据成分分为花岗斑岩、闪长玢岩等。

【煌斑岩】

煌斑岩是深色脉岩类岩石的总称。其特点是全晶质，具有明显的斑状结构。暗色矿物主要为黑云母、角闪石和辉石，其含量在斑晶和基质中不少于 30%，且自形程度良好。常见的浅色矿物有斜长石、正长石等，它们都局限在基质中；此外，还有较多的含挥发分的矿物。随着暗色矿物和浅色矿物组合的不同，进一步划分为不同的岩石种属，如以黑云母、正长石为主的称云煌岩；以黑云母、斜长石为主的称云斜煌岩；以角闪石、斜长石为主的称斜闪煌岩；以辉石和基性斜长石为主的称拉辉煌斑岩等。煌斑岩脉大多与深成岩体有关，常侵入于深成岩体或其围岩中，也有一些与火山岩有关。煌斑岩按其成分而言，几乎都是基性岩或超基性岩。根据斑晶的性质和基质相对比，可以推测有些煌斑岩可能是混染成因的，如某些含石英的云煌岩，可能是由花岗岩质物质经基性岩浆部分同化作用而成的。

【云煌岩】

云煌岩是煌斑岩的一种。主要矿物为褐色黑云母及正长石。河北涞源的云煌岩为全自形粒状结构。主要是由黑云母及钾长石组成。如由黑云母和碱性长石组成，并稍含霓石或霓辉石，则称为钠云煌岩。

【斜闪煌岩】

斜闪煌岩是一种含角闪石的煌斑岩。具细粒或斑状结构。深灰色。所含长石以斜长石为主，普通角闪石含量占 40%以上。

【细晶岩】

细晶岩又称“长英岩”，是一种酸性浅色脉岩，常呈脉状。主要矿物成分为碱性长石和石英，几乎不含暗色矿物。一般呈灰白色、浅黄色或肉红色。具有细粒的他形粒状结构（细晶结构）。大部分产于深成岩体的裂隙和附近的围岩中，有时也见于侵入岩的边缘部分，多半为岩浆杂岩体的晚期产物。细晶岩也包括其他具细粒他形结构的脉岩。因此，细晶岩如单独应用时，一般是指花岗细晶岩，其他按其成分不同，又可分为辉长细晶岩、闪长细晶岩等。

【伟晶岩】

伟晶岩是一种具有巨粒或粗粒结构的脉岩。常呈脉状，并成群产出。矿物颗粒一般都很粗大。有时具带状构造。按矿物的组合可以分为花岗伟晶岩、霞石正长伟晶岩、辉长伟晶岩等，但以花岗伟晶岩最为常见。花岗伟晶岩的化学成分和矿物成分与花岗岩相似，主要由钾长石、石英、云母等的巨大晶体组成。伟晶岩按形成过程和矿物种类的复杂程度，一般可分为简单伟晶岩和复杂伟晶岩。花岗伟晶岩中除水晶、长石和白云母为重要矿产外，还经常伴生有含稀有元素的矿物，如绿柱石、铌钽铁矿等，故为稀有元素矿床的重要母岩。

【花岗伟晶岩】

参见“伟晶岩”。

第二章 沉积岩

【火山碎屑岩】

火山碎屑岩是介于岩浆熔岩和沉积岩之间的过渡类型的岩石，其中50%以上的成分是由火山碎屑流喷出的物质组成，这些火山碎屑主要是火山上早期凝固的熔岩、通道周围在火山喷发时被炸裂的岩石形成的。主要由火山作用形成的各种碎屑物堆积而成，火山碎屑物的含量应超过50%，同时混入有一定数量的正常沉积物或熔岩物质。它与熔岩及正常沉积岩之间有一系列过渡类型，凡含火山碎屑物在10%以上的岩石均属广义的火山碎屑岩；而狭义的火山碎屑岩，即正常的火山碎屑岩，其火山碎屑物的含量应达90%以上。

【火山碎屑熔岩】

火山碎屑熔岩是一种由正常的火山碎屑岩向熔岩过渡的岩石类型，是火山碎屑物被熔岩胶结而成的。火山碎屑物的含量为10%~50%。按碎屑和胶结物的关系可分为两种：一种是岩石碎屑同胶结物的成分甚至结构构造都基本一致，是同期熔浆冷凝过程中自角砾岩化的产物，属单成分的，常见于爆发岩筒中；另一种是碎屑与胶结物的岩性、结构构造均不同，是晚期熔浆胶结早期火山碎屑而成，属复成分的，多分布于火山口附近。按碎屑粒径大小，可分为集块熔岩（粒径>64mm）、角砾熔岩（粒径为2~64mm）、凝灰熔岩（粒径<2mm）。

【正常火山碎屑岩】

正常火山碎屑岩是一种典型的火山碎屑岩。火山碎屑物的含量大于90%，大多数是火山爆发产物直接从空气中坠落堆积而成。有的是由火山灰流或暂时的碎屑岩流形成。它可以形成于陆地上，也可堆积在水下。通常按成岩作用方式分为熔结成岩和压实固结或水化学胶结成岩两种方式。按碎屑粒径大小，前者可细分为熔结集块岩、熔结角砾岩及熔结凝灰岩，后者可细分为火山集块岩、火山角砾岩。

【火山集块岩】

火山集块岩是一种压实固结的火山碎屑岩（如火山渣、火山弹以及火山灰等），是粒径大于64mm的碎屑经压实固结的火山碎屑岩，其中碎屑岩块占50%以上。碎块大小不一，分选极差，多带棱角，多分布于火山口附近或充填于火山口中。在我国北京西山有由安山岩、碳酸盐岩、砂岩与花岗岩块组成的安山质集块岩。

【火山角砾岩】

火山角砾岩是一种压实固结的火山碎屑岩，主要由粒径为9~45mm的熔岩角砾组成，也含有其他岩石的角砾及少量的石英、长石等矿物晶屑。多数具明显的棱角，分选差，大小不等。填隙物是火山灰、火山尘。常与火山集块伴生，位于火山口外侧。

【凝灰岩】

凝灰岩是一种压实固结的火山碎屑岩，主要由粒径小于9mm的晶屑、岩屑及玻屑组成。分选很差，填隙物是更细的火山微尘。按火山碎屑物的物态可以进一步细分为玻屑凝灰岩、晶屑凝灰岩、岩屑凝灰岩及混合型凝灰岩。玻屑凝灰岩一般在时代较新的尚未受强烈变动的地层中容易保存下来，其蚀变作用多从脱玻化开始，常见的产物是膨润土及漂白土。

【自碎火成角砾岩】

自碎火成角砾岩又称“自碎角砾熔岩”，是

一种产于浅成侵入体、筒状体、岩株的顶部和穹状凸起处的角砾岩。碎屑的大小不一，大到集块级，小至凝灰级；它不是火山物质喷到地表堆积形成的，而是地下爆炸或熔浆冷凝过程中的自角砾岩化的产物。

【沉火山碎屑岩】

正常沉积混入物包括陆源的、生物的和化学沉淀的三种成因类型，它们主要通过风的搬运、水流或拍岸浪的搬运、水底滑动等多种形式同火山碎屑物相掺杂，再由压结和化学沉淀物胶结成岩。在自然界中常与正常火山碎屑岩、正常沉积岩等共生，成层比较明显。按碎屑物的粒径可分为沉火山集块岩（粒径>64mm）、沉火山角砾岩（粒径为2~64mm）。

【火山碎屑沉积岩】

火山碎屑沉积岩又称“凝灰质碎屑岩”，是一种以正常沉积物为主，含一定数量火山碎屑物的岩石类型。这类岩石多分布在离火山机构较远的地区，通常是在火山爆发时，由于火山碎屑物落入水盆地中，与泥沙、砾石等正常沉积物掺杂在一起，通过压结和水化学沉淀物胶结成岩。混入的正常沉积物可以是陆源的、生物的或化学沉淀的。在自然界常与正常沉积岩、正常火山碎屑岩等共生，彼此成过渡关系，层理清晰。按碎屑物的粒径可分为凝灰质巨砾岩或巨角砾岩（粒径为>64mm）、凝灰质砾岩或角砾岩（粒径为2~64mm）、凝灰质砂岩（粒径为0.1~2mm）、凝灰质粉砂岩（粒径为0.01~0.1mm）、凝灰质页岩（粒径<0.01mm）等。

【砾石】

砾石是一种粒径大于2mm，在一定程度上被磨圆了的岩石或矿物碎块。它是由暴露在地表的岩石经机械风化作用形成的，常堆积在山麓或山前地带。胶结后形成砾岩。砾石加在水泥里可制混凝土，也可作为筑路材料。

【角砾】

角砾是一种粒径大于2mm的棱角状的岩石或矿物碎块。主要由暴露在地表的岩石经机械风化作用形成。胶结后即成为角砾岩。

【卵石】

卵石是一种粒径大于5mm磨圆度很好的砾石。成分常为石英岩、燧石、碧玉、玛瑙。俗称“鹅卵石”。我国第三纪、第四纪砾石层，如著名的南京雨花台砾石层和长沙白沙井砾石层都含有大量卵石。优质玛瑙质卵石是一种宝石原料，石英质卵石可用作球磨材料及作筑路材料。

【砾岩】

砾岩是一种由粒径大于2mm的圆状、次圆状砾石经胶结而成的碎屑岩。砾石之间的填隙物为砂、粉砂、黏土物质及化学沉积物。按成分的复杂程度可分为单成分砾岩、复成分砾岩；按成因与形成时的环境可分为滨海砾岩、河流砾岩、洪积砾岩等；按它在地质剖面上的分布位置可分为底砾岩和层间砾岩。

【角砾岩】

角砾岩是一种由粒径大于2mm而未被磨圆的砾石经胶结而成的碎屑岩。组成角砾的碎屑一般没有经过搬运或搬运距离很短，特点是大小不等，形状各异，多半带有棱角。按成因可分为岩溶角砾岩、成岩角砾岩、后生角砾岩等。在蒸发岩中，如石膏经过次生变化，也可形成溶塌角砾岩及交代角砾岩，它是普查原生蒸发岩矿床的标志之一。除上述角砾岩外，在火山碎屑岩及构造破碎带也经常见到角砾岩，前者属火山角砾岩，后者属构造角砾岩（断层角砾岩）。

【底砾岩】

底砾岩是一种位于海进层序最底部的砾岩。其下为一侵蚀面（或冲刷面）。一般分选性较好，厚度不大，分布面积很广。以成熟度高的砾石为主，由于它代表一长期的侵蚀间断，不稳定的组分完全被破坏之故。

【层间砾岩】

层间砾岩也称“层内砾岩”“同生砾岩”，是一种位于某地层内部的砾岩。它与上下地层之间为连续沉积，无沉积间断。这种砾岩的碎屑与基质充填物是由于沉积不久的或只有部分固结的沉积物，在准同生期破碎成砾石或角砾碎屑堆积而成，如地滑角砾岩、生物礁的礁前塌积岩，我国北方寒武系中的竹叶状灰岩等属于层间砾岩。

【岩溶角砾岩】

岩溶角砾岩又称“溶洞角砾岩”“喀斯特角砾岩”，是一种发育在石灰岩地区，由于溶洞崩塌或岩溶水搬运堆积而成的角砾岩。它的特点是分布局限，角砾成分单一，属原地来源；角砾的粒度分选极差，圆度也较差，充填在角砾中的基质为富含泥质的碳酸盐。

【成岩角砾岩】

成岩角砾岩是一种在成岩作用阶段形成的角砾岩，原为结构和成分上均质的沉积物，因成岩作用而产生角砾状结构。例如，胶体沉积物在成岩期由于脱水、收缩，引起岩石碎裂，所形成的碎块再经胶结，即为成岩角砾岩。

【后生角砾岩】

后生角砾岩是一种在后生作用阶段形成的角砾岩。后生作用导致岩石产生角砾状结构。例如，在后生期，岩脉或裂缝的穿插或交代作用等，均可造成后生角砾岩，如缝合线化角砾岩。

【再生花岗岩】

再生花岗岩是一种产于花岗岩类或花岗片麻岩侵蚀面上的碎屑岩，如花岗岩屑富石英贫长石的碎屑岩。厚度不大，分选差，颗粒呈棱角状。若胶结良好，貌似花岗岩。它的存在可以证实花岗岩体与上覆岩层之间是沉积接触。因此它是帮助我们确定花岗岩时代上限的地质证据之一。

【砂岩】

砂岩是一种已固结的碎屑沉积岩，其中粒径0.625~2mm的砂粒的含量占50%以上，其余为基质或胶结物。砂粒的主要成分为石英、长石、云母、岩屑等，胶结物的成分有硅质、铁质、钙质。按砂岩中碎屑的主要颗粒的大小可分为粗粒砂岩、中粒砂岩、细粒砂岩、不等粒砂岩等。按砂粒与黏土杂基的含量可划分为砂屑岩与杂砂岩两大类，前者黏土含量<15%，可细分为石英砂岩、长石砂岩、岩屑砂岩等；后者黏土含量>15%，可细分为石英杂砂岩、长石杂砂岩、岩屑杂砂岩等。

【砂屑岩】

砂屑岩又称“纯砂岩”“砂粒碎屑岩”，指几乎不含基质或基质含量很少（<15%）的砂岩。这种砂岩中的碎屑磨圆度较好，分选中等到良好。

【杂砂岩】

杂砂岩又称“瓦克岩”，指含多量杂基质（>15%）的砂岩。这种砂岩中的碎屑一般呈棱角状，分选性差，结构成熟度低，属密度流沉积。

【石英砂岩】

石英砂岩是一种固结的砂质岩石，其中石英及硅质岩屑含量超过95%。通常很少含杂基质，常见的胶结物是硅质、碳酸盐，此外还可能有铁质、石膏、磷酸盐及海绿石。硅质胶结物常为蛋白石及玉髓，它们可以围绕石英颗粒发育成为次生生长胶结物，形成再生生长的沉积石英岩。这种砂岩化学成分简单，以二氧化硅为主；色浅，常是白色；碎屑颗粒的磨圆度、分选性良好；波痕、交错层理发育；是碎屑物质经长期或反复侵蚀、搬运的产物。我国华北震旦系地层和华南泥盆系地层中分布很广。许多沉积型铁矿常产在石英砂岩中，如河北的宣龙式铁矿，南方的宁乡式铁矿。

【沉积石英岩】

沉积石英岩是一种以硅质作为胶结物的砂岩，其中硅质胶结物已全部重结晶，并围绕石英碎屑颗粒呈次生加大边。因其岩性致密坚硬，与变质石英岩不易区别。但在显微镜下可看出，次生加大的石英间界线一般为直线状。

【长石砂岩】

长石砂岩是一种长石碎屑含量大于25%的砂岩，它包括长石砂岩和岩屑质长石砂岩。一般为粗砂状结构，肉红色至灰色，分选性和磨圆度变化较大。长石砂岩多由长英质母岩如花岗岩、片麻岩经机械风化，短距离搬运，在山前或山间盆地堆积而成。

【岩屑砂岩】

岩屑砂岩是指一种岩屑含量>25%的砂岩。岩屑多为隐晶质的岩石，如喷出岩、板岩、千枚岩、粉砂岩、泥页岩及隐晶质碳酸盐岩等，属不稳定的及成熟度低的组分。当岩石杂基的含量>15%时，则属于岩屑杂岩；当砂粒中石英的含量超过 75%时，则过渡为岩屑石英砂岩。岩屑砂岩是一种不成熟的快速堆积物，是构造变动强烈地区的产物，常在山前冲积扇、山间盆地反河流相中产出。

【硬砂岩】

硬砂岩亦称“灰瓦克岩”，指一种暗色（灰色至灰绿色，有时为灰黑色）坚硬的砂岩。由具有尖锐棱角的石英、长石、云母及岩屑组成，分选性很差，镜下观察很像“微角砾岩”。岩石中杂基的含量>15%而且均已重结晶，形成绢云母、绿泥石、水云母类矿物。因此，实质上它是杂砂岩在成岩期后发生压固、重结晶等作用的产物，常见于浊积岩中。

【粉砂岩】

粉砂岩是一种已固结的碎屑沉积岩，其中粒径为 0.025～0.039mm 的粉砂的含量占 50%以上，其余为砂、黏土或化学沉淀物。粉砂的成分以石英为主，其次为白云母和长石，岩屑少见；重矿物的含量比砂岩多，可高达 2%～3%。碎屑的磨圆度不好，常呈棱角状。胶结物以钙质、铁质为主。红层及煤系地层中经常遇到粉砂岩，黄土也是一种疏松的或半固结的粉砂质沉积物。

【黏土岩】

黏土岩是一种主要由粒径<0.0039mm 的细颗粒物质组成的并含有大量黏土矿物的沉积岩。

【泥岩】

泥岩是一种成分较复杂、层节理不明显的块状黏土岩，是弱固结的黏土经压固作用、脱水作用及微弱的重结晶作用而形成的。红层有少量泥岩分布。暗色泥岩，如黑色泥岩常含有机质，是良好的生油岩系。

【页岩】

页岩是由黏土物质硬化形成的微小颗粒，易裂碎，很容易分裂成为明显的岩层。是黏土岩的一种。成分复杂，除含有黏土矿物外，还含有许多碎屑矿物和自生矿物。具页状或薄片状层理。用硬物击打易裂成碎片。是由黏土物质经压实作用、脱水作用、重结晶作用后形成的。页岩抵抗风化的能力弱，在地形上往往因侵蚀形成低山、谷地。页岩不透水，在地下水分布中往往成为隔水层。

【钙质页岩】

钙质页岩是一种富含碳酸钙的页岩，滴稀盐酸起泡，但岩石中碳酸钙的含量不超过 25%，超过 25%即成为泥灰岩。常见于陆相红色地层及海相钙泥质岩系中。

【铁质页岩】

铁质页岩是一种含少量铁的氧化物、氢氧化物、碳酸盐（菱铁矿）及铁的硅酸盐（鲕绿泥石、鳞绿泥石）的页岩，常呈红色或灰绿色，产于红层、煤系地层及海相砂泥质岩系中。

【硅质页岩】

硅质页岩是一种富含游离二氧化硅的页岩。若岩石中游离二氧化硅的含量增高，则向生物化学成因的硅质岩过渡。它比普通页岩硬度大，常与铁质岩、锰质岩、磷质岩及燧石等共生。成因有生物的、火山的及化学的。

【黑色页岩】

黑色页岩是一种富含有机质及分散状黄铁矿的页岩。外貌与碳质页岩相似，但不污手。厚度大时，可成为良好的生油岩系，它是一种循环极差的停滞水环境（如深湖、深海、淡化潟湖等）的沉积产物。

【碳质页岩】

碳质页岩是一种含大量分散的碳化有机质的页岩。能污手，但含灰分高，故不易燃烧。常形成于湖泊、沼泽环境，与煤层共生。

【油页岩】

油页岩是一种棕色至黑色纹层状页岩。含液态及气态的碳氢化合物，含油率一般为4%～20%，最高可达30%，质轻，具油腻感，用指甲刻划时，划痕呈暗褐色；用小刀沿层面切削时，常呈刨花状薄片；用火柴点燃时冒烟，具油味。据以上特征可区别于碳质页岩。油页岩主要是低等生物遗体及黏土物质在闭塞海湾或湖泊环境中共同埋藏后，在还原条件下转化形成的。

【泥板岩】

泥板岩是一种成分复杂、已固结硬化的黏土岩，是黏土在较强的后生作用下，通过压固、重结晶作用形成的。其中重结晶的黏土矿物含量小于50%，新生矿物的粒径小于0.05mm。无明显的纹层，也没有层状劈理。它与板岩的区别是后者有明显的层状劈理，重结晶的黏土矿物含量大于50%，具有层纹构造及层理的泥板岩可称为页板岩。

【化学岩】

化学岩也叫“化学沉积岩”，是由岩石风化产物中的溶解物质（胶体溶液的和真溶液的）通过化学作用方式沉积而成。如铝质岩、铁质岩、锰质岩、某些硅质岩、磷质岩、碳酸盐岩及岩盐等。化学岩大多是在海湖盆地中生成的，少数也可以在陆地地下水的作用下形成。成分常较为单一，具有结晶结构、隐晶质结构、鲕状结构、豆状结构。这类岩石本身往往就是一些有重要意义的沉积矿床，如岩盐矿、钾盐矿、石膏矿、芒硝矿、石灰石矿、白云石矿、铁矿、锰矿、铝土矿等。

【铝铁质岩】

铝铁质岩是一种富含铝、铁质矿物的化学或生物化学沉积岩。主要矿物成分有一水硬铝石、一水软铝石、赤铁矿等，混入物有高岭石、方解石、绿泥石、云母、石英和有机物质等。铝铁质岩可以分两种：①红土和红黏土（红色土）；②铝土岩，当ω（Al_2O_3）>40%，ω（Al_2O_3）/ω（SiO_2）≥2时，可作为铝土矿，是炼铝的重要矿石。

【铁质岩】

铁质岩是一种富含铁矿物的化学或生物化学沉积岩。主要矿物成分有赤铁矿、针铁矿、菱铁矿、富铁绿泥石等。常混入黏土、砂质、硅质等杂质。结构有鲕状、豆状、肾状、块状和结核状等。按矿物成分可分为氧化铁铁质岩（主要成分为赤铁矿或褐铁矿）、碧玉铁质岩、菱铁矿铁质岩、鲕绿泥石铁质岩等。铁质岩是在陆地表面或浅海中形成。元古界铁质岩的形成与火山作用有关，较新时代的铁质岩常产于海侵岩系的底部，均可形成有价值的铁矿床。

【锰质岩】

锰质岩是一种富含锰矿物的沉积岩。主要矿物成分有硬锰矿、软锰矿、水锰矿、菱锰矿、褐锰矿等，混入物有二氧化硅、氧化铁、黏土及少量砂质。一般呈黑色、暗褐色。有的很软，呈土状，能污手。也有的很硬，呈鲕状、肾状。菱锰矿呈淡灰色、粉红色，显微粒状，往往呈层状、透镜状或结核状产出。锰质岩是在海洋及湖泊盆地中沉积形成的，在风化壳中也有次生锰质岩形成。

【硅质岩】

硅质岩是一种以二氧化硅为主要化学成分的岩石。二氧化硅通过化学或生物化学沉积作用或某些火山作用生成硅质岩。主要矿物成分是蛋白石、玉髓及自生石英。混入物有碳酸盐、氧化铁、海绿石、黏土矿物等，具隐晶质和非晶质的致密块状结构或生物结构。常呈薄层状及结核状构造。主要岩石类型有硅藻土、硅华、蛋白土、碧石岩、燧石等。

【磷质岩】

磷质岩又称“磷块岩”，是一种富含磷酸盐矿物的沉积岩。主要矿物成分为氟氯磷灰石、细晶磷灰石、胶磷矿。混入物有砂、粉砂、黏土、方解石、石英和海绿石等。目前通常把P_2O_5含量为5%～8%的沉积岩叫磷质岩。质量高的磷质岩含磷酸盐矿物在90%以上，P_2O_5含量为30%～40%。磷质岩的结构变化很大，有砂状结构、泥状结构等，构造类型有结核状、板状两种。磷质岩大多由海洋中的生物化学作用沉积而成。

【碳酸盐岩】

碳酸盐岩是一种碳酸盐类矿物含量超过50%的沉积岩。主要矿物成分是方解石、白云石、铁白云石；混入的成分有石英、云母、长石及各种重矿物和黏土。自生矿物有二氧化硅矿物、氧化铁矿物、黄铁矿、海绿石、石膏等。常见的结构类型有结晶粒状结构、鲕状结构、豆状结构、生物结构、碎屑结构等。常含有各种成分的结核，叠锥和缝合线等构造颇为发育。它是在海、湖盆地中沉积形成的。按成分可分为石灰岩、白云岩、泥灰岩等。按结构成因可将碳酸盐岩分为五大类：①亮晶异常化学岩，②泥晶异常化学岩，③泥晶岩（正常化学岩），④原地礁灰岩，⑤交代白云岩。碳酸盐岩是水泥、石灰、化工、冶炼钢铁和建筑工业的重要原料。

【盐岩】

盐岩是一种以钾、钠、钙、镁的卤化物及硫酸盐矿物为主要组分的纯化学成因沉积岩。常见矿物成分有石膏、硬石膏、石盐、钾盐、光卤石等。混入物有黏土、碎屑物和其他化学沉积物（如白云石、方解石、氧化铁凝胶）及伴生元素溴、碘等。按成分可分为岩盐、石膏、硬石膏、钾镁质岩等。形成于干燥气候带的湖泊和潟湖中。

【可燃性有机岩】

可燃性有机岩具可燃性，是重要的燃料。按成分可分为碳质的（煤、油页岩、泥炭等）和沥青质的（石油、天然气、地蜡、地沥青等）两类；后者的主要化学成分是碳及碳氢化合物；形式多种多样，有固体、液体及气体。

【铝土岩】

铝土岩又称“铝矾土”，是一种富含铝质矿物的化学沉积岩。岩石中ω（Al_2O_3）/ω（SiO_2）比值>1，主要矿物成分为一水硬铝石、一水软铝石、三水铝矿。外貌与黏土岩相似，但岩性致密，硬度、密度较大，没有可塑性。常具鲕状、豆状结构，块状构造。成因不一，主要是由铝硅酸盐类矿物受强烈化学风化、半风化带出溶解的氧化铝、高岭石等搬运到岩溶洼地、湖泊、海湾、潟湖盆地，直接沉积或经陆解作用而成的。

【燧石】

燧石俗称“火石”，又称燧石岩，是一种致密、坚硬的硅质沉积岩。主要矿物成分为玉髓和微粒石英，有时含有蛋白石，颜色暗淡无光彩，常为浅灰至褐黑等色。燧石与碧玉岩的重要区别之处是，燧石的产状为不稳定的块体或夹层，而不成为厚的稳定的独立岩层。呈结核状或透镜状的燧石称为燧石结核，呈条带状的燧石称为燧石条带。燧石非常坚硬，断口呈贝壳状。主要产于石灰岩中，多为成岩交代成因的产物。

【碧玉岩】

碧玉岩是一种致密、坚硬的硅质岩石。主要由细粒石英、玉髓及氧化铁混入物所组成。常呈红色、棕色、绿色、玫瑰色等，具贝壳状断口。主要为火山沉积成因，故常与火山岩、火山碎屑岩共生。我国华东、华北及东北地区的中生代火山沉积岩系中均有碧玉岩产出，美丽坚硬的碧玉可用作各种工艺品。

【蒸发岩】

蒸发岩是指在封闭、半封闭的环境中，由于干旱炎热气候条件下强烈的蒸发作用而形成的化学沉积岩，又称盐岩。常由湖盆、海盆中的卤水经蒸发、浓缩，盐类物质依不同的溶解度结晶而成。海湾、潟湖和大陆上的干燥地区是蒸发岩形成的有利环境。主要由氯化物（石盐、钾盐等）、硫酸盐（杂卤石、石膏等）、硝酸盐（硝酸钾、硝酸钠、硝石等）和硼酸盐（硼砂等）组成。按成分可分为石膏和硬石膏岩、盐岩、钾镁质岩等。寒武纪、志留纪、泥盆纪和二叠纪是世界上重要的蒸发岩形成时期，中国则以三叠纪、白垩纪和第三纪为主。

蒸发岩中最常见的盐类矿物有天然碱、碳酸钠、芒硝、无水芒硝、钙芒硝、石膏、硬石膏、石盐、泻利盐、杂卤石、光卤石和钾石盐；有的盐湖中还有固体硼砂矿物或含硼、溴、碘的卤水。蒸发岩一般具有结晶结构，有时可再结晶为数毫米甚至数厘米的巨晶结构。一般是层状构造，往往也呈角砾状、泥砾状的次生构造，并形成盐溶角砾岩。

【混积岩】

混积岩是指由多种成因的组分（碎屑、黏土、生物化学组分）组成的岩石。其中每一种组分的含量均不超过 50%，由砂、粉砂、黏土构成的混积岩称为垆坶土；由黏土和碳酸盐物质组成的混积岩称为泥灰岩；由陆屑和碳酸盐物质组成的混积岩如常见的砂质石灰岩、砂质白云岩等。

【附生岩】

附生岩是指沉积岩的基本类型中含有重要混入物的岩石。这种混入物不能组成独立的沉积岩体，但具有重要的经济价值，可以作为矿产开采。例如含铜砂岩，铜矿物即附生在砂岩中。常见的附生岩还有海绿石岩、含沸石砂岩、沥青质砂岩、硫质黑页岩等。如含铜、铀、硫、沸石、海绿石以及其他特殊元素或矿物的沉积岩，由于其经济价值较大，常格外受人们的重视，并常被称作“含铜岩”“含铀岩”“含海绿石岩”等。

【高镁方解石】

高镁方解石是指 $MgCO_3$ 含量>4%的方解石。镁离子以置换钙离子的方式参加到方解石晶格中，常构成某些生物的骨骼，如棘皮动物、珊瑚藻等，或产于现代温暖浅海的碳酸盐沉积物中。它是一种不稳定的碳酸盐矿物，在成岩作用过程中即发生分解，析出镁而变成方解石，故在石灰岩中是不存在的。

【低镁方解石】

低镁方解石是指 $MgCO_3$ 含量<4%的方解石，即普通方解石。它比较稳定，是组成石灰岩的主要矿物。低镁方解石在现代深海碳酸盐沉积物中占多数，而在浅海碳酸盐沉积物中只占少数。低镁方解石常组成介形虫、三叶虫、苔藓虫、某些腕足类及有孔虫、蓝藻、颗石藻等海生生物的骨骼。

【原白云石】

原白云石又称“钙白云石”，是一种不稳定的无序白云石，即未构成 $MgCO_3Ca$ 离子层的有序排列，在其化学组成上，钙、镁的含量分别为 50%~60%、40%~50%（有序白云石）。原白云石中有过剩的钙存在，结晶的单位晶胞比有序白云石（Ca：Mg=1：1）要大些。在盐湖、潟湖和蒸发潮坪的碳酸盐沉积物中，最初形成的原白云石，经过成岩变化，钙离子继续被镁离子置换而转变成有序白云石。

【石灰岩】

石灰岩是一种以方解石为主要组分的碳酸盐岩，常混有黏土、粉砂等杂质。呈灰色或灰白色，性脆，硬度不大，小刀能刻动，滴稀盐酸会剧烈起泡。按成因可分为粒屑灰岩、生物岩、化学灰岩等。由于石灰岩易溶蚀，所以在石灰岩发育地区，常形成石林、溶洞等优美风景区。它是烧制石灰、水泥的主要原料，是冶炼钢铁的熔剂，是制造化肥、电石的原料，也广泛用于制糖、陶瓷、制碱、玻璃、印刷工业中。

【红土】

红土是玄武岩等富含铝铁质的岩石，在润湿的热带气候条件下，经强热的化学分解而残留于原地的产物。主要成分为三水铝石、高岭石，并含氧化铁，因而显红色。新鲜的红土甚软，可用刀切开，但在空气中很快变硬。可用作建筑材料，故也叫“砖红土”。

【红黏土】

红黏土又称“红色土”，是一种产于石灰岩风化壳中的红色黏土质和铁质生成物。形成于炎热和润湿交替的气候条件下，含有大量的氧化硅、氢氧化铁和氧化铝。我国广西、云南等地广泛分布。

【硅藻土】

硅藻土是一种白色或浅黄色粉状硅质岩石。由硅藻遗体组成，硅藻含量可达 70%~90%。当硅藻遗体被破坏，岩石成板状者，称为“板状硅藻土”。硅藻土的主要矿物成分为蛋白石，常有碳酸盐或黏土物质混入，呈黄色或浅黄色，质轻而软，易研成粉末。多孔状，孔隙度达 90% 左右。吸附能力很强，是良好的吸附剂。可用作炼油、制糖的吸附剂和净化剂，又是隔音、隔热剂的载体。硅藻土是较新地质代的沉积物，多产于第四纪和第三纪的沉积岩地层中。

【卤化物沉积】

卤化物沉积是一种盐类沉积物。主要产于干燥地区，是由封闭、半封闭的水盆地（盐湖、潟湖）内湖水蒸发浓缩沉淀而成的。常见的矿物成分是石盐、钾盐、光卤石等，都是重要的化工原料。

【异化颗粒】

异化颗粒的全称为异常化学颗粒，简称“异化粒”，亦称“粒屑”，是碳酸盐岩的主要结构组分之一，指在沉积盆地中形成的一种非正常化学沉淀的碳酸盐颗粒。这些颗粒既可以是机械破碎作用形成的，也可以是生物作用形成的，还可以是化学凝聚作用形成的。它们的粒径下限是 0. 03mm 或 0. 05mm。异化颗粒包括：①内碎屑，②球粒、团粒，③包粒（包括鲕粒、豆粒、生物色壳颗粒），④骨粒或骨屑，⑤核形石及凝块石。

【粒屑】

粒屑即“异化颗粒”。

【陆源碎屑颗粒】

陆源碎屑颗粒亦称“陆屑”“盆外颗粒”，指来自盆地以外的各种碎屑物质，主要由母岩破碎的产物组成，按粒度可分为砾、砂、粉砂、泥等级别。

【内碎屑】

内碎屑亦称“盆地碎屑”“同生碎屑”，是碳酸盐岩中的异化颗粒类型之一，是沉积于水盆地底部的未完全固结或已固结的碳酸盐沉积物，经水流或波浪的作用（冲刷、破碎、搬运、磨蚀、再沉积）而成的碎屑。常具塑性变形或磨蚀的边缘，颗粒边界常切割粒内的化石、内碎屑、鲕粒或球粒。它可以具有复杂的内部结构，也可以是单一的微晶泥晶结构。圆度可以很好也可呈次圆状或次棱角状。竹叶状灰岩中的“碎屑”就是比较典型的内碎屑。内碎屑按其粒径大小可划分如下几个粒级：粒径 > 2mm 的为砾屑；粒径 0. 5 ~ 2mm 的为粗砂屑；粒径 0. 25 ~ 0. 5mm 的为中砂屑；粒径 0. 1 ~ 0. 25mm 的为细砂屑；粒径 0. 03 ~ 0. 1mm 的为粗粉屑；粒径 0. 005 ~ 0. 03mm 的为细粉屑。

【球粒】

球粒亦称“团粒”“球状粒”，是碳酸盐岩中的异化颗粒类型之一。通常由泥晶方解石的集合体组成，不具内部构造。其形状为圆滑的球形到椭球形或卵形。球粒大小较均匀，粒径为 0. 03 ~ 0. 20mm，常见为 0. 04 ~ 0. 1mm。球粒成因不一，可以由化学或生物化学沉淀的极细的泥晶文石凝聚而成，以后转变为方解石；也可以是无脊椎动物的粪粒（常含有机质）；或者是藻类黏结灰泥而成的藻球粒（常有藻类的遗迹）；也有的是内碎屑经过磨蚀形成的球状颗粒，一般具有粒度分选及小型交错层等水流活动的沉积特征。

【团块】

团块又称“葡萄石”“巴哈马石”，是碳酸盐岩中的异化颗粒类型之一。它是一种具有不规则外形和不具内部结构的颗粒，其大小可从砾石级到粉砂级。有时其形状似葡萄状，故叫“葡萄石”。在现代巴哈马滩盛产一种球粒被黏结的团块，因此将这种团块叫作“巴哈马石”。团块多由藻类黏结而成，由于藻类繁殖于温暖浅水透光环境中，故团块大量出现在海滩岩中。

【包粒】

包粒即“包壳颗粒”，是碳酸盐岩中的异化颗粒类型之一。外形呈球状或椭球状，内部有核心，围绕核心具同心纹状或放射状构造的包壳，也可以是生物包壳（如有孔虫）。包粒包括如下三种颗粒：鲕粒、豆粒、生物包壳颗粒。

【鲕粒】

鲕粒又称“鲕石”“鱼卵石”等，是包粒类型之一。粒径大多情况下小于2mm。根据鲕粒的内部构造及其遭受变形、重结晶和溶蚀后的特征可分为正常鲕、薄皮鲕、复鲕、偏心鲕、变晶鲕、负鲕等。包壳的厚度大于核心半径的叫正常鲕；包壳的厚度小于核心半径的叫薄皮鲕或表鲕；包壳内包含两颗或两颗以上鲕粒的叫复鲕；包壳偏在核心的一侧呈半包卷状态，核心的一部分露在外面的叫偏心鲕或静水鲕；鲕粒变形后，包壳破裂、拉伸，常呈蝌蚪状的叫变形鲕；鲕粒重结晶后呈单晶或多晶的球形颗粒的叫变晶鲕；鲕粒核心被溶蚀成空心的叫负鲕。

【豆粒】

豆粒是包粒类型之一，是指由核心和同心纹或放射状包壳组成的球状、椭球状碳酸盐颗粒。粒径>2mm。

【生物包壳颗粒】

生物包壳颗粒是包粒类型之一，其核心是骨屑、碎屑或球粒，围绕核心为藻类或有孔虫包壳，由蓝绿藻类包壳形成的球形、椭球形颗粒叫藻鲕及藻豆。藻鲕的包壳具圆滑的同心纹，是放射状构造，但明显的特征是：包壳的厚度不完全一致，常具明暗交替的同心纹层，且暗层较薄，放射状构造常呈明暗相间的放射线，藻鲕常包含藻丝体或藻类生长活动的遗迹。

【藻鲕】

藻鲕即“生物包壳颗粒”。

【骨粒】

骨粒又称“骨骼颗粒”“生物颗粒”“化石颗粒”等，是碳酸盐岩中的异化颗粒类型之一。由生物分泌的硬体残骸组成。完整的生物壳体叫骨粒，破碎的壳体叫骨屑。

【骨屑】

参见“骨粒”。

【凝块石】

凝块石是碳酸盐岩中的异化颗粒类型之一，是一种不具同心纹构造、形状大小各异的泥晶碳酸盐凝块和团块，颗粒边缘不显破碎和磨蚀的痕迹。按其外形可分为文象状、蠕虫状、球粒状及砂砾状等。凝块石通常是由蓝绿藻类生物在生命活动过程中沉淀并黏结灰泥而成，故其内部可以保存藻类丝状体的痕迹。常出现在藻鲕灰岩、砂砾状生物灰岩、泥晶灰岩、粉屑灰岩之中，在潮间带和潮下极浅水安静至搅动环境中形成。

【生物骨架】

生物骨架又称“生物格架”，是生物礁灰岩特有的一种结构组分，是由原地生长的造礁群体生物分泌出的坚硬碳酸盐骨骼组成的。常见的造礁生物有珊瑚、苔藓虫、海绵、层孔虫、厚壳蛤、藻类等。

【正常鲕】

正常鲕又称“高能鲕”，参见“鲕粒”。

【薄皮鲕】

参见“鲕粒”。

【表鲕】

参见“鲕粒”。

【复鲕】

参见“鲕粒”。

【偏心鲕】

偏心鲕又称“静水鲕”，参见“鲕粒”。

【负鲕】

负鲕又称“内鲕”或“空心鲕”，参见“鲕粒”。

【变形鲕】

参见“鲕粒”。

【变晶鲕】

变晶鲕又称“变鲕粒”，参见“鲕粒”。

【假鲕】

假鲕是一种无内部构造，由泥晶方解石组成

的球状或椭球状颗粒。因其外形与鲕粒相似，故称假鲕。但是，如果严格按成因划分，属化学凝聚的叫球粒，属内碎屑被机械磨圆的叫假球粒或磨圆的砂屑。前者粒径一般小于 0.2mm，后者粒径一般大于 0.2mm。

【藻灰结核】

藻灰结核也称“藻团块”“藻类增长颗粒”，是一种与藻类活动有关的碳酸盐颗粒，常具有不规则的球状外形，内部具核心，核心是骨屑或其他异化颗粒，围绕核心是不甚规则的同心纹状包壳。藻灰结核是由蓝绿藻类的丝状体及被丝状体黏结的灰泥组成。多形成于潮下极浅水动荡环境中。

【灰泥】

灰泥又称“灰泥基质”，是碳酸盐岩的结构组分之一，是一种由泥状碳酸钙细屑或晶体组成的沉积物。在现代沉积物中，灰泥多数是化学或生物化学沉淀的针状文石，晶体长度平均为 0.001~0.004mm，部分是生物骨骼（特别是钙藻）或其他碳酸盐颗粒经过机械破碎磨蚀或生物腐蚀而成的细屑。其成分为高镁方解石或低镁方解石或文石（主要取决于骨骼或颗粒的矿物组分）；还有的灰泥是直接由浮游生物个体组成的，如深海抱球虫灰泥、放射虫灰泥及颗石藻灰泥等。灰泥质点的直径大多小于 0.05mm，经过成岩固结后，形成灰泥岩或泥晶灰岩、微晶灰岩等。

【泥晶】

泥晶即“灰泥”。但也有人把化学沉淀及生物作用生成的灰泥称为“泥晶”，而把机械破碎作用生成的灰泥称作“泥屑”。

【泥屑】

参见“泥晶”。

【亮晶】

亮晶的全称为“亮晶方解石”，又称“淀晶”，是碳酸盐岩结构组分之一，是粒径为 0.01mm（10μm）或更大的方解石晶粒，只作为异化颗粒的胶结物出现于碳酸盐岩中。是异化颗粒下沉到水盆地底部以后，由碳酸钙达过饱和的粒间水沉淀结晶而成，故不单独组成岩石。在薄片和手标本中亮晶都比较干净、透明，常充填于粒间孔隙之中，不破坏颗粒边界，并常围绕颗粒呈两个或三个世代结构。早期世代晶粒较细，由纤柱状或马牙状晶体组成栉壳边；而晚期世代晶粒较粗，晶面较平直，常呈粒状镶嵌结构，充填于孔隙中心。亮晶粒径的大小取决于孔隙空间大小和结晶速度。

【假亮晶】

假亮晶亦称“重结晶方解石”，是由泥晶方解石重结晶而成。在岩石中，这种晶体大小不一，分布不均，不具世代结构；常有泥晶方解石包裹体，并常破坏颗粒边界，或与颗粒内的晶体呈衔接生长，形成次生交代边，晶体自形程度差，常呈他形粒状镶嵌结构，按晶粒大小可分以下几类：粒径>2mm 的为巨晶；粒径 0.5~2mm 的为粗晶；粒径 0.25~0.5mm 的为中晶；粒径 0.1~0.25mm 的为细晶；粒径 0.03~0.1mm 的为粉晶（或极细晶）；粒径 0.004~0.03mm 的为微晶；粒径<0.004mm 的为泥晶。

【异化粒灰岩】

异化粒灰岩亦称“粒屑灰岩”，是一种以异化粒为主要组分的石灰岩。按异化粒的种类不同，可分为内碎屑灰岩、骨粒灰岩、球粒灰岩、团块灰岩、鲕粒灰岩等。按异化粒之间的填隙物成分又可分为亮晶异化粒灰岩和泥晶异化粒灰岩。

【内碎屑灰岩】

内碎屑灰岩是一种以内碎屑为主要组分的异化粒灰岩。按内碎屑的形状和大小可分为砾屑灰岩（角砾状灰岩）、砂屑灰岩、粉屑灰岩等。它是水盆地中已固结的或弱固结的碳酸盐沉积物，遭受波浪、水流的冲刷、破碎、磨蚀后，再次沉积而成的具有碎屑结构的石灰岩。竹叶状石灰岩便是一种典型的砾屑灰岩。

【竹叶状灰岩】

竹叶状灰岩是一种典型的碎屑砾屑灰岩。通

常呈薄层状产出。它是由圆形、椭圆形扁平砾石平行排列组成的石灰岩；在垂直切面上，砾石的形状似“竹叶”，故得名“竹叶状灰岩”。边缘常见一层黄色或紫红色的氧化铁质圈。砾石大小不等，一般长几厘米至十几厘米，成分单一，多为泥晶方解石。胶结物为微晶方解石、细晶方解石，局部有白云石化现象。它形成于潮汐波浪活动频繁的海滩地区。我国华北寒武系、奥陶系地层中有广泛分布。

【骨粒灰岩】

骨粒灰岩是一种以生物贝壳或生物碎屑为主要组分的异化粒灰岩。按贝壳之间的填隙物成分可分为亮晶骨粒灰岩和泥晶骨粒灰岩。按生物贝壳的完整程度可分为骨粒灰岩及骨屑灰岩。按粒度大小可分为砾状骨粒灰岩、砂状骨粒灰岩、粉砂状骨粒灰岩等。

【贝壳灰岩】

贝壳灰岩是一种由完整的生物贝壳被泥晶方解石固结而成的石灰岩。按生物种类不同可分为腕足类贝壳灰岩、软体动物贝壳灰岩等。也可直接按生物种类命名，如有孔虫灰岩、纺锤虫灰岩等。本类岩石中的生物，一般具原地死亡原地埋藏的特征。

【生物碎屑灰岩】

生物碎屑灰岩又称“生物贝屑灰岩”，是一种由破碎的生物贝壳被碳酸钙胶结而成的石灰岩。它多形成于水流或波浪作用强烈的地区或生物礁的侧翼。本类岩石中的生物一般具异地埋藏的特征。

【球粒灰岩】

球粒灰岩又称“团粒灰岩”，是一种以球粒为主要组分的异化粒灰岩。按球粒之间的填隙物成分可分为泥晶球粒灰岩和亮晶球粒灰岩。泥晶球粒灰岩是藻球粒或粪球粒被泥晶方解石固结或被藻粪黏结而成的，产于潟湖或潮上带低能环境中。亮晶球粒灰岩是泥晶球粒灰岩经过波浪及潮汐水流改造，灰泥被冲洗走，由亮晶方解石胶结而成；也可以是由潮坪上的细屑，经过潮汐水流冲洗、磨蚀、分选后沉积而成的。

【团块灰岩】

团块灰岩是一种以团块为主要组分的异化粒灰岩。按团块之间的填隙物成分可分为亮晶团块灰岩和泥晶团块灰岩。它常形成于海滩地带。

【包粒灰岩】

包粒灰岩是一种以包粒为主要组分的异化粒灰岩。按包粒之间的填隙物成分可分为亮晶包粒灰岩和泥晶包粒灰岩。按包粒的大小可分为粒灰岩、鲕粒灰岩。此外，还有一种以骨骼或岩石碎屑为核心，以藻类或有孔虫作为包壳的灰岩，称为生物包壳灰岩。

【鲕状灰岩】

鲕状灰岩又称“鲕粒灰岩”，是一种以鲕粒为主要组分的石灰岩。按鲕粒之间的填隙物成分可分为亮晶鲕粒灰岩和泥晶鲕粒灰岩。按鲕粒内部的结构特征可分为正常鲕灰岩、薄皮鲕灰岩、假鲕灰岩、变鲕灰岩、负鲕灰岩等。它是兼具化学和机械成因的石灰岩，形成于碳酸钙处于过饱和状态的海、湖波浪活动地带或潮汐通道水流活动地带。波浪和潮汐的作用引起水介质的搅动，每搅动一次，生物碎屑、球粒、内碎屑、陆源碎屑等便处于悬浮状态，同时促使二氧化碳从水体中逸出，过饱和的碳酸钙（文石针）围绕碎屑颗粒沉淀一圈包壳，这样周而复始的搅动，便形成具有一圈圈同心纹包壳的鲕粒。当鲕粒达到一定大小，其重量超过波浪、水流搅动的能量时，便堆积在海底，不再被搅动，并被亮晶方解石胶结，形成亮晶鲕粒灰岩，若鲕粒被带到低能环境中，则形成泥晶鲕粒灰岩。

【化学石灰岩】

化学石灰岩是一种通过化学及生物化学方式沉淀的文石泥转化而成的隐晶质结晶石灰岩。致密，具贝壳状断口，温暖浅水有利于水分蒸发及藻类进行光合作用从海水中释放二氧化碳，大量沉淀文石泥。因此它多形成于气候温暖的浅海、湖泊地区。此外，形成于温泉出口处的石灰华也属于化学成因的石灰岩。

【石灰华】

石灰华是一种白色多孔的泉华状石灰岩。形态不规则，内部常含小草、苔藓等植物或上述植物腐烂后留下的空隙。它是饱和碳酸钙的泉水到达地表后因压力降低释放出二氧化碳，碳酸钙围绕水草或在泉水出口处沉淀而成的。

【豹皮灰岩】

豹皮灰岩是一种具黄色、褐红色不规则斑纹的石灰岩。貌似“豹皮”，故得名。通常基质部分为隐晶质方解石或微晶方解石，斑纹部分含有较多的白云石。它可能是石灰岩在成岩过程中发生白云石化而形成的；白云石化作用常选择石灰岩中渗透性较好的条带或斑块进行。此种灰岩在我国寒武纪、奥陶纪地层中较常见。

【礁灰岩】

礁灰岩是一种由具有原地固着生长状态的生物骨架构成的石灰岩。这些生物具有抗浪本能，因而能造成坚固的抗浪构造，如岗陵状、脊状、不规则状的骨架灰岩体，特称为“礁”。它比周围同时期沉积物要高得多。主要造礁生物有群体珊瑚、钙藻类、苔藓虫、层孔虫、海绵、牡蛎蛤等。共栖生物有腕足类、棘皮动物、软体动物等。由于生物礁灰岩多孔，渗透性良好，因此常是石油、天然气储积的有利岩石。此种灰岩在我国西南泥盆纪和二叠纪地层中颇为发育。

【生物礁灰岩】

生物礁灰岩是一种略高出周围海底的异地或原地生物骨壳堆积而成的灰岩。这些生物不具抗浪本能，因而不能形成坚固的抗浪构造，但骨壳常见破碎、磨圆、分选和定向排列，显示波浪水流活动特点。常见的生物礁灰岩有贝屑灰岩、棘屑灰岩、有孔虫纺锤虫灰岩等。

【生物层灰岩】

生物层灰岩是一种由固着生物骨骼构成的层灰岩。不具岗状或丘状形态。如贝壳灰岩层、海百合灰岩层、海藻灰岩层等。

【藻灰岩】

藻灰岩是一种由钙藻堆积而成的石灰岩，或者通过藻类的生命活动过程产生。如红藻类的珊瑚藻科及绿藻类的伞藻科、毛藻科等，可以分泌钙质或促使水介质沉淀出钙质，构成坚硬钙质鞘或钙质骨骼，直接形成岩石。也可以通过藻类的特殊生长方式（如蓝绿藻的生命活动过程），形成一种具有迭层构造的灰岩。藻灰岩在我国震旦纪地层中较常见。

【迭层灰岩】

迭层灰岩亦称“迭层石”，是一种具迭层构造的石灰岩。迭层在平面上是水平层状或呈波状起伏，更常见的是向上鼓起；在剖面上则呈大小不一的馒头状或相互平行的掌状体，亦可出现球状体。内部则具平行的细纹层。它形成于蓝绿藻的群体中。蓝绿藻丝状体能分泌出胶状黏液，捕获各种漂移的灰泥球粒，形成富屑纹层，然后藻细胞生长，展布在富屑纹层的表面，形成富藻纹层。如此一再重复便形成迭层构造。若构成纹层的成分是白云石则称迭层白云岩。我国震旦纪地层中有大量的迭层石。迭层石常指示潮汐环境。

【白垩】

白垩是一种白色疏松的土状石灰岩，主要化学成分是碳酸钙，矿物成分是生物泥晶方解石，可含少量石英、长石等杂质。有人认为白垩是富含生物方解石软泥（而不是富含文石软泥）的原生堆积物，在成岩过程中不会出现文石转变为方解石的重结晶过程，因此岩石得以保存它的原生孔隙与硬度。在电子显微镜下可以看到白垩大部分是由颗石藻组成，这说明白垩形成于温暖浅海，一般水深为54~90m。

【泥晶灰岩】

泥晶灰岩又称“灰泥岩”“微晶灰岩”等，是石灰岩的主要类型之一。本类岩石几乎全由直径为0.001~0.004mm的灰泥（又称泥晶）组成，仅含少量异化粒。它在结构上相当于陆源黏土岩。常形成于低能环境，如潟湖、潮上带、浪基面以下的深水区。有些泥晶灰岩处在软泥阶段被生物扰动或遭受滑动变形，形成所谓的“扰动泥晶灰岩”。

【结晶灰岩】

结晶灰岩亦称“晶粒灰岩”，是一种主要由方解石晶粒组成的石灰岩。它常常是泥晶灰岩或其他类型灰岩通过重结晶形成的，按晶粒的大小可以细分为粉晶灰岩、细晶灰岩、粗晶灰岩等。

【障积灰岩】

障积灰岩属生物丘灰岩沉积物中含茎状、树枝状骨骼化石，并保持生长状态，对灰泥粉屑杂基堆积起障碍作用；杂基数量很多，但一般分选差。如海绵泥晶灰岩、枝状珊瑚泥晶灰岩等。

【生物黏结灰岩】

生物黏结灰岩是一种主要由相互黏结的生物组成的石灰岩。板状、纹层状生物被大量灰泥粉屑杂基黏结及包壳，无自身支撑的生物组构。如迭层石灰岩。

【钙结岩】

钙结岩是一种由于土壤里的水分蒸发、沉淀而成的石灰岩或白云岩。它形成于半干燥气候区。因为蒸发量超过降雨量，土壤里的水分通过毛细管作用上升到地表，经过蒸发浓缩，沉淀出方解石或白云石。常见于山麓冲积扇及崩积层中。

【盐溶角砾岩】

盐溶角砾岩是一种产于膏盐系中的碳酸盐岩角砾岩。碳酸盐岩中的石盐、硬石膏、石膏等夹层，由于进入地下潜水带，被淡水溶解，于是碳酸盐岩在上覆岩层的重荷压力下，被压碎崩塌，其角砾呈尖棱角状，杂乱堆积，随后被方解石或白云石充填胶结起来，便形成盐溶角砾岩。此种岩石层位稳定，但不成层。底面较平整，但顶面不整齐。

【白云岩】

白云岩是一种以白云石为主要组分的碳酸盐岩。常混入方解石、黏土矿物、石膏等杂质。外貌与石灰岩很相似，滴稀盐酸极缓慢地微弱发泡或不发泡。白云岩风化面常有白云石粉及纵横交叉的刀砍状溶沟，且较石灰岩坚韧。白云岩按成因可分为原生白云岩、成岩白云岩及后生白云岩，后两种称交代白云岩或次生白云岩。按结构可分为结晶白云岩、残余异化粒子白云岩、碎屑白云岩、微晶白云岩等。白云岩在冶金工业中可用作熔剂和耐火材料，在高炉炼铁中作为熔剂，部分也用来提炼金属镁；在化学工业中用以制造钙镁磷肥、粒状化肥、硫酸镁等。此外还可用作陶瓷、玻璃的配料和建筑石材。

【原生白云岩】

原生白云岩是指通过化学沉淀作用或同生交代作用形成的白云岩。化学沉淀白云岩是在高盐度的海湾、潟湖、蒸发潮坪或内陆咸水湖泊中直接沉淀白云石而成；同生交代白云岩是咸水盆地中的镁离子或潮坪沉积物上部浓咸水中的镁离子，置换底部碳酸钙灰泥中的一部分钙离子而成。原生白云岩的特征是成层稳定，生物化石稀少（藻类例外），呈半自形他形微晶结构。常与石膏、硬石膏共生。

【成岩白云岩】

成岩白云岩是指碳酸钙沉积物与渗透咸水中的硫酸镁或氯化镁反应，方解石被白云石交代形成的白云岩，其中的白云石常呈半自形或自形菱面体，晶体中心常因含残余微细方解石包裹体而混浊不清，晶体边缘常具明亮环带构造。成岩白云岩常呈似层状或透镜状、斑块状产于石灰岩之中，沿一定层位分布，与灰岩的接触界线不整齐，横向上渐变为白云质灰岩或石灰岩。成岩白云岩常具原来被交代石灰岩的残余结构，如鲕粒、球粒、生物结构等。由于方解石被白云石交代，体积缩小，因而成岩白云岩孔隙发育，常为油气良好储层，也可成为层控矿床的控矿层。

【后生白云岩】

后生白云岩是一种在后生作用阶段，石灰岩中的方解石被白云石交代而形成的白云岩。由于富含镁的深部地下水在石灰岩裂隙中不断循环而发生交代作用，后生白云岩中的白云石多呈自形菱面体，晶体粗大而且比成岩白云石干净、透明，不具环带，不含泥状方解石和黏土包裹体。常具石灰岩的各种残余结构。后生白云岩的分布常有一定的局限性，一般呈不规则透镜状、脉状或枝状。产于石灰岩裂隙及断层附近，延伸不远，不显层理，无一定层位。孔隙发育，常可富集某些金属硫化物而形成矿床。

【结晶白云岩】

结晶白云岩是一种具结晶粒状结构的白云岩。按晶体颗粒大小可分为隐晶白云岩、微晶白云岩、细晶白云岩和粗晶白云岩。

【异化粒白云岩】

异化粒白云岩又称“粒屑白云岩”。是一种以异化粒为主要组分的白云岩。其结构特征与异化粒灰岩相同。按异化粒的种类不同可分为内碎屑白云岩、球粒白云岩、包粒白云岩、团块白云岩等。多系异化粒灰岩经过白云石化形成。

【包粒白云岩】

包粒白云岩是一种以包粒为主要组分的异化粒白云岩。按包粒的大小可分为豆粒白云岩、鲕粒白云岩。

【鲕状白云岩】

鲕状白云岩又称“鲕粒白云岩”。是一种具鲕状结构的白云岩。鲕粒具有核心及泥晶白云石的同心纹包壳，胶结物为亮晶白云石。按鲕粒的大小可分为鲕粒白云岩、豆粒白云岩。它常出现于震旦纪地层中。

【碎屑白云岩】

碎屑白云岩是一种具碎屑结构的白云岩。碎屑成分为各种白云岩碎块或白云岩晶屑，胶结物为白云石。按碎屑的形状和大小可分为砾状白云岩、角砾状白云岩、砂状白云岩和粉砂状白云岩。它常在白云岩中呈厚度不大的夹层，是在蒸发潮坪环境中由于干裂及潮流活动形成的。

【藻白云岩】

藻白云岩是一种由藻类生物遗体组成的白云岩。藻类的形态多样，常见的有球粒状、松柏枝状、线状、波纹状、迭层状等。多出现于高盐度的潮坪及潟湖环境中。我国华北及西南震旦纪地层中藻白云岩较为发育。

【泥灰岩】

泥灰岩是一种介于碳酸盐岩和黏土岩之间的过渡类型岩石。由黏土质点与碳酸盐质点组成，呈微粒或泥状结构，一般粒径在 0.1mm 以下。常分布在石灰岩和黏土岩的过渡地带，夹于薄层石灰岩或黏土岩之中，呈薄层状或透镜状产出。与石灰岩的区别之处是，泥灰岩滴稀盐酸后，多有暗色泥质残余物产出。在我国各地的海、湖相沉积中均有分布，泥灰岩可用作水泥原料和建筑石料。

第三章　变质岩

【斜长角闪岩】

斜长角闪岩又称“角闪岩”，是主要由角闪石和斜长石组成的中、高级区域变质岩。角闪石和斜长石的含量相近。可含少量石英、铁铝榴石、黑云母、单斜辉石和斜方辉石。常为中、细粒纤状变晶结构，可具有块状、条带状或芝麻点状构造。斜长角闪岩的原岩可以是辉长岩和辉绿岩等侵入岩、玄武质熔岩或凝灰岩、泥质灰岩或钙质页岩等，但是要准确鉴定是哪种原岩形成的斜长角闪岩，需要对斜长角闪岩的产状、接触关系、结构构造、矿物成分、地球化学和副矿物特征等做综合研究。这是一类很重要的变质岩，一般为纤状、粒状变晶结构，亦可为片状或片麻状。粒度变化不定。有时还可出现条带状、斑杂状、雪花状或芝麻点状等特殊结构，可能与原岩类型有密切的关系。其矿物变化受变质温度影响较明显。

【角闪岩】

角闪岩是普通角闪石含量大于 90% 的区域变质岩石。岩石中除含普通角闪石外，可含少量辉石、石榴子石、斜长石、石英等。一般具中粗粒纤状变晶结构和块状构造，有时呈片状构造，可称为片状闪岩。闪岩常与麻粒岩相或角闪岩相的变质岩密切共生，主要是超基性岩经中高级变质作用的产物。

【辉石岩】

辉石岩是辉石含量大于 85% 的区域变质岩石。主要由透辉石或（和）紫苏辉石组成，可含少量普通角闪石、石榴石、斜长石、石英、磁铁矿等，有时还可含少量黑云母。一般具中粗粒变晶结构和块状构造。常呈小透镜体或夹层产出，与麻粒岩相或角闪岩相的变质岩密切共生。它是超基性岩或富镁铁的不纯白云质岩石经中高级变质作用的产物。辉石是一种常见的造岩硅酸盐矿物，广泛存在于火成岩和变质岩中，由硅氧分子链组成主要构架，晶体结构为单斜晶系或正交晶系，主要成分为 XY（Si，Al）$_2$O$_6$。其中，X 代表钙、钠、镁、二价铁，也有一些锌、锰和锂等种类的离子；Y 代表较小的离子，如氯、铝、三价铁、钒、钪等。

【榴辉岩】

榴辉岩是一种高温高压变质岩，含绿辉石、石榴子石，常常含蓝闪石等矿物。超高压环境形成的榴辉岩可含柯石英和（或）金刚石。榴辉岩是一种变质岩，由区域变质作用形成。是由绿辉石和富镁的石榴子石组成的高压变质岩。其中绿辉石为含透辉石、硬玉等的单斜辉石，石榴子石为含钙的铁镁铝榴石。可含石英、蓝晶石、尖晶石、顽火辉石、橄榄石、金红石、硬柱石等，有的还含蓝闪石、普通角闪石、黝帘石、榍石等矿物，但不含斜长石。榴辉岩在岩石学分类上属高温高压变质岩类，地表出露十分稀少，产状十分复杂，一般在造山带的核部，常常代表古板块的边界。它可成为金伯利岩中的包体，也可在石榴橄榄岩中呈条带产出，榴辉岩可与某些麻粒岩相岩石共生，也可以在高压变质带中同蓝闪石片岩共生。

【榴闪岩】

榴闪岩是主要由石榴子石和角闪石组成的区域变质岩石。一般不含或含极少量斜长石。成因比较复杂，常与榴辉岩密切共生，可能是榴辉岩经退化变质作用的产物，也可能是由于其他成因所形成。

【大理岩】

大理岩是一种变质岩，又称“大理石”，因中国云南省大理县盛产这种岩石而得名。由碳酸盐岩经区域变质作用或接触变质作用形成。主要由方解石和白云石组成，此外还含有硅灰石、滑石、透闪石、透辉石、斜长石、石英、方镁石等。具粒状变晶结构，块状（有时为条带状）构造。通常白色和灰色大理岩居多。其中，质地均匀、细粒、色白者，又称汉白玉。一般认为，大理岩可形成于不同的温度和压力条件下，如透闪石大理岩形成于低温和中温条件下，透辉石大理岩、镁橄榄石大理岩则形成于中高温变质条件下。大理岩分布广泛，如中国的云南、山东、北京房山等地均产大理岩。许多有色金属、稀有金属、贵金属和非金属矿产在成因上都与大理岩有关。其本身也是优良的建筑材料和美术工艺品原料。大理岩硬度不大，易于开采加工，板材磨光后非常美观，可作为室内装饰材料；开采和加工中的废料，可制成工艺品或经轧碎作生产水磨石、水刷石等的优质集料。少数高度致密均质的可供艺术雕刻和装饰使用。

【钙硅酸盐岩】

钙硅酸盐岩是指主要由钙镁（铁）硅酸盐矿物组成的区域变质岩。柱粒状变晶结构，块状或条带状构造。以不具定向构造区别于钙质片岩和钙质片麻岩。它包括钙质千枚岩、钙质片岩、钙质变粒岩、钙质片麻岩和具有块状构造的钙硅酸盐岩。具块状构造的钙硅酸盐岩，其矿物成分与钙质片岩或钙质片麻岩相似，但不具定向构造，可根据其中的矿物成分直接命名，如方解绿帘透闪石岩、绿帘角闪透辉石岩等。本类岩石若为热接触变质成因的，通常称为角岩；若为接触交代变质作用形成的，则称为矽卡岩。

【刚玉岩】

刚玉岩是以刚玉为主的区域变质岩石，也是重要的刚玉矿石。由刚玉、磁铁矿或钛磁铁矿组成，其他矿物可有长石、云母、矽线石等。它们是铝土矿经高级变质作用的产物。

【磷灰石岩】

磷灰石岩是含磷灰石小于50%的区域变质岩石，是重要的磷矿石。主要由磷灰石、方解石、白云石、白云母、石英、长石等组成。它们是富含磷的沉积物经变质作用的产物。

【角岩】

角岩又称“角页岩”，是一种“变质岩”，是具有细粒粒状变晶结构和块状构造的中高温热接触变质岩石的统称。原岩主要为黏土岩、粉砂岩、火成岩和各种火山碎屑岩。变质后全部重结晶，一般不具有变余结构。主要由长石、云母、角闪石、石英、辉石等组成，还含少量有矽线石、堇青石、红柱石、石榴子石等。岩石外表一般为深色，有时为浅色，致密坚硬。角岩按主要矿物成分可分为云母角岩、长英质角岩、钙硅角岩、基性角岩、镁质角岩等。还可根据其中主要矿物和特征变质矿物详细命名，如堇青石黑云母角岩、长英质角岩等。角岩一词的应用范围尚不完全一致。通常将全部重结晶并具变晶结构、块状构造的热接触变质岩石称为角岩，对未全部重结晶的浅变质岩石，则称为变质黏土岩、变质粉砂岩等。也有人把所有具块状构造的热接触变质岩（包括未全部重结晶的）均称作角岩。

【蛇纹岩】

蛇纹岩主要是由超基性岩受低温和中温热液交代作用，使原岩中的橄榄石和辉石发生蛇纹石化所形成。蛇纹岩一般呈暗灰绿色、黑绿色或黄绿色，色泽不均匀，质软，具滑腻感。常见为隐晶质结构，镜下可见显微鳞片变晶或显微纤维变晶结构，具致密块状或带状、交代角砾状等构造。矿物成分比较简单，主要由各种蛇纹石组成。

【滑石菱镁岩】

滑石菱镁岩是一种主要由滑石和菱镁矿组成的变质岩石。主要由超基性岩或蛇纹岩在富含二氧化碳的热液作用下所形成。岩石主要由滑石、菱镁矿和其他碳酸盐矿物（方解石、白云石等）及石英等组成，有时含少量蛇纹石、透闪石、磁铁矿、尖晶石、铬云母、黄铁矿等。岩石一般为浅色，如灰白色、浅绿色、粉红色等，具中细粒鳞片粒状变晶结构和块状构造。若岩石具明显的片状构造，可称为滑石菱镁片岩。

【蓝闪石片岩】

蓝闪石片岩又称“蓝片岩”，是含有蓝闪石或硬柱石、硬玉、文石等高压低温变质矿物的区域变质岩石的通称。它们的变质作用属于蓝闪石-硬柱石片岩相（又称蓝片岩相）的范围。一般具细粒鳞片变晶结构或纤状变晶结构，片状构造。矿物成分中可有蓝闪石、铝铁闪石、钠闪石、钠铁闪石、硬柱石、硬玉、硬玉质辉石、霓石、石英、绿纤石、绿泥石、方解石或文石，有时可含有钠长石、绿帘石、阳起石、石榴石、黑硬绿泥石、红帘石等。蓝闪石片岩常与绿片岩、榴辉岩等共生，主要分布于环太平洋褶皱带、阿尔卑斯山脉及乌拉尔山脉等地。关于蓝闪石片岩的成因，一般认为其属于高压低温区域变质作用的产物。板块构造学说认为它是由于大洋板块沿毕尼奥夫带向大陆板块下部俯冲时所形成的高压低温变质条件下的产物。也可能有一部分是由于钠质交代原来岩石形成的。

【绿岩】

绿岩是由中基性火山岩经低级区域变质作用形成的浅变质岩石。原岩类型主要为海底喷发的玄武岩、玄武安山岩及辉绿岩等。岩石一般为绿色，致密块状，片理一般不发育，具变余枕状构造和变余杏仁状构造，常见矿物为绿泥石、绿帘石、黝帘石、阳起石、钠长石、石英、绢云母、方解石和磁铁矿等。变质程度属于绿片岩相的范围。

【片麻岩】

片麻岩是指含长石、石英较多，粒度较粗（一般大于1mm），具明显片麻状构造的变质岩石。岩石中长石（钾长石、斜长石）和石英的含量大于50%，长石含量一般大于石英。片状或柱状矿物可以是云母、角闪石、辉石等。有时可含矽线石、蓝晶石、石榴石、堇青石等特征变质矿物。一般为变质程度较深的区域变质岩石，但在高温热接触变质作用时也可以形成片麻岩。片麻岩一般根据长石种类及主要的片状或柱状矿物详细命名，如黑云（钾长）片麻岩、角闪（斜长）片麻岩等；当长石种类未定时，则长石不参加命名。片麻岩的类型不同，其原岩成分及变质条件亦不相同。

【钙质片麻岩】

钙质片麻岩是含有一定数量钙镁（铁）硅酸盐矿物和碳酸盐矿物的片麻岩的通称。岩石主要由斜长石、石英、云母、普通角闪石、透辉石、方柱石、钙铝榴石或紫苏辉石等组成。其中可含方解石或白云石，但含量不大于50%。是钙质页岩经高级变质作用的产物。钙质片麻岩可根据其中的矿物成分详细命名，如角闪透辉斜长片麻岩、透辉方柱斜长片麻岩等。

【斜长片麻岩】

斜长片麻岩是指长石成分主要为斜长石（不含或含少量钾长石）的片麻岩，是片麻岩中最常见的岩石类型。主要由中酸性斜长石、石英、黑云母、普通角闪石或透辉石、紫苏辉石等组成。是中酸性火成岩、凝灰岩、粉砂岩或硬砂岩经中高级变质作用的产物。

【碱性长石片麻岩】

碱性长石片麻岩是指长石成分主要为碱性长石的片麻岩。由钾长石、酸性斜长石、石英、黑云母、普通角闪石等组成。是酸性火成岩或长石砂岩经高级变质作用的产物。

【变粒岩】

变粒岩是一种含长石、石英较多，含云母或其他暗色矿物较少（一般少于30%），具细粒等粒粒状变晶结构（一般小于1mm）的区域变质岩石。岩石中的长石含量一般大于石英，可以是中酸性斜长石、钠长石或微斜长石，暗色矿物可以是黑云母、普通角闪石、透闪石、透辉石、电气石、磁铁矿等。由于岩石中的片状或柱状矿物常呈定向排列，故岩石具有似层理或片理构造。变粒岩与片麻岩的主要区别是变粒岩的结构较细，暗色矿物的含量比片麻岩少，但两者之间常有过渡类型存在。变粒岩是粉砂岩、硬砂岩、基性-酸性凝灰岩及少量中酸性熔岩经中级变质作用的产物。

【浅粒岩】

浅粒岩又称“白粒岩”，是一种含暗色矿物很少、颜色很浅的具细粒粒状变晶结构的区域变质岩石。岩石中长石和石英的含量大于90%（长石含量大于25%），少量矿物可以是黑云母、角闪石、电气石、磁铁矿、铁铝榴石等，可分别称为黑云母浅粒岩、角闪石浅粒岩、电气石浅粒岩、磁铁矿浅粒岩、铁铝榴石浅粒岩等。它们是酸性火山岩（包括凝灰岩）或长石砂岩经变质作用后的产物。

【麻粒岩】

麻粒岩又称“粒变岩”，是一种在高温和中压或高压下稳定的区域变质岩石。其特征是，岩石中的含水矿物（如角闪石、黑云母等）均不稳定，一般含量很少或不出现。暗色矿物中主要为辉石（常见为紫苏辉石、透辉石），浅色矿物中有长石（斜长石、钾长石、条纹长石、反条纹长石）和石英，有时含石榴石、矽线石、蓝晶石、堇青石等。一般为中粗粒（有时为细粒）不均粒粒状变晶结构，具不明显的片麻状构造或块状构造。它们的变质作用属于典型的麻粒岩相的范围。由于原岩成分不同，麻粒岩中暗色矿物的含量亦不同，因此常分为两种类型：一种是暗色矿物含量大于30%时称为深色麻粒岩或基性麻粒岩（如紫苏辉石麻粒岩等）；一种是暗色矿物含量少于30%时称为浅色麻粒岩或酸性麻粒岩（如矽线石榴长英麻粒岩等）。

【石英岩】

石英岩是指石英含量大于85%的变质岩石。由石英砂岩或硅质岩经区域变质作用或热接触变质作用而形成。由于原岩所含杂质和变质条件的不同，岩石中除含石英外，还可含少量长石、绢云母、绿泥石、白云母、黑云母、角闪石、辉石等。一般具粒状变晶结构及块状构造，有时可具条带状构造。石英岩分布较广，是优良的建筑材料和制造玻璃的原料。

【含铁石英岩】

含铁石英岩是主要由石英和铁矿矿物（磁铁矿、赤铁矿、假象赤铁矿）组成的区域变质岩石，也是重要的贫铁矿石，平均含铁量为20%～40%。岩石中还可含少量角闪石（铁闪石、镁铁闪石等）和辉石（透辉石、紫苏辉石）等。一般具宽度不等的条带状构造，有时为片麻状构造或块状构造。一般认为是含铁硅质岩经变质作用后的产物。当含铁量大于20%时即可作为铁矿石开采。含铁石英岩根据其中铁矿矿物的种类不同可分为磁铁石英岩、赤铁石英岩、假象赤铁石英岩等。

【角闪质岩石】

角闪质岩石是以普通角闪石为主要暗色矿物的区域变质岩石的通称。岩石中浅色矿物主要为斜长石，有的还含有不定量的石英，暗色矿物除普通角闪石外，可含有少量绿帘石、透闪石、镁铁闪石、透辉石、黑云母、铁铝榴石等，构造可为片状、片麻状、条带状或块状。根据岩石中普通角闪石、斜长石、石英的相对含量，可分为角闪片岩、角闪变粒岩、角闪斜长片麻岩、斜长角闪岩及闪岩。

第四章　河南省各类岩石分布概况

第一节　河南省山脉分布

河南省地表出露基岩区主要集中在北部的太行山区、西部及南部山区，包括王屋山、小秦岭、崤山、熊耳山、嵩山、外方山、伏牛山及桐柏山、大别山。东部大部分地区为黄淮冲积平原，为第四纪冲积物、洪积物，西南有南阳盆地。

第二节　太行山区出露的地层和岩石

太行山地区出露以古生界地层为主，尤其是下古生界地层。南部出露地层较新，越往北越老，北部出露有中元古界浅变质紫红色石英砂岩，零星出露太古界片麻岩。

最下层的古老变质岩是太行山“根”，是形成于距今约18亿年至30亿年的片岩、片麻岩、大理岩等岩石；早在28亿年前，太行山地区被海水淹没，沉积了巨厚的碎屑岩、含铁硅质岩及碳酸盐地层，受五台运动和吕梁运动的影响，区内古老的地层普遍遭受褶皱、变质，并伴随有断裂和岩浆的侵入。至距今18亿年，形成了混合岩化的结晶基底岩层。

第二层的红色嶂石岩，形成于距今18亿年至15亿年之间的中元古界长城系，覆盖在古老变质岩之上，在地貌上形成被誉为“万丈红绫”的赤壁长崖。1992年，地理学家郭康以河北赞皇县嶂石岩为典型，将其命名为“嶂石岩地貌”。

第三层为白色石灰岩，实际上包括石灰岩、白云岩等多种可溶的碳酸盐类岩石。在时代上它又分为两段，较老的一段形成于距今14亿年左右至10亿年左右，属长城系至蓟县系，主要是白云岩；较新的一段形成于距今6亿年左右至4亿年左右，属寒武系至奥陶系，主要是石灰岩。

第四层的黑色含煤层，形成于距今3亿年左右至2.5亿年左右，包括石炭系至二叠系，当时的太行山处在海陆交互的环境中，植物繁茂，所以这一时期成为重要的成煤期。黑色含煤层覆盖在白色石灰岩之上，太行山乃至华北之所以成为中国最重要的煤炭基地，正是由于这层黑色含煤层的存在。

第五层为中生代岩层，形成于距今2.5亿年至1.4亿年之间，包括三叠系和侏罗系，它是当时太行山地区完全进入大陆环境以后的泥沙及火山物质堆积。

第六层是新生代黄土，主要形成于距今200多万年以来的第四纪。

第三节　西部及南部山区出露的地层和岩石

西部和南部山区出露的地层从时代上来说与太行山区相似，只不过老地层出露更多一些，西部和南部山区地处华北板块的南缘，由于板块的抬升作用，使得下部的老地层出露较多。主要是太古宇和元古宇地层增多。此外，岩浆岩出露很广，尤其是燕山期花岗岩。

河南省地处秦岭造山带的东段，是华南与华北板块的结合带。由于华南、秦岭、华北板块的俯冲碰撞作用，构造运动复杂，岩浆活动十分强烈，不同时代、不同成因类型、不同构造体制下的花岗岩非常发育。

河南省花岗岩类分布非常广泛，出露面积大于14500km^2，约占全省面积的8.7%，占基岩区面积的32.2%，占整个秦岭-大别山造山带花岗岩类（40000km^2）的36.2%。是我国著名的花岗岩密集区。主要分华北板块岩浆岩区和秦岭岩浆岩区。

第四篇　宝玉石

引　言

本篇内容主要分为宝玉石鉴定方法及宝石、玉石及印章石等几个部分。仪器部分的介绍以宝玉石鉴定专用且常用仪器为主，对于一些大型非专用的分析仪器不再介绍。宝石部分重点介绍钻石、红蓝宝石、祖母绿、金绿宝石，对中低档宝石也有介绍，如海蓝宝石、碧玺、紫牙乌等。玉石部分重点介绍翡翠、和田玉、南阳玉及岫玉，此外，如石英岩质玉石、绿松石、青金石等也有介绍。印章石近些年升值很快，价格也很高，也有可能成为盗窃和抢劫的目标，在本篇中也做了介绍。本篇主要是帮助读者了解宝玉石常用的鉴定仪器和方法，了解珍贵宝玉石及常见宝玉石的鉴定特征及一些辨识方法，由于宝玉石的鉴定、辨识和价值评估需要丰富的实践经验和专业知识，因此不能通过简单地看书，就期望解决所有问题，本书旨在通过这些内容的介绍使读者对宝玉石有个初步了解和认识，至于宝玉石价值的评估，还需由专业部门的专业人士来做。

第一章　宝玉石鉴定方法

第一节　宝玉石鉴定概述

一、宝玉石鉴定的目的及其特点

宝玉石鉴定的目的主要是：鉴定宝玉石的品种、宝玉石的质量及宝玉石的加工情况，以便给宝玉石的经济评价提供依据。

宝玉石鉴定的最大特点是：在宝玉石不受任何损坏的情况下测试宝玉石的物理、化学特性。

二、宝玉石鉴定的步骤

宝玉石鉴定的步骤大致可分四步：①肉眼鉴定；②简便的仪器检测；③稳定的物理常数验证；④签发鉴定报告。

三、宝玉石鉴定注意事项

（1）送样者应该写送样单，并在其上详细地填写送鉴样品的特点，如颜色、重量（尺寸）、形状及瑕疵的所在位置等，以消除调换之嫌。

（2）经过三个以上可信的测试数据相互验证，综合分析所有的鉴定特征后再填写鉴定报告。

（3）鉴定者填写完鉴定报告后，需交第二者复查，并在鉴定报告上签署“同意”或“不同意”的意见。

（4）最大限度地避免鉴定过程对样品的损害。

（5）浸油、重液或清洗剂对有机宝石有溶解的能力，应避免与它们接触。

（6）紫外线及X射线属高能量射线，对无色透明宝石的颜色会造成损害，建议尽是避免使用。

（7）浸油和重液多具浅黄色，易对多孔宝石造成颜色污染，建议颜色淡雅的多孔宝石不要接触重液。

第二节　宝石的肉眼鉴定

肉眼鉴定是宝石鉴定的基础，通过肉眼对宝石的颜色、透明度、光泽、色散、特殊光学效应、包体特征等直观现象的观察，对样品的各种属性有一个初步的确认。

一、颜色及多色性

1. 观察方法

（1）在白色的背景上使用顶光照射（反射光）观察宝石表面，决不能用透射光来判断颜色。

（2）光源用自然光。

2. 颜色的三要素

（1）色调：指彩色的类别，可以用主波长表示。

（2）饱和度：颜色的鲜艳程度。

（3）亮度：彩色的明亮程度。

3. 多色性

多色性是指宝石晶体在透射光下，不同方向呈现不同颜色的现象。

二、透明度

透明度是指宝石透过可见光的能力。

（1）透明：可充分透过光线，通过宝石可极明显地透视物体，如优质钻石。

（2）半透明：宝石能透光，通过宝石可透视物体，但不太清楚。

（3）亚透明：虽可透光，但不能透视物体，如高档翡翠。

（4）半亚透明：透光很少，如优质玛瑙。

（5）不透明：磨成极薄的薄片也不透明，如青金石、孔雀石。

三、光泽

宝石表面的总光量称为光泽。

宝石的光泽与透明度和折光率有关（表4-1），透明度高，光泽弱；折光率高，光泽强。

表4-1　常见宝石的光泽和折光率

光泽	折光率	宝石名称
金属光泽	>3	赤铁矿
金刚光泽	2~2.6	金刚石
亚金刚光泽	1.90~2	锆石
强玻璃光泽	1.70~1.90	金绿宝石、钙铝榴石
玻璃光泽	1.54~1.70	尖晶石、电气石、水晶
亚玻璃光泽	1.21~1.54	欧泊、萤石
蜡状光泽		绿松石
树脂光泽		琥珀、塑料
丝绢光泽		木变石、虎睛石
珍珠光泽		珍珠
沥青光泽		煤玉

四、色散

色散简单地说就是将七色光组成的白光分解成单色光的性质。这是由于同一宝石对不同的色光的折射率不同，因此当白色光斜射入宝石时，不同的色光因折射角不同而发生分离的现象。常见宝石的色散度见表4-2。

各种磨好的宝石均具色散，但色散的清楚程度取决于宝石本身的色散度及颜色，颜色深的宝石会掩盖其色散现象。

表4-2　常见宝石的色散度

宝石名称	色散度	宝石名称	色散度	宝石名称	色散度
水晶	0.013	橄榄石	0.020	钻石	0.044
绿柱石	0.014	尖晶石	0.020	钆镓榴石	0.045
黄玉	0.014	镁铝榴石	0.022	榍石	0.051
锂辉石	0.017	锰铝榴石	0.027	钙铁榴石	0.057
电气石	0.017	钇铝榴石	0.028	立方氧化锆	0.060
蓝宝石	0.018	锆石	0.038	钛酸锶	0.190

五、特殊光学效应

1. 猫眼效应

弧面宝石在光线照射下，在宝石表面呈现可以平行移动的丝绢状光带，像猫眼睛的虹膜，这种现象称为猫眼效应。

2. 星光效应

弧面宝石在光线照射下，在宝石表面呈现相互交会的四射、六射或十二射星光状光带，好似夜空中的星光，这种现象称为星光效应。

3. 月光效应

月光石是钾、钠长石双晶交替排列，构成格子状结构的微斜长石。格子双晶层的厚度很小，为50~100nm，这两组相互近似垂直的双晶纹，对入射光造成散射，密集的散射光线集中在一起，形成朦胧状的蔚蓝色乳白晕色，如同月光，这种现象称为月光效应。

4. 变彩效应

在同一宝石界面上可以同时显示出多种光谱色的现象称为变彩效应，如欧泊。

5. 变色效应

在日光下呈绿色，在白炽灯下呈紫色的现象称为变色效应，如变石。

6. 砂金效应

透明宝石内部含有许多不透明的固态包体，如细小云母片、黄铁矿、赤铁矿和小金属片等，当观察宝石时，包体对光的反射作用使宝石呈现许多星点状反光点，宛若水中的砂金，这种现象称为砂金效应。如日光石。

六、内部包体特征

1. 解理

（1）在宝石原料的表面观察。

（2）当解理以宝石断口表现时，往往呈一种阶梯状，对光线有不均匀的散射。

（3）当解理在宝石内部时，我们一般看到一些近于平直的片状“闪光”或“虹彩”。

（4）宝石不具解理，则往往为贝壳状断口或见到一些弧形的闪光面。

2. 色带

色带是某些宝石的典型内部特征，如天然蓝宝石往往会有与晶面平直的色带，而在合成蓝宝石中可观察到弧形的生长纹或生长带，观察的关键是转动宝石从各个角度观察。

3. 固体或金属矿物

该类包体在透射光下能见一定形态，金属矿物不透明，在反射光下可见金属反光。

4. 拼合石的接合缝

（1）上下两部不同。

（2）胶合缝中有气泡。

第三节　宝石放大观察

一、宝石放大观察所使用的仪器

目前所使用的放大设备主要有两种：手持放大镜和宝石显微镜。

手持放大镜有10倍、20倍、30倍等型号，一般常用10倍放大镜，宝石的质量评价也以在10倍放大镜下观察的结果为准。

宝石显微镜的放大倍数可变幅度较大，一般是10~70倍。由底光源座、显微镜支架、目镜、可变放大物镜、物镜组成，辅助设备有提供透射光和反射光的照明光源、镊子。

二、手持放大镜的操作

（1）将放大镜靠近眼睛，双眼睁开，可把手靠在脸上。

（2）用手或宝石夹子把宝石放置到大约与放大镜相距2.5cm的地方，把拿放大镜的手的小指头抵在持样品的手上。

（3）用旁侧光以及无反射的暗背景观察。并使光线照射到样品上，但放大镜上不能有光。

（4）首先观察宝石表面特征，然后再把焦点集中至宝石内部寻找包体、重影等。

三、宝石显微镜的操作

1. 照明

观察宝石内部特征选择底光灯；观察宝石表面特征选择反射灯。

2. 调焦距

用宝石显微镜支架上的旋钮调整焦距，待看清楚后再用可调焦的目镜调焦，直到看清晰为止。

四、宝石放大观察的方法

（1）将样品清洗干净。

（2）用镊子夹住宝石，将台面向上。

（3）选择光源及照明方式。

（4）用低倍镜观察，找出重点，换高倍镜。

（5）升、降镜筒，离开观察深度。

（6）必要时将宝石放入浸油中观察。一般选用与宝石折光率相近的浸油。

五、照明方式的选择

了解和使用不同的照明方式能进一步增加宝石显微镜的作用。

1. 暗域照明法

用侧光照明，并以无反射的黑域为背景，使包裹体在暗背景下明亮、醒目地显示出来。

2. 亮域照明法

宝石由其背后的光源直接照明（光圈常缩得很小），使包裹体在明亮的背景下呈黑色影像醒目地显示出来。这是观察弯曲条纹或其他低凸起的包裹体的有效方法。

3. 垂直照明法

从样品的上方照明，可在反射光中观察样品的表面。

4. 散射照明法

直接从宝石的背后照明，但在光源之上放置面巾纸或其他透明材料，使光线更为柔和及散射，有助于对色环和色带的观察。

5. 水平照明法

在宝石的侧面用细光束照射，从宝石的上方进行观察。使针点状晶体、包裹体和气泡呈明亮影像而十分醒目（笔式手电法）。

6. 点光照明法

通过锁光圈使光源缩成小点并直接从宝石的背后照明，使得弯曲条纹和其他结构更易于观察。

7. 偏光照明法

在两块偏光片之间来观察宝石，能观察到宝石的干涉图、多色性、应变干涉色和其他通常用偏光镜观察的现象。

8. 斜向照明法

细光束从某一斜向角度（如在水平和垂直之间的角度）直接照射到宝石上，可观察固体和液体包裹体、小解理面等产生的薄膜效应（虹彩现象）。

9. 遮掩法

从样品的后面直接照明，但在视域中插入一不透明的挡光板，能戏剧性地增加包裹体的三度空间感，并且有助于确定宝石的生长结构，如弯曲条纹、双晶等。

六、宝石放大观察的内容

（1）观察宝石表面的擦痕及损伤。

（2）寻找裂隙和解理。

（3）观察宝石中包裹体的特征及分布规律。

（4）寻找拼合石的特征：如冠部与底部包裹体不同，或气泡仅分布在一个平面中等。

（5）观察宝石的总体对称性，这或许能确定它是天然宝石还是人造宝石。

七、宝石表面特征与内部特征的区别方法

1. 反射光法

观察宝石并使光线直接从可能有附着物的表面反射回来，如果物体是在该表面上，那么在这种直接照明下，它应是十分显著的。

2. 焦平面法

同时观察物体及其可能附着的表面，如果该物体和表面的大部分视域能同时对焦，那么它很可能是在这一表面上。

3. 摆动法

在宝石围绕其中心转动的同时进行观察，其表面以下的物体与表面上的物体转动的弧线不同。由于包裹体总是比较接近于转动轴，因此它转动的弧线要小于表面上物体转动的弧线。

第四节　折光仪及折光率的测定

一、折光仪简介

折光仪是根据光的全反射原理制造的。它主要是由折光率为 1.81 的铅玻璃磨光为半球形的工作台、刻度尺、目镜和套在目镜上的偏光片组成的。

当光线由光密质的铅玻璃进入光疏质的宝石时，如果入射角稍微大于宝石的临界角，就造成全反射，光线就全反射回玻璃半球内，并透射到根据折光率公式：$N_{宝}=N_{玻}\times\sin\varphi$ 已标定好的刻度尺上，再通过目镜和偏光片放大观察，直接读出标尺上的数值，就是宝石的折光率。折光仪可测定宝石的折光率，以算出双折射率及光性符号。

二、折光仪的操作方法及折光率的测定

1. 平面宝石折光率的测定

（1）清洗工作台和样品。

（2）在工作台上滴上一小滴浸油。

（3）将样品的最大抛光平面放在浸油油滴上。

（4）眼睛距离目镜3~5cm，垂直视野平面观察，并将头上下、左右移动，寻找宝石轮廓。如果在视域测尺上出现暗亮不一的情况，则宝石样品在视域区。如果视域中看不见样品影像，就用手前后、左右推动宝石，直至视域中出现明暗不一的影像为止。

（5）在标尺数值小的一端暗，数值大的一端亮。在明亮交接处有一条灰色或红-蓝色的窄带，在灰带边或红-蓝色窄带中间的读数，就是该宝石的折光率值。

1）单折光率的测定：将偏光片放在目镜上，转动偏光片，观察灰边（或红、蓝边）是否移动，如果灰色窄边（或红、蓝边）不移动，就将宝石转360°，在转动宝石的过程中，灰色窄边仍然不变，就调换样品的测试面，折光率仍不变化，则宝石就只有一个折光率，说明宝石是均质体。

2）双折光率的测定：宝石放在折光仪工作台上，将偏光片放在目镜上来回转动90°，如果发现灰边上下移动，移动的数值就是样品的两个折光率值。

注意：要尽量多测几个面，以尽可能地测出最大双折射率。

2. 弧面宝石和小刻面宝石折光率的测定

（1）取下折光仪的目镜。

（2）用白炽灯照明。

（3）滴上一小滴油。

（4）放上待测的宝石。

（5）观测读数：斑点半明半暗的明暗分界处的值为所测宝石的折光率。

三、注意事项

（1）浸油不宜太多，一般在工作台上的油滴直径为0.5~2mm。

（2）浸油有较强的腐蚀性，测试完毕后要立即清洗工作台。

（3）工作台硬度低，注意保护。

（4）工作台上如有遗留浸油的痕迹，可用二甲苯、二碘甲烷清洗。

（5）宝石的鉴定是采用综合物理常数鉴定法，有些方法可互补。

第五节 偏光器

一、偏光器的原理

偏光器是利用平面偏振光垂直相交、光线不能通过的原理制成的一种简单的光学仪器。

偏光器的主要用途是检测宝石的光性（均质与非均质）和多色性。

二、宝石均质性与非均质性的测定

（1）开照明灯。

（2）调整上偏光片的方位，使其振动方向与下偏光片成90°角相交。

（3）把样品台面向下放在上偏光片和下偏光片之间。

（4）转动宝石360°观察。

1）如果样品全黑，将样品调一个角度，仍然全黑，则样品为均质体。

2）如果样品明亮，转动样品，无明暗变化，可能为隐晶质或微晶集合体。

3）转动样品，有4次明暗变化，则为非均质体。

4）如果样品具灰暗的蛇纹状、网格状或不规则状的现象，此现象可能是均质体的宝石所呈现的异常干涉色。与非均质体的区别是：将宝石旋转到最亮位置，再将上偏光片转动90°，使上偏片方向平行于下偏光片，注意观察宝石的明暗变化。若宝石变的亮，则为异常干涉色，宝石为均质体；若宝石亮度保持不变或变暗，则属非均质体。

三、检查宝石的多色性

转动上偏光片，使其与下偏光片的振动方向一致。在这样的单偏光镜下观察，并转动宝石，就可看到宝石的多色性，从而可以验证宝石的非均质性。

第六节　二色镜

一、二色镜的原理

二色镜是用冰洲石和偏振片制成的仪器。

将二色镜的窗口对着光源，眼睛对准目镜，可以见到二色镜的视域为两个平行的长方形或正方形亮块。

用于测试多色性的宝石必须有颜色、透明，还必须是单晶。玉石不能测多色性。

二、观察多色性的方法

（1）用强的阳光或灯光透射宝石。

（2）眼睛、二色镜和宝石样品均应相距很近，其间距不要超过2~5mm。

（3）边观察边转动二色镜，如发现有颜色变化，就转动二色镜90°，看二色镜内两个视域中的颜色是否互换。如果互换，表明宝石具有二色性。

（4）为避开宝石光轴方向，对每个宝石均应从三个不同方向观测。如有两种颜色，就是二色性，如有三种颜色就是三色性。

第七节　分光器

一、分光器的原理

分光器是由一组棱镜构成的，当自然光进入其中后，就会被分解成一个连续的可见光谱。

分光器有两个套在一起的套管。内管（滑管）装有一组棱镜及目镜。外管套的一端装有可控制进光量的调节狭缝和波长标尺。

宝石的颜色是宝石对可见光选择性吸收后，剩余光波的混合色。宝石中致色的金属元素（铬、镍、钴、钛、锰）吸收的光能，在可见光谱中有固定吸收波段，因此，依据宝石对可见光谱的吸收和透射现象，来研究宝石颜色的组成和致色因子（金属元素的种类或色心致色），可达到鉴别宝石的目的。

1. 吸收带

如玫瑰红色宝石，用分光器观察时，在可见光谱中呈现两种现象：宽的灰黑色吸收带和黑色吸收线。在可见光谱中除红色波段（610~700nm）和青色波段（480~510nm）处能通过红色和青色以外，其余波段的颜色均被吸收，呈灰黑色，这说明玫瑰红色经宝石的颜色是由红色和青色组成的。

2. 吸收线

如玫瑰红色宝石，用分光器观察时在可见光谱中红色波段655nm、675nm、687nm处有三条黑色吸收线；在蓝色波段467nm、477nm、478nm处有三条黑色吸收线，这说明玫瑰红色宝石中含有铬离子，鲜艳的玫瑰红色是由铬离子及少量的铁离子致色。因为铬离子的吸收线集中在红色波段，铁离子的吸收线集中在蓝色波段。

再如由放射性辐照致色的蓝色黄玉，因为它是色心致色，所以在可见光吸收谱中除有颜色的吸收带外，没有金属离子的吸收线。

又如合成红宝石，它是由铬离子致色，不含铁离子，因此它的吸收谱除在蓝色波段没有铁的黑色吸收线外，其他吸收特征与天然红宝石完全一样。

二、宝石吸收光谱的观察方法及注意事项

（1）用强光源使光透射或从宝石表面反射，用手平稳地持住分光器，置于样品前几毫米处。

（2）调节分光器下端的狭缝。

（3）调节滑管焦距，观察蓝色波段吸收谱时向外拉，观察红色波段吸收谱时向内推。

（4）所使用的照明器亮度要强，温度不能太高，太高会使谱线变模糊。

（5）样品大、透明度好，光谱清晰度就好。

（6）样品颜色愈深，光谱愈清楚，浅色宝石，应从长轴方向透射观察，而观测深色半透明宝石时，则应沿短轴方向透射观察。

（7）测试时勿用手持样品，因为血液会产生波长592nm的吸收线。

（8）埃尘或脏污会在色谱上产生暗色的水平吸收线。

（9）在做光谱分析之前，应放大检查，看宝石是否是二层石或三层石，以免造成误解。

第八节 查尔西滤色镜

一、查尔西滤色镜的原理

查尔西滤色镜是一种只能透过红光和部分黄绿色的光，而吸收其他色光的特殊光学镜片。通过查尔西滤色镜，观察宝石是否能呈现红色外观的性能。

二、观察方法

将待测样品置于强的反射光下观察，光源可以用光线集中的笔式电筒。观察时样品、滤色镜、眼睛应相距很近，以不超过1cm为佳。

三、注意事项

（1）用查尔西滤色镜观察宝石时，必须在反射光下观察，不宜用透射光。反射光线需集中，以笔式电筒为佳。

（2）染色宝石由于染色剂的种类不同，显色也有差异。用重铬酸钾、硫酸铜+碘化钾染色的翡翠，在查尔西滤色镜下呈现粉红色至红色。

（3）查尔西滤色镜只是一种辅助工具。

第九节 宝石密度的测定

宝石的密度是由宝石的成分和结构决定的。不同宝石均有各自所固有的密度值。同种宝石的密度值是一个常数，如果其中含有某些微量元素，密度值会有一些微小的变化，但变化范围极小，为此，密度是鉴定宝石的主要物理常数。

宝石密度的测量，目前常用的有两种方法：静水力学法和重液法。

一、静水力学法

根据相对密度=

$$\frac{\text{物体在空气中的重量}}{\text{物体在水中排开同体积水的重量（4℃）}}\times$$

液体的相对密度

假若用 P 表示宝石在空气中的重量，用 P_1 表示宝石在水中的重量，那么宝石在水中（4℃）排开同体积水的重量就等于 $P-P_1$，所以相对密度的计算公式为

$$\text{相对密度}=\frac{P}{P-P_1}\times\text{液体的相对密度}$$

密度和相对密度的关系，两者的概念及测量方法虽然不同，但数值是完全相等的。用测相对密度的方法求出相对密度的数值，在其后冠以密度单位 g/cm^3，就是目前国际上统一使用的“测定密度”。

例如：宝石在空气中重 4ct，宝石在28℃的四氯化碳中称重是 2.42ct，四氯化碳在温度为28℃时的相对密度为 1.579，代入公式：

$$\text{宝石的相对密度}=\frac{4}{4-2.42}\times 1.579=3.997$$

这个结果表明所测宝石是刚玉宝石。将 3.997 这个相对密度值加上密度的单位 g/cm^3，即 3.997g/cm^3，就是刚玉宝石的测定密度。

由于水具有较大的表面张力，在测相对密度时有一点误差，故多使用其他液体，详见表4-3。

表 4-3 有机液体在不同温度下的相对密度

乙醇		二甲苯		四氯化碳	
相对密度	温度/℃	相对密度	温度/℃	相对密度	温度/℃
0.837	7	0.839	6	1.630	3
0.830	16	0.829	16	1.610	13
0.829	18	0.824	22	1.599	18
0.827	19	0.819	27	1.589	23
0.821	21	0.814	32	1.579	28
0.817	26	0.809	37	1.569	33
0.810	32	0.804	42	1.559	38

用静水力学法测相对密度所使用的仪器有两种：克拉比重天平、双盘天平。应用静水力学法测相对密度的注意事项如下。

（1）各种天平在测试之前，必须处在水平位置上。

（2）使用之前要将液体中的称盘浸没在液体中，然后调整两端的重量使之两端平衡。

（3）先测宝石在空气中的重量，再测宝石在溶液中的重量，以免宝石表面沾上液体使重量增大。

（4）在工作环境的附近要放置温度计(最好放入溶液中)，观察温度计的读数，根据温度计的数字，选用相应的溶液的相对密度值代入计算公式。

（5）多孔宝石不宜使用静水力学法测比重。

二、重液法

将宝石放入一套密度值不同的重液中，看其沉浮情况，这是在没有比重天平或流动作业环境中有效的鉴定手段。

例如：无色透明的水晶和黄玉外表特征十分相似，不易区别，如果放入密度为 2.9g/cm^3 的三溴甲烷中，石英在其中漂浮，而黄玉则很快下沉。又如蓝色海蓝宝石和改色黄玉十分相似，放入三溴甲烷中海蓝宝石漂浮，而黄玉快速下沉，很容易鉴别。表 4-4 列出通常使用的重液密度。

表 4-4　通常使用的重液密度

重液名称	密度/（g/cm^3）
饱和盐水溶液	1.13（水中加盐直到不溶为止）
三溴甲烷	2.9
二碘甲烷	3.33
克来里奇液	4.15

表 4-4 所示的几种重液可以与其他溶液互相混合，配制成多种密度液。具体的办法是：在三溴甲烷中加乙醇稀释，可配成 2.9~2.5g/cm^3 的系列密度液；二碘甲烷加二甲苯稀释，可配成 2.9~3.33g/cm^3 的系列密度液；克来里奇液加水，可配成 4~3.33g/cm^3 的系列密度液。不同的重液有不同的稀释剂，不可乱用。

具体方法是将标准宝石放入混合重液中作为指示物，看其悬浮情况，只有宝石悬浮其中，宝石的密度与重液的密度才相当。

自制重液可用宝石标准有：水晶（2.65g/cm^3）、方解石（2.71g/cm^3）、淡红色电气石（3.05g/cm^3）、透明萤石（3.18g/cm^3）、橄榄石（3.34g/cm^3）、钻石（3.52g/cm^3）、黄玉（3.56g/cm^3）、人造刚玉（3.99g/cm^3）。

使用重液测密度应注意的事项如下：

（1）重液多有毒性，不要长时间连续作业。

（2）重液具有一定的挥发性，工作环境应最大限度地减少空气的流动。

（3）重液具黄的色调，有孔隙的宝石及具各种猫眼效应的宝石均不能使用，因为重液进入宝石中会污染宝石的颜色。

（4）重液具溶解其他物质的特性，天然有机宝石和人造塑料制品均不能使用重液测密度。

第十节　荧光的测试

宝石的荧光测试是宝石鉴定的一种辅助手段。虽然不能单独用来确定宝石的品种，却是一种有效的旁证。

宝石的荧光是宝石在外加能量的作用下发出的可见光，当外加能量停止，发光现象亦结束。这种可见光称荧光。如果外加能量停止后，宝石上仍然存在余光，这种可见光则称为磷光。

目前用来激发宝石发光的能量有三种：可见光、紫外线和 X 射线。

一、交叉滤光装置

交叉滤光装置是用可见光激发宝石荧光的装置。将蓝色硫酸铜溶液置于强灯光下，通过硫酸铜的光就呈现蓝色，即蓝色光源。将宝石放在蓝色光源下，再用红色滤片观察宝石，如宝石发光，就是可见光激发下的荧光。

二、荧光灯

鉴定宝石用的荧光灯，均同时具有长波紫外线灯管和短波紫外线灯管。长波紫外线是高压石英水银蒸气灯发射出的光经伍氏玻璃（含钴、镍的暗黑色玻璃）过滤后产生的 365nm 紫外线；短波紫外线是低压石英水银蒸气灯发射出的 253.7nm 紫外线。

紫外线灯使用时应注意：紫外线对人的眼睛有极大的伤害作用，绝不能直接照射眼睛，需要在暗箱中操作。操作时需戴防护眼镜。

观察时接通电源，按下所需波段的开关，预热 2~5min。一般情况下，宝石的荧光效应对长波紫外线较短波紫外线明显。但短波紫外线的能量较长波紫外线大，能激发特定的电子跃迁到所需的激发级。为此，应根据需要选择紫外线的波段。将样品放入暗箱中，在暗箱的玻璃外观察发光现象。不同宝石发射的荧光见表 4-5。

表 4-5 宝石荧光

荧光颜色	长波紫外光（365nm）	短波紫外线（253.7nm）	X 射线（平均 0.01nm）
白色荧光	塑料、琥珀、欧泊	合成白色尖晶石、胶、塑料琥珀、龟壳、欧泊	钻石、方柱石
红色荧光	合成红宝石、天然红宝石、红色尖晶石、合成橙色蓝宝石、变石、合成变石蓝宝石、合成绿色蓝宝石、合成绿色尖晶石、斯里兰卡蓝色蓝宝石、合成祖母绿、蓝晶石、火欧泊（褐红）	天然和合成红宝石、天然粉红色蓝宝石、红色尖晶石、合成橙色蓝宝石、方解石、变石、合成变石蓝宝石、合成祖母绿、斯里兰卡蓝色蓝宝石、钻石、火欧泊（褐红色）	天然和合成红宝石、天然和合成粉红蓝宝石、红色尖晶石、合成橙色蓝宝石、斯里兰卡蓝色蓝宝石、合成变石蓝宝石、合成绿色尖晶石、合成祖母绿、绝绿柱石、天然祖母绿、锰黝帘石
橙色荧光	蓝晶石、斯里兰卡黄色蓝宝石、方柱石、钻石、斯里兰卡蓝色蓝宝石、合成变石蓝宝石、天然白色蓝宝石、合成绿色蓝宝石、合成橙色蓝宝石、方钠石（橙色斑点）、青金石（橙色斑点）	斯里兰卡黄色蓝宝石、方柱石、钻石、斯里兰卡蓝色蓝宝石、合成橙色蓝宝石、合成绿色蓝宝石（褐橙色）、天然白色蓝宝石、合成变石蓝变石	蓝晶石、斯里兰卡黄色蓝宝石、方解石（包括大理石）、方柱石、合成白色蓝宝石、合成变石蓝宝石、合成绿色石榴子石、透锂长石、浅黄色铝镁石
黄色荧光	钻石、琥珀、磷灰石、锆石、黄玉、火欧泊（浅褐色）	钻石、锆石、琥珀	钻石、锆石、养珠、淡水珍珠、透辉石、青金石

续表

荧光颜色	长波紫外光（365nm）	短波紫外线（253.7nm）	X 射线（平均 0.01nm）
绿色荧光	合成黄色尖晶石、合成黄绿色尖晶石、矽锌石、钻石、磷灰石、琥珀、合成白色尖晶石和蓝宝石（很弱）	合成黄色和绿色尖晶石、矽锌石、合成绿色尖晶石、钻石、琥珀	合成黄色尖晶石、合成黄绿色尖晶石、矽锌石、合成白色尖晶石、钻石、塔菲石
蓝色荧光	钻石、赛黄晶、萤石、珍珠、琥珀、月光石	蓝锥矿、白钨矿、萤石、赛黄晶、钻石、合成蓝色尖晶石、合成蓝色蓝宝石、象牙、琥珀、塑料	萤石、蓝锥矿、磷钠铍石、钻石、白钨矿、合成蓝色蓝宝石、蓝晶石、矽铍石、合成白色尖晶石、合成蓝色尖晶石、青金石、方钠石、黄玉、锆石、月光石
紫色荧光	萤石、钻石、磷灰石、方柱石、绝绿柱石、透辉石	萤石、钻石、绝绿柱石、合成粉红色蓝宝石	萤石、赛黄晶、方柱石、粉红色电气石、锆石

三、X 射线机

X 射线机是高级实验室中的专用仪器，操作十分简单，只需按动操作开关即可。X 射线在宝石鉴定上的用途如下。

1. 鉴定钻石及其仿制品

钻石在 X 射线照射下发中等强度的蓝色荧光，而人工合成白色尖晶石通常发明亮的绿色荧光及持久的磷光，人工合成白色蓝宝石发红色荧光和磷光。

2. 鉴别天然红宝石与人工合成红宝石

天然红宝石在 X 射线照射下具红色荧光，而人工合成红宝石除具红色荧光外，尚具持续 10s 的红色磷光。

3. 鉴别天然珍珠、人工养殖珍珠和无核珍珠

天然珍珠在 X 射线照射下暗淡不明，而人工养殖有核珍珠因为珠母中含有锰，所以在 X 射线下，荧光来自珍珠内部，呈微黄色荧光。

第十一节　热导仪及导热率的测试

一、热导仪的原理及结构

热导仪是根据钻石具有良好的传热性而设计的。典型的热导仪由金属针状测头与控制盒组成。控制盒内装有由热敏电阻元件组成的电路。热敏电阻可以给测头针加热并进行导热率的测量。当测头尖端触及钻石表面时，温度明显下降，由表头、信号灯或鸣叫声指示测定结果。

二、热导仪的使用方法

（1）打开热导仪的电源，对测头加热，一般需 20s。

（2）将加热的测头触及样品表面，根据热导仪发出的信号，可确定被测样品是否为钻石。

第二章　宝　　石

第一节　无机宝石

【钻石】

钻石号称“宝石之王”，是世界上最珍贵的宝石。钻石的主要成分是C，其质量分数可达99.95%，微量元素有N、B、H、Si、Ca、Mg、Mn、Ti、Cr、S、惰性气体及稀土、稀有元素等，达50多种。钻石是等轴晶系，具立方面心格子。钻石常见单形有八面体、菱形十二面体和立方体，有时也呈聚形。根据颜色钻石可分成两大类：无色、浅黄（褐、灰）色系列和彩色系列；无色-浅黄（褐、灰）色系列包括近无色到浅黄、浅褐、浅灰色。彩色系列包括黄色、褐色、红色、粉红色、蓝色、绿色、紫罗兰色、黑色等。彩钻是由于微量元素N、B和H原子进入晶格中而产生的颜色；另一种原因是晶体塑性变形而产生位错、缺陷，对某些光能的吸收而使钻石呈现颜色。钻石具金刚光泽。纯净的钻石应该是透明的，但由于矿物包体、裂隙的存在，钻石可呈现半透明，甚至不透明。钻石为均质体，偶见异常消光。钻石的折射率为2.417，钻石的色散值为0.044。强的“火彩”为钻石增添了无穷的魅力，同时也是肉眼鉴定钻石的重要依据之一。钻石的紫外荧光变化很大，从无至强，可呈蓝色、黄色、橙黄色、粉色、黄绿色等，一般长波下的荧光强度强于短波下的荧光强度。有些可见磷光。钻石具有平行{111}方向的四组完全解理，因此抛光钻石在腰部常见“V”字形缺（破）口，该性质是鉴别钻石与其仿制晶的重要特征之一。钻石是自然界最硬的矿物，它的摩氏硬度为10。钻石的硬度具有各向异性的特征，不同方向的硬度不同：八面体方向>菱形十二面体方向>立方体方向。此外，无色透明钻石的硬度比彩色钻石的硬度略高。密度为（3.52±0.01）g/cm^3；由于钻石成分单一，并且很纯，所以钻石的密度很稳定，变化不大，只有部分含杂质和包体较多的钻石，其密度才有微小的变化。钻石的导热率为870~2010W/（m·K），导热性能超过金属，是导热性最高的物质。钻石对油脂有明显亲和力。目前世界上共有27个国家发现钻石矿床，其中大部分位于非洲地区和俄罗斯、澳大利亚、加拿大等国。钻石的4C评价是从净度（clarity）、颜色（color）、克拉质量（carat weight）、切工（cut）等四方面对钻石进行综合评价，进而确定钻石的价值；由于四个要素的英文名称均以C开头，所以简称为4C分级。

【刚玉】（红宝石、蓝宝石）

刚玉质宝石有红宝石和蓝宝石两种。刚玉的化学成分为铝的氧化物，可含有微量的杂质元素Fe、Ti、Cr、Mn、V等。杂质元素可以等价离子或异价离子的形式代替晶格中的三价铝离子，也可以机械混入物的形式存在于晶体中。刚玉属三方晶系，属复三方偏三角面体晶类，晶体常呈桶状、柱状，少数呈板状或叶片状。重要单形有六方柱、六方双锥、菱面体、平行双面。在{1011}晶面上，具有平行{1011}和{2243}交棱的花纹。刚玉中的双晶有两种：一种是在晶体生长过程中形成的生长双晶；另一种是在机械作用下面网滑动形成的机械双晶。刚玉的生长双晶只在特定的产地可见，如斯里兰卡和克什米尔，而绝大多数刚玉宝石的双晶是由于面网滑动、晶格变形造成的简单接触双晶或聚片双晶。刚玉宝石的聚片双晶通常平行{1011}，少数情况下平行{0001}。

刚玉宝石的颜色十分丰富，它几乎包括了可

见光光谱中的红、橙、黄、绿、青、蓝、紫等所有颜色。刚玉属他色矿物，纯净时无色，当晶格中含有微量元素时可致色。不同的微量元素导致不同的颜色，其中 Cr 主要导致红色，而 Fe、Ti 的联合作用导致蓝色。刚玉宝石为一轴晶负光性，个别情况下具有异常的二轴晶光性。刚玉宝石的折射率为 1.762~1.77，双折射率为 0.008~0.01。除无色刚玉外，有色的刚玉宝石均具二色性，二色性的强弱以及色彩的变化均取决于自身颜色及颜色的深浅程度。常见红色刚玉宝石的二色性有：深红色-浅红色，红色-橙红色，紫红色-褐红色，玫瑰红色-粉红色；蓝色刚玉宝石的二色性有：深紫蓝色-蓝色，蓝色-浅蓝色，蓝色-蓝绿色，蓝色-灰蓝色；黄色刚玉宝石的二色性有：金黄色-黄色，橙黄色-浅黄色，浅黄色-无色。

在长波紫外线下红色刚玉宝石可具弱至强红色的荧光，在短波紫外线下可具微弱至中等红色的荧光。同一样品的长波紫外荧光强度大于短波紫外荧光强度。不同产地、不同颜色样品的紫外荧光特点随所含 Cr、Pe 的量的不同而变化。Cr 含量高者红色荧光强而鲜艳，Fe 含量高者荧光弱而暗。蓝色刚玉宝石一般无荧光，偶尔在长波紫外光下可见红色至橙色荧光，在短波下呈弱的白垩色或黄绿色荧光。斯里兰卡的一些黄色刚玉宝石可具杏黄或橙黄色荧光。

在 X 射线照射下，红色刚玉宝石可发红色荧光，与紫外荧光特点相同。多数蓝色刚玉宝石无荧光，斯里兰卡的一些品种可具较弱的橙色荧光。

刚玉宝石根据所含杂质的不同而具有不同的吸收光谱。刚玉宝石的摩氏硬度为 9。刚玉矿物的密度为 4（-0.05，+0.10）g/cm^3。Cr、Fe 等微量元素的含量影响密度值的大小，微量元素含量越高，密度越大。刚玉宝石解理不发育，但常发育菱面体｛1011｝、底面｛0001｝裂理，有时可见柱面｛1120｝裂理。

国际珠宝界依据颜色将刚玉宝石划分为红宝石、蓝宝石两大品种，但红宝石与蓝宝石的界线却始终是个有争议的问题，到目前尚未统一。传统的分类方法是：中到深红色的刚玉宝石统称为红宝石；除去红宝石以外的其他所有颜色的刚玉宝石统称为蓝宝石。依据特殊的光学效应，刚玉宝石可以划分出星光红宝石、星光蓝宝石、变色蓝宝石等品种。著名产地有澳大利亚的新南威尔士州、中国山东昌乐地区、泰国、柬埔寨、老挝和越南南部地区、克什米尔地区、斯里兰卡、美国蒙大拿州。

【祖母绿】

祖母绿是绿柱石中最为重要和名贵的品种，被世人称为“绿色宝石之王”。它与钻石、红宝石、蓝宝石、猫眼被视为大自然赋予人类的“五大珍宝”。祖母绿为五月的生辰石，它的颜色代表着春天的美景。

祖母绿是铍铝硅酸盐矿物，化学式为 $Be_3Al_2(Si_2O_6)_3$，含有 Cr、Fe、Ti、V 等微量元素，Cr 的质量分数为 0.3%~1%。

常见单形有六方柱 m｛1010｝、a｛1120｝；六方双锥；｛1121｝、p｛1011｝、o｛1122｝；平行双面 c｛0001｝。柱面发育有平行于 Z 轴的纵纹。大多数晶体能具有完美的形状。

祖母绿为 Cr 致色的特征的翠绿色，可略带黄或蓝色色调，其颜色柔和而鲜亮，具丝绒质感，如嫩绿的草坪。由其他元素如 Fe^{2+} 致色的浅绿色、浅黄绿色、暗绿色等绿色的绿柱石，均不能称为祖母绿，而只能叫绿色绿柱石。抛光表面为玻璃光泽，断口表面为玻璃光泽至树脂光泽；透明到半透明。一轴晶，负光性。祖母绿的折射率常为 1.577~1.583（±0.017），随着碱金属含量的增加而增大。双折射率的值为 0.005~0.009。多色性中等至强，蓝绿色、黄绿色。色散 0.014。一般无荧光。有时在长波紫外线下呈无或弱绿色荧光、弱橙红至带紫的红色荧光；在短波紫外线下，少数呈红色荧光。在 X 射线照射下呈很弱至弱的红色荧光。平行｛0001｝方向具一组不完全解理；断口呈贝壳状至参差状。摩氏硬度为 7.5~8。密度 2.67~2.9g/cm^3，通常为 2.72g/cm^3。

世界上主要的祖母绿产地有哥伦比亚、巴西、津巴布韦、坦桑尼亚等。

【金绿宝石】

金绿宝石因其独特的黄绿至金绿色外观而得名，以其特殊的光学效应而闻名。金绿宝石根据其特殊光学效应的有无可分为金绿宝石、猫眼、变石和变石猫眼等品种，其中最为有名的当属变石猫眼。猫眼以其丝绢状的光泽、锐利的眼线而深受人们的喜爱。变石更是被誉为“白昼里的祖母绿，黑夜里的红宝石”。在西方，金绿宝石是赫赫有名的五大宝石之一。

金绿宝石矿物为铍铝氧化物，分子式为 $BeAl_2O_4$，实际上金绿宝石矿物中常含有微量 Fe、Cr、Ti 等组分。不同的微量元素使金绿宝石矿物产生不同的颜色。

金绿宝石矿物属斜方晶系，原生矿物晶体常呈板状、短柱状。晶面常见平行条纹，晶体常形成假六方的三连晶穿插双晶。

金绿宝石通常为浅、中等的黄色至黄绿色、灰绿色、褐色至黄褐色以及很罕见的浅蓝色；猫眼主要为黄色至黄绿色、灰绿色、褐色至褐黄色；变石通常在日光下为带有黄色色调、褐色色调、灰色色调或蓝色色调的绿色（如黄绿、褐绿、灰绿、蓝绿），而在白炽灯光下则呈现橙色或褐红色至紫红色；变石猫眼呈现出蓝绿色和紫褐色。

金绿宝石通常为玻璃光泽至亚金刚光泽，透明度通常为透明金绿宝石不透明；猫眼的光泽多为玻璃光泽，呈亚透明金绿宝石半透明；变石抛光面光泽为玻璃光泽至亚金刚光泽，断口呈现玻璃、油脂光泽，而透明度通常为透明。

金绿宝石矿物为光性非均质体，二轴晶，正光性。折射率为 1.746～1.755（-0.006，+0.004），双折射率为 0.008～0.01。密度为 3.755g/cm^3。

金绿宝石的多色性为三色性，呈弱至中等的黄色、绿色和褐色。浅绿黄色金绿宝石的多色性较弱，而褐色金绿宝石的多色性略强。猫眼的多色性较弱，呈现黄色、黄绿色、橙色。变石的多色性很强，表现为绿色、橙黄色和紫红色。

在金绿宝石中，更为珍贵的是变石猫眼。

金绿宝石晶体三组不完全解理，变石和猫眼一般无解理，金绿宝石常出现贝壳状断口。摩氏硬度一般为 8～8.5。密度为（3.73±0.02）g/cm^3。

猫眼可呈现多种颜色，其中以蜜黄色为最佳，依次为深黄色、深绿色、黄绿色、褐绿色、黄褐色、褐色。金绿宝石中最受欢迎的是在日光下呈现祖母绿色、在白炽灯光下呈现红宝石红色的变石。

金绿宝石的主要产地有俄罗斯的乌拉尔地区、斯里兰卡、巴西、缅甸、津巴布韦等。

【水晶】

水晶的化学成分为二氧化硅（SiO_2），水晶的颜色可有无色、紫色、黄色、粉红色、不同程度的褐色至黑色，以及绿色。水晶属三方晶系，柱状晶体柱面上有横纹和多边形蚀象。水晶随着结晶温度的升高，晶形从长柱状趋向短柱状，最后到假六方双锥状。玻璃光泽，断口可具油脂光泽。折射率稳定，为 1.544～1.553；双折射率为 0.009。无解理，有典型的贝壳状断口。密度为 2.66（-0.02，+0.03）g/cm^3。摩氏硬度为 7。

依据颜色将水晶划分为水晶、紫晶、黄晶、烟晶、芙蓉石等；依据特殊的光学效应又可将其划分为星光水晶、石英猫眼；依据包体特征又可将其划分为发晶、水胆水晶等。

水晶主要产于伟晶岩脉或晶洞中，世界各地几乎都有产出。而彩色水晶的著名产地主要有巴西的米纳斯、吉拉斯、马达加斯加、美国的阿肯色州、俄罗斯的乌拉尔、缅甸等。

我国的水晶资源丰富，江苏是优质水晶的主要产地，其中以东海最为著名，被称为中国的“水晶之乡”。此外，海南、新疆、四川等也是高品质水晶的产地。

【石榴石】

石榴石被认为是信仰、坚贞和淳朴的象征。红色的石榴石是一月的生辰石。石榴石是岛状硅酸盐矿物，由于这一族矿物存在着广泛的类质同象替代，因此每一种石榴石的化学成分亦有较大变化。

石榴石族矿物属等轴晶系。石榴石通常具有完好的晶形，常见的晶形有菱形十二面体（d）、四角三八面体（n）、六八面体（s）以及三者的聚形。石榴石的颜色千变万化，除蓝色以外的各种颜色几乎均有出现。这与其广泛的类质同象替代有密切的联系。石榴石多为玻璃光泽。石榴石的透明度一般都较好，但是一些石榴石内部的包体过于密集，会降低石榴石的透明度。折射率较高的品种可呈亚金刚光泽。断口为油脂光泽。石榴石可出现星光效应、变色效应和猫眼效应。解理不发育，密度为 3.5~4.3g/cm^3，类质同象替代进入晶格的阳离子原子量越大，密度值也相对越高。不同品种硬度略有不同，为 7~8。

石榴石属中低档宝石，翠榴石因颜色鲜艳、产地稀少、产量很低等原因，具有很高的价值。镁铝榴石的主要产地有美国的亚利桑那州、捷克的波西米亚等。铁铝榴石最著名的产地是印度。此外，斯里兰卡、巴基斯坦、缅甸、泰国、澳大利亚、巴西、中国等地也都有宝石级铁铝榴石产出。钙铬榴石一般颗粒很小，不易达到宝石级，主要产于俄罗斯的乌拉尔地区，法国、挪威等地也有产出。

【尖晶石】

尖晶石是一种历史悠久的宝石品种，但在古代它一直被误认为红宝石。化学成分为 $MgAl_2O_4$，可含有 Al、Cr、Fe、Zn、Mn 等微量元素。等轴晶系，常呈八面体晶形，有时八面体与菱形十二面体、立方体成聚形。有红色、橙红色、粉红色、紫红、无色、黄色、橙黄、褐色、蓝色、绿色、紫色等多种颜色。玻璃光泽至亚金刚光泽；透明至不透明。折射率 1.718（-0.008，+0.017）。红色、橙色、粉红色尖晶石在长波紫外光下，呈弱至强的红色、橙色荧光；在短波紫外光下，呈无至弱的红色、橙色荧光。黄色尖晶石在长波紫外光下，呈弱至中的褐黄色荧光；在短波紫外光下，呈无至褐黄色荧光。绿色尖晶石在长波紫外光下，呈无至中的橙、橙红色荧光。无色尖晶石无荧光。

解理不完全，常见贝壳状断口。摩氏硬度为 8。密度 3.6（-0.03，+0.1）g/cm^3。

尖晶石的主要产地有缅甸的抹谷、斯里兰卡、肯尼亚、尼日利亚、坦桑尼亚及巴基斯坦、越南、美国和阿富汗等。

【长石】

矿物学中将长石族分为钾长石（碱性长石）、斜长石、钡长石三个亚族，与宝石学相关的主要是前两类。

正长石、透长石为单斜晶系，其他为三斜晶系。长石通常呈板状、短柱状，双晶普遍发育，斜长石发育聚片双晶，钾长石发育卡氏双晶和格子状双晶。长石通常呈无色至浅黄色、绿色、橙色、褐色等；长石的颜色与其所含有的微量元素（如 Rb、Fe）、矿物包体及特殊光学效应有关。折射率与双折射率：钾长石折射率为 1.518~1.533，双折射率为 0.005~0.007。斜长石折射率为 1.529~1.588，双折射率为 0.007~0.013。荧光灯下呈无至弱的白色、紫色、红色、黄色、粉红色、黄绿色、橙红色等颜色的荧光。长石具有两组夹角近 90°的｛001｝和｛0101｝完全解理。摩氏硬度为 6~6.5。密度为 2.55~2.75g/cm^3。

月光石解理发育，可见两组解理近于垂直相交排列构成的“蜈蚣”状包体、指纹状包体、针状包体。天河石常见网格状色斑。拉长石常见双晶纹，可见针状或板状包体。日光石常见红色或金色的金属矿物板状包体。

月光石的重要产地是斯里兰卡，其他产地有印度、马达加斯加、缅甸、坦桑尼亚、南美的加罗里多和美国的印第安纳、新墨西哥、纽约、北卡罗来纳、宾夕法尼亚等地。

印度的科斯米尔和巴西、美国、俄罗斯、马达加斯加、坦桑尼亚和南非等地均有很好的绿色或蓝绿色的天河石。我国新疆、甘肃、内蒙古、山西、福建、湖北、湖南、广东、广西、云南、四川等地也有天河石产出。日光石产于挪威和俄罗斯，此外在加拿大、印度、美国和新墨西哥等地都有日光石产出。拉长石主要产地为加拿大、美国、芬兰。

【碧玺】

碧玺以颜色艳丽、色彩丰富、质地坚硬而获得了世人的厚爱。矿物学名称为电气石，属于电气石族。碧玺是极为复杂的硼硅酸盐，以含 B 为特征。色泽鲜艳、清澈透明者可作宝石。

碧玺晶体常呈柱状，柱面上纵纹发育，横断面呈球面三角形。集合体呈放射状、束状、棒状，亦呈致密块状或隐晶质块体。可作为很好的观赏石。

纯者无色，但通常呈玫瑰红或粉红、红、绿、深绿、浅蓝、蓝、深蓝、蓝灰、紫、黄、绿黄、褐、黄褐、浅褐橙、黑等色，颜色丰富多彩。同一晶体内外或不同部位可呈双色或多色。碧玺颜色随成分而异，富含铁的碧玺呈暗绿、深蓝、暗褐或黑色；富含镁的碧玺呈黄色或褐色；富含锂和锰的碧玺呈玫瑰红色，亦可呈淡蓝色；

富含铬的碧玺呈深绿色。碧玺色带发育，色带可依Z轴为中心由里向外形成色环，也可垂直Z轴形成平行排列的色带。作为宝石用碧玺的颜色主要有三个系列：

（1）红色系列：红色、桃红色、紫红色、玫瑰红色、粉红色，其颜色的产生主要是由锰离子所致。

（2）蓝色系列：蓝色、紫蓝色。

（3）绿色系列：蓝绿色、黄绿色、绿色。

另外，还有黄碧玺、紫碧玺、黑碧玺、无色碧玺等。玻璃光泽；透明至不透明。一轴晶，负光性。折射率为 1.624 ~ 1.644（-0.009，+0.011）。双折射率为 0.018 ~ 0.040，通常为 0.020。多色性颜色随体色而变化。无解理；贝壳状断口。摩氏硬度为7~8。密度 3.06g/cm^3。

许多国家都盛产碧玺，如巴西、斯里兰卡、缅甸、俄罗斯、意大利、肯尼亚、美国等。我国碧玺的主要产地为新疆的阿尔泰、云南哀牢山和内蒙古。

【锆石】

人工合成的立方氧化锆常被当作钻石的替代品。化学成分为 $ZrSiO_4$，可含有微量 Mn、Ca、Fe、Mg、A1、P、Hf 以及放射性微量元素 U、Th 等。四方晶系，四方柱（m、a）与四方双锥（p、u、x、s），可以不同倾斜角度结合。晶体可呈假八面体状，但四方柱常较发育。依{011}构成膝状双晶。有无色、蓝色、绿色、黄绿色、黄色、棕色、褐色、橙色、红色、紫色等。抛光面为金刚光泽至玻璃光泽，断口为油脂光泽。透明至半透明。色散：强，0.038。无解理。断口呈贝壳状。锆石较脆。摩氏硬度为6~7.5。

锆石的分布范围很广，但宝石级的锆石主要产于斯里兰卡、缅甸、法国、挪威、英国、乌拉尔南部山脉和坦桑尼亚。我国福建、海南、新疆、辽宁、黑龙江、江苏、山东等地也有宝石级锆石产出。

【黄玉】

黄玉又称“托帕石”。自古以来，因其硬度大、颜色美丽而成为比较贵重的宝石。化学成分为 $Al_2SiO_4(F, OH)_2$，还含有一些微量的 Li、Be、Ga、Ti、Nb、Ta、Cs、Fe、Co、Mg、Mn 等元素。

托帕石属斜方晶系。{001}完全解理。常呈短柱状晶形，柱面上常有纵纹，集合体为粒状、块状等，采自砂矿中的托帕石多被磨蚀成椭圆形。一般呈无色、黄棕色至褐黄色、浅蓝色至蓝色、粉红色至褐红色，极少数呈绿色。透明，玻璃光泽。具弱、中的多色性，摩氏硬度为 8。密度一般为（3.53±0.04）g/cm^3。

世界上绝大部分托帕石产于巴西花岗伟晶岩中。另外，在斯里兰卡、俄罗斯的乌拉尔山、美国、缅甸和澳大利亚等地也有发现。我国内蒙古、江西和云南等地也产托帕石。

【橄榄石】

化学成分为 $(Mg, Fe)_2SiO_4$，可含微量元素 Mn、Ni、Ca、Al、Ti 等。

在矿物学中，橄榄石族分为三个亚族：镍橄榄石 Ni_2SiO_4、橄榄石 $(Mg, Fe)_2SiO_4$、锰橄榄石 Mn_2SiO_4。宝石学中所指的橄榄石即橄榄石亚族 $(Mg, Fe)_2SiO_4$，主要是镁铁类质同象系列。橄榄石属斜方晶系，主要单形有斜方柱（m、n、l、g、p）、平行双面（a、b、c）、斜方双锥（o），但完好晶形少见，大多数呈粒状。

橄榄石的颜色是中到深的草绿色，部分偏黄色，少数呈褐绿色，甚至呈绿褐色。色调主要随含铁量多少而变化，含铁量越高，颜色越深；褐色可能是轻度水化引起的，也可能是微量元素 Mn引起的。橄榄石的颜色是其本身所含的铁等化学成分所致，是一种自色矿物，颜色稳定。橄榄石大部分透明，部分因含固态、液态、气态包体或因密集的裂隙而呈半透明。玻璃光泽。橄榄石为二轴晶，折射率为 1.654~1.690（±0.020），其大小随成分中铁的含量增加而增大。双折射率 0.035 ~ 0.038，常为 0.036（褐色品种为 0.038），所以通过台面可以非常清楚地看到对面棱线的双影。橄榄石具中等色散，为 0.020，切磨质量高时，可见火彩。微弱的三色性，呈黄绿色、弱黄绿色、绿色。{010}解理中等，{001}解理不完全，脆性较大。摩氏硬度为 6.5~7，随含铁量的增加而略有增大。密度为 3.34（-0.07，+0.14）g/cm^3。

世界上出产宝石级橄榄石的国家有埃及、缅

甸、印度、美国、巴西、墨西哥、哥伦比亚、阿根廷、智利、巴拉圭、挪威、俄罗斯、中国。

【磷灰石】

磷灰石是钙的磷酸盐，常含有微量的 Ce、U、Th 等稀土元素，可以产生磷光现象。磷灰石属六方晶系。主要单形：六方柱、六方双锥及平行双面。晶体常呈六方柱状、板状，一些晶体还可见发育完好的六方双锥，集合体呈粒状、紧密块状。颜色有黄色至浅黄色、蓝色、绿色、浅绿色、紫色、紫红色、粉红色、无色等。具玻璃光泽，断口具油脂光泽。各种颜色的磷灰石通常呈透明状，一些具有猫眼效应的磷灰石可呈半透明状。·轴晶，负光性。磷灰石的折射率为 1.634~1.638（-0.006，+0.062），双折射率为 0.002~0.008，多为 0.003。蓝色的磷灰石多色性强，为蓝色黄色至无色；其他颜色的磷灰石多色性弱至极弱。磷灰石解理不发育，具贝壳状断口，性脆。密度为 3.13~3.23g/cm^3。出产宝石级磷灰石的国家有缅甸、斯里兰卡、印度、美国、墨西哥、巴西、加拿大、挪威、俄罗斯、西班牙、葡萄牙、意大利、捷克斯洛伐克、德国、马达加斯加、坦桑尼亚、肯尼亚、中国等。

【堇青石】

堇青石的化学成分为 $Mg_2Al_4Si_5O_{18}$，可含有 Na、Ca、K、Fe 等元素及 H_2O，其中 Mg 和 Fe 可形成完全的类质同象替代。堇青石属斜方晶系，晶体呈短柱状，高温时属六方晶系，常呈假六方柱外形。常见双晶。堇青石的颜色很丰富，宝石级品种最吸引人的颜色为蓝色和蓝紫色。也可呈无色、微黄白色、绿色、褐色和灰色等。玻璃光泽。透明至半透明。二轴晶，多色性很强。折射率为 1.542~1.551；双折射率为 0.008~0.012。堇青石具有一组完全解理。摩氏硬度为 7~7.5。堇青石的密度为（2.61±0.05）g/cm^3。

宝石级堇青石的主要产地有斯里兰卡、马达加斯加、美国、加拿大、格陵兰、英国、挪威、德国、芬兰、坦桑尼亚、纳米比亚等。

【红柱石】

红柱石是一种岛状铝硅酸盐矿物，化学成分为 Al_2SiO_5，可含有 V、Mn、Ti、Fe 等元素。红柱石为斜方晶系。通常为柱状晶体，晶体的横断面几乎呈正方形。柱状集合体常呈粒状、放射状，形似菊花，又称为菊花石。红柱石颜色为褐绿色、黄褐色，也可呈绿色、褐色、粉色、紫色等。玻璃光泽。宝石级红柱石透明至半透明，影响透明度的主要因素是内部的包体。二轴晶，负光性。折射率值为 1.634~1.643（±0.005），近无色的红柱石折射率较低，靠近上述范围的低值，绿色的红柱石折射率值则靠近高值。双折射率为 0.007~0.013，锰红柱石的双折射率为 0.029。多色性很强，为三色性，肉眼可见。通常为褐黄绿色、褐橙色和褐红色。红柱石可见一组中等解理，断口呈参差状。摩氏硬度为 7~7.5。密度随成分不同也有一个变化范围，一般为 3.13~3.60g/cm^3。

红柱石的主要产地有巴西、美国、东非、西班牙、斯里兰卡、缅甸和比利时。我国红柱石为储量也较丰富，河南和山东也有产出。

【方柱石】

方柱石为四方晶系，柱状晶形，呈四方柱和四方双锥的聚形。沿 Z 轴延长，常具丝状或纤维状外观，晶面常有纵纹。方柱石主要有紫色、粉色，常见有无色、黄色、橙色、绿色、蓝色、紫红色。透明至半透明，玻璃光泽。一轴晶，负光性。折射率为 1.550~1.564（-0.014，+0.015）。双折射率为 0.004~0.037。色散为 0.017。粉红色、紫红色、紫色者具中等至强的多色性，蓝色、蓝紫红色、黄色者具弱至中等多色性，呈现不同黄色色调。一组中等解理，一组不完全解理。摩氏硬度为 6~6.5。密度为 2.60~2.74g/cm^3，密度随钙含量增加而增大。

宝石级方柱石的主要产地有缅甸、马达加斯加、巴西、印度、坦桑尼亚、中国和莫桑比克。猫眼品种主要产于缅甸和中国。

【辉石】

辉石族矿物划分为单斜辉石亚族和斜方辉石亚族。单斜辉石亚族主要有透辉石、钙铁辉石、普通辉石、霓辉石、霓石、硬玉、锂辉石等；斜方辉石亚族主要有顽火辉石、古铜辉石、紫苏辉石、铁紫苏辉石、尤莱辉石、斜方铁辉石等。

辉石晶体多数呈柱状；集合体常呈粒状或放射状。辉石的颜色取决于成分中过渡元素含量的多寡，从白色、灰色或浅绿色到绿黑色、褐黑色以至黑色，随含铁量的增高而变深。玻璃光泽。摩氏硬度5~7，以硬玉和锂辉石最高。比重随成分而异，随含铁量增高而增大。辉石都具有平行柱面的完全解理，解理面相交成87°和93°。

透明而呈淡紫色或祖母绿色的锂辉石分别称为紫锂辉石和翠绿锂辉石，可作为宝石。锂辉石的化学成分为 $LiAlSi_2O_6$，可含有 Cr、Mn、Fe、Ti、Ga、V、Co、Ni、Cu、Sn 等微量元素。单斜晶系，晶体常沿 Z 轴呈短柱状，平行 Z 轴有条纹。横截面呈正方形。粉红色至蓝紫红色、绿色、黄色、无色、蓝色，通常色调较浅。宝石级锂辉石有两个重要变种，含 Cr 者呈翠绿色，称翠绿锂辉石；含 Mn 者呈紫色，称紫锂辉石。透明，玻璃光泽。二轴晶，正光性。折射率为 1.660~1.676（±0.005）；双折射率为 0.014~0.016；色散为 0.017。色深者的多色性较明显，粉红色、蓝紫红色者具有中等至强的三色性，分别为浅紫红色、粉红色、近无色；翠绿锂辉石具有中等强度的三色性，分别为深绿色、蓝绿色、淡黄绿色。两组柱面解理完全，近直交；具参差状断口。摩氏硬度为6.5~7。密度为（3.18±0.03）g/cm^3。

【黝帘石】

自20世纪60年代在坦桑尼亚发现了蓝紫色的透明晶体之后，黝帘石在宝石业中的地位日益提高。为纪念当时新成立的坦桑尼亚共和国，被命名为坦桑石，该宝石在国外常被称作丹泉石。

黝帘石化学成分为 $Ca_2Al_3(SiO_4)_3(OH)$，可含有 V、Cr、Mn 等微量元素。斜方晶系，晶体常呈柱状或板柱状，有平行柱状条纹，横断面近于六边形。亦呈柱状晶粒的集合体。常见带褐色的绿蓝色，还有灰色、褐色、黄色、绿色、浅粉色等。经处理后，可去掉褐绿至灰黄色，呈蓝色、蓝紫色。透明，玻璃光泽。二轴晶，正光性。折射率为 1.691~1.700（±0.005）；双折射率为 0.008~0.013；色散为 0.021。三色性强，绿色的多色性表现为蓝色、紫红色、绿黄色；褐色的多色性为绿色、紫色和浅蓝色，而黄绿色的多色性为暗蓝色、黄绿色和紫色。一组解理{100}完全，具贝壳状到参差状断口。摩氏硬度为 6~7。密度为 3.35（-0.25，+0.10）g/cm^3。

宝石级黝帘石的产地有坦桑尼亚、美国、墨西哥、格陵兰、奥地利、瑞士等。坦桑尼亚是世界上宝石级黝帘石（坦桑石）的主要出产国。

【矽线石】

矽线石与红柱石、蓝晶石是成分相同的同质多象变体。色泽艳丽者可作为宝石原料，单晶体可磨制成刻面宝石，国内市场上多为矽线石猫眼。化学成分为 Al_2SiO_5，常含有少量的 Fe、Ti、Ca、Mg 等微量元素。斜方晶系，晶体呈柱状或纤维状，两端无晶面，断面呈近正方形的菱形或长方形。柱面上具有条纹。集合体呈放射状或纤维状。颜色为白色至灰色、褐色、绿色，偶尔见紫蓝色至灰蓝色。玻璃光泽，有的品种具丝绢光泽，半透明至透明。二轴晶，正光性，纤维状集合体在正交偏光下呈集合体特征。折射率为 1.659~1.680（-0.006，+0.004）；双折射率为 0.015~0.021。点测折射率为 1.66，可低至 1.64。蓝色矽线石可有较强的多色性，多色性颜色为无色、浅黄色和蓝色。一组完全解理。摩氏硬度为 6~7.5。密度为 3.25（-0.11，+0.02）g/cm^3。常见猫眼效应。

宝石级矽线石仅见于缅甸和斯里兰卡，美国的爱达荷州产纤维块状矽线石。

第二节　有机宝石

【珍珠】

自古以来，人们把珍珠誉为宝石“皇后”。珍珠的主体是碳酸钙，另含有少量的碳酸镁，除此之外，还含有 Cu、Fe、Zn、Mn、Mg、Cr、Sr、Pb、Na、K、Ti、V、Al、Ag、Co 等多种微量元素。微量元素对珍珠的品质及颜色都会带来影响。珍珠有机成分的主体是壳角蛋白和各种色素等。

珍珠中的碳酸钙主要以斜方晶系的文石出现，少数以三方晶系的方解石出现。珍珠具同心环状结构。

珍珠的颜色是其体色、伴色和晕彩综合的颜

色。珍珠的体色是珍珠对白光的选择性吸收产生的颜色，它取决于珍珠本身所含的各种色素和微量金属元素。伴色是漂浮在珍珠表面的一种或几种颜色。晕彩是在珍珠表面或表面下层形成的可漂移的彩虹色，是加在其体色之上的，可从珍珠表面反射的光中观察到，晕彩是由珍珠次表面的内部珠层对光的反射、干涉等综合作用形成的特有色彩。折射率为 1.530～1.685，多为 1.53～1.56，双折率不可测。摩氏硬度为 2.5～4.5。珍珠的密度一般为 2.60～2.85g/cm^3，不同种类、不同产地珍珠的密度会略有差异。天然海水珍珠的密度为 2.61～2.85g/cm^3，天然淡水珍珠的密度为 2.66～2.78g/cm^3，很少超过 2.74g/cm^3。

珍珠可分为天然珍珠和养殖珍珠。天然珍珠质地细腻，结构均一，珍珠层厚，多呈凝重的半透明状，光泽强。养殖珍珠的珍珠层薄，透明度较好，光泽不及天然珍珠好。

评价珍珠质量的因素包括颜色、大小、形状、光泽、光洁度、珠层厚度及匹配性等。

天然珍珠产于波斯湾地区的伊朗、阿曼、沙特及印度和斯里兰卡之间的马纳尔湾。养殖珍珠主要产于中国、日本。

【琥珀】

琥珀是中生代白垩纪至新生代第三纪松柏科植物的树脂经地质作用而形成的有机混合物。琥珀的形成一般有三个阶段，第一阶段是树脂从柏松树上分泌出来；第二阶段是树脂被深埋，并发生了石化作用，树脂的成分、结构和特征都发生了明显的变化；第三阶段是石化树脂被冲刷、搬运、沉积和发生成岩作用从而形成了琥珀。

琥珀的化学成分为 $C_{10}H_{160}$，含少量的硫化氢。主要化学元素含量为：ω（C）= 75%～85%；ω（H）= 9%～12%；ω（O）= 2.5%～7%；ω（S）= 0.25%～0.35%；微量元素主要有 Al、Mg、Ca、Si、Cu、Fe、Mn 等。琥珀含有琥珀酸和琥珀树脂等有机物，不同琥珀的有机物组成有一定的差异，主要有机物的组成为：琥珀酸酯质量分数为 69.47%～87.3%；琥珀松香酸为 10.4%～14.93%；琥珀酸酯为 1.2%～8.3%；琥珀酸盐为 4%～4.6%；琥珀油为 1.6%～5.76%。

颜色为浅黄色至蜜黄色、黄棕色至棕色、浅红棕色、淡红色、淡绿褐色、深褐色、橙色、红色和白色，蓝色、浅绿色、淡紫色少见。透明到微透明、半透明。未加工的原料具树脂光泽，有滑腻感，抛光后呈树脂光泽至近玻璃光泽。在正交偏光镜下全消光，常见异常消光，局部因结晶而发亮。折射率为 1.540，其折射率稍有变化，最低到 1.539，最高至 1.545。在长波紫外线下具浅蓝白色及浅黄色、浅绿色、黄绿色至橙黄色荧光，由弱到强。在短波下荧光不明显。断口呈贝壳状。韧性差，外力撞击容易碎裂。摩氏硬度为2～2.5，用小刀可轻易刻划，甚至用指甲可以刻划。密度为 1.08（-0.08，+0.02）g/cm^3，在饱和的盐水中可以悬浮。内含物常见，且许多内含物肉眼可见。内含物有动物、植物、气液包体、旋涡纹、杂质、裂纹等类型。琥珀与绒布摩擦能产生静电，可将细小的碎纸片吸起来。琥珀的主要类型有血珀、金珀、蜜蜡、金绞蜜、香珀、虫珀、蓝珀、石珀等，另外还有灵珀、花珀、水珀、明珀、蜡珀、红松脂等。

琥珀的产地主要有欧洲波罗的海沿岸国家（波兰、德国、丹麦、俄罗斯），多米尼加海域也曾大量产出优质琥珀。在罗马尼亚、捷克、意大利、挪威、英国、新西兰、缅甸、黎巴嫩、美国、加拿大、智利、伊朗、阿富汗等地均有琥珀产出。中国的琥珀主要产自辽宁抚顺的第三纪煤田中，且有优质虫珀产出。另外，河南的西峡和南阳、云南的保山和丽江及哀牢山、福建的璋浦也有琥珀产出。

【珊瑚】

珊瑚是一种低等腔肠动物珊瑚虫分泌的钙质为主体的堆积物形成的骨骼，而这种骨骼常呈树枝状产出。珊瑚分为钙质型珊瑚和角质型珊瑚两种。

珊瑚的主要组成有：$CaCO_3$ 82%～87%，$MgCO_3$ 6%～7%，Fe_2O_3 0.04%～1.72%，$CaSO_4$ 1.27%，H_2O 0.55%，有机质 1.3%～25%。珊瑚还含有 Sr、Pb、Si、Mn 等十几种微量元素。珊瑚含有一定量的角质蛋白和有机酸、谷氨酸等 14 种氨基酸。

珊瑚的组成矿物为隐晶质方解石、文石。集合体形态奇特，多呈树枝状、星状、蜂窝状等。常见有白色、奶油色、浅粉红色至深红色、橙色、金黄色和黑色。偶见蓝色和紫色。蜡状光泽，抛光面呈玻璃光泽，微透明至不透明。钙质型珊瑚的折射率为 1.486～1.658，点测法约 1.65。角质型珊瑚的折射率为 1.56。摩氏硬度为 3～4。钙质型珊瑚的密度为 2.60～2.70g/cm³，通常为 2.65g/cm³；角质型珊瑚的密度为 1.30～1.50g/cm³，平均为 1.35g/cm³。在纵截面上珊瑚虫腔体表现为颜色和透明度稍有变化的平行波状条纹，在横截面上呈放射状、同心圆状结构。

按成分和颜色可将珊瑚划分为两类、五种。

（1）红珊瑚：又称为贵珊瑚。通常呈浅至暗色调的红色至橙红色，有时呈肉红色。主要分布于太平洋海域。

（2）白珊瑚：分布于南中国海、菲律宾海域、澎湖海域、琉球海域和九州西岸等，为白色、灰白色、乳白色、瓷白色的珊瑚。主要用于盆景工艺。

（3）蓝珊瑚：蓝色、浅蓝色珊瑚。

（4）黑珊瑚：灰黑色至黑色珊瑚，几乎全由角质组成。

（5）金珊瑚：金黄色、黄褐色角质型珊瑚。金黄色珊瑚外表有清晰的斑点和独特的丝绢光泽。

地中海沿岸的国家，如意大利、阿尔及利亚、突尼斯、西班牙、法国等是世界上红珊瑚的主要产区。中国台湾是当代红珊瑚最重要的产地。

【象牙】

象牙是一种有机宝石，材质温润细腻，色泽特别，作为高档饰品历史悠久。象牙的化学组成包括磷酸盐和有机质两部分。有机成分主要是胶质蛋白和弹性蛋白。象牙一般呈弧形弯曲的角状，几乎一半是中空的。每只象牙平均重 6.75kg，长为 1.5～2m，但现代象牙由于生长时间短，一般长 60～70cm。象牙的根截面多呈圆形、近圆形、浑圆形，直径随品种、生长期和部位而异。一般生长期长的象牙横截面直径较大，同一根象牙从牙尖到牙根横截面直径逐渐变大。象牙的横截面具有两组呈十字交叉状的纹理线以大于 115°或小于 65°角相交组成的菱形图案。象牙的横截面还具有分层结构，即从象牙的中心到外表面具有分层现象，且分界线较清晰。各层厚度随象牙品种、生长期和部位不同而异。一般象牙从外到内分为四层：最外层为致密状或同心圆状层，很薄，仅 0.5～3mm；次外层为粗勒兹线层，纹理线组成的斜十字交叉状菱形图案，纹理线夹角较大，可至 124°左右，纹理线间距较宽，为 1～2.5mm；次内层为细勒兹线，纹理线夹角小，平均在 120°左右，纹理线间距很窄，为 0.1～0.5mm；内层为致密状或空腔状。象牙纵截面上呈现近于平行的波纹线。

象牙新鲜时呈白色、奶白色、瓷白色、淡玫瑰白色，偶见浅金黄色、白色、淡黄色、黄色、浅褐黄色。史前象牙常呈蓝色，偶尔呈绿色。具有美丽柔和的油脂光泽或蜡状光泽，呈不透明至透明，多呈微透明至半透明。折射率为 1.535～1.54。在长、短波紫外线下发弱至强的蓝白色至蓝紫色荧光。断口呈裂片状、参差状。摩氏硬度为 2～3，能被方解石或铜针刻划。密度为 1.7～2g/cm³，通常为 1.85g/cm³。象牙的韧性极好。

非洲象牙是指非洲公象和母象的长牙和小牙。有白色、绿色等颜色，质地细腻，截面上带有细纹理。亚洲象牙是指亚洲公象和母象的长牙，颜色多为纯白色，少见淡玫瑰白色，但质地较疏松柔软，容易变黄。

象牙的质量评价可从以下四个方面进行：颜色、质量、质地和透明度。

象牙主要产于非洲，如坦桑尼亚、塞内加尔、埃塞俄比亚、加蓬等，以坦桑尼亚的潘加里附近所产的象牙质量为最佳，其次是亚洲的泰国、缅甸和斯里兰卡。

【煤精】

煤精又称煤玉、黑炭石，是一种光泽强、质密体轻、坚韧耐磨的黑色有机岩石。煤精是褐煤的一个变种，由树木埋置于地下转变而来。

煤精的成分变化很大，其主要化学成分是 C、H、O、N、S 及少量的矿物质，如石英、长石、黏土矿物、黄铁矿等。黑色、褐黑色，条痕为褐色。具明亮的树脂光泽，抛光后可呈玻璃光泽，不透明。折射率点测值为 1.66±0.02。煤精具平坦或贝壳状断口。性脆，刀切会产生缺口和碎末，粉末为褐色。摩氏硬度为 2～4。密度为（1.32±0.02）g/cm³。

煤精的质量评价可从以下五个方面进行：颜色、光泽、质地、瑕疵、块体。

世界优质煤精的主要产地有英国、法国、西班牙、美国、德国、加拿大等。我国的煤精产出地以辽宁抚顺为主，其次为鄂尔多斯盆地。

【龟甲】

龟甲具有美丽的斑纹，半透明至微透明，有很好的韧性和加工性能，所以很早就被用来制成手镯、戒指、手链、发饰、服饰和首饰盒、扇子、梳篦、刀柄等实用精美的工艺品。

龟甲主要由角质和骨质等有机质组成，主要成分为复杂的蛋白质。底色为黄褐色，其上可有暗褐色、黑色或绿色斑点。油脂光泽至蜡状光泽，微透明。长、短波紫外光下无色，龟甲中的黄色部分可有蓝白色荧光。摩氏硬度为2~3，韧度很好。密度为1.29（-0.03，+0.06）g/cm^3。

龟甲的质量评价主要取决于透明度、厚度、颜色、斑纹、玳瑁龟的龟龄等因素，以透明度高、厚度大、斑纹清晰且颜色和底色的搭配适宜、龟龄长者为佳。此外，龟甲斑纹的珍奇独特程度、龟板的采获条件和龟甲的加工工艺、造型、款式、黏结、抛光等都会对成品的质量和价值产生影响。

龟甲的产地有印度洋、太平洋和加勒比海。

第三章　玉　石

【翡翠】

翡翠一名，源自于翡翠鸟名。在中国古代，翡翠是一种生活在南方的鸟，其毛色十分好看，通常有蓝、绿、红、棕等颜色。但一般而言，这种鸟雄性的为红色，谓之“翡”；雌性的为绿色，谓之“翠”。

1863年，法国地质矿物学家德莫尔根据传到欧洲的中国清代乾隆朝玉器进行物理化学实验，结果表明，玉材有两种，即角闪石和辉石类，角闪石亦称软玉，包括透闪石和阳起石；辉石类亦称硬玉，因翠绿者质地最佳，在中国又有翡翠之雅称。翡翠中的主要组成矿物是辉石类中的钠铝硅酸盐新种矿物，分子式为 $NaAlSi_2O_6$，中文译名为硬玉。硬玉作为辉石类中的新矿物种名称被国际矿物协会承认，于是西方的宝石学一般称翡翠为硬玉。然而，近代宝石学研究结果表明，翡翠实质上主要是一种以硬玉矿物为主，并伴生有绿辉石、透辉石、角闪石、钠长石、磷灰石、方解石、绿泥石、铬铁矿、磁铁矿等，还有一种以前认为只有在月球上才能形成的钠（陨）铬辉石（分子式为 $NaCrSi_2O_6$）的矿物集合体。从更广的意义上讲，翡翠是由钠铝辉石（包括硬玉、绿辉石、钠铬辉石）和少量钠长石、角闪石等组成的一种矿物集合体（谢星等，2003年）。因此，翡翠不等于硬玉。有关翡翠的正确科学定名，目前各家说法不一（郭守国等，1998年；摩傣，1998年；奥岩等，1997年）。但基于翡翠所含的主要矿物成分的不同，可分为以下品种。

（1）以硬玉为主的翡翠：其矿物组成以硬玉矿物为主，含微量 Cr、Fe 等杂质，高档翡翠多属于此类。在以硬玉为主的翡翠中，有一种1994年发现的新品种，即“天龙生”翡翠，这种翡翠首先发现于缅甸北部的帕敢矿区。1999年，“天龙生”翡翠正式进入国际市场，由于其诱人的绿色和较低的价位，得到了一部分喜爱绿色翡翠的人们的欢迎。经过测试，天龙生翡翠为含 Cr、Fe 的硬玉质翡翠，与一般的翡翠相比，在主要物理性质上基本相同，仅密度略低，硬度稍高（潘璋敏等，2001年）。

（2）以绿辉石为主的翡翠：其矿物组成以绿辉石矿物为主，因绿辉石中 Fe^{3+} 的含量较高，致使其呈现深绿色、墨绿色，因而这种翡翠颜色深，透明度差，工艺性能较差。

（3）以钠铬辉石为应的翡翠：其矿物组成以钠铬辉石为主，次要矿物为硬玉、角闪石、钠长石和铬铁矿等。这种翡翠因 Cr^{3+} 含量较高，颜色呈翠绿色、深翠绿色和黑绿色，透明度差。

（4）闪石化翡翠：由以硬玉为主的翡翠经后期热液蚀变而成，由于受富含 Ca、Fe、Mg 热液的蚀变作用，部分硬玉矿物转变成阳起石或透闪石。

另外，据李平等（2004年）报道，在缅甸发现一个翡翠新品种，即榴辉翠，其矿物组成为石榴子石和绿辉石，颜色呈绿色，有淡黄绿色斑点，其他宝石学特征与绿辉石翡翠相似。

翡翠虽然产于缅甸，但其开发利用以及翡翠文化可以说是源于中国。中国有上万年的玉文化史，有500多年的翡翠文化历史，中华民族对翡翠怀有特殊的感情。

翡翠的基本特征如下：

1. 翡翠的化学成分

翡翠的主要组成矿物是硬玉和其他钠铝辉石矿物。硬玉的化学成分为 $NaAlSi_2O_6$。翡翠中可含有少量 Ca、Mg、Fe、Cr、Mn、Ti、S、Cl 等元素，其中 Cr、Fe、Mn 等对翡翠具有重要意义，翡翠的颜色主要决定于这些元素的种类和含量。

2. 翡翠的晶系及结晶习性

翡翠的主要组成矿物硬玉为单斜晶系，通常呈晶质粒状、纤维状、毛毡状集合体。翡翠原生矿通常呈下列三种状态产出。

（1）山料：产于山上的原生矿中，矿石通常呈块状，有棱有角，矿物成分、结构、颜色分布均暴露在外。

（2）仔料：由山料经漫长的风化和流水搬动作用而形成，通常呈水蚀卵石状，外部有皮壳包裹，内部的矿物成分、结构、颜色分布等均难判断。

（3）山流水料：价值好于山料，仅次于仔料。产自高海拔的山料原生矿受到自然因素滚落至冰山脚下，受自然剥蚀及泥石流、雨水和冰川的冲蚀搬运、冲刷，就变成了山流水料。棱角清晰，外部有皮壳包裹，内部的矿物成分、结构、颜色分布等也较难判断。

3. 翡翠的光学性质

（1）颜色：颜色变化大，有白色、绿色、红色、紫红色、紫色、橙色、黄色、褐色、黑色等。其中最名贵者为绿色（简称翠），其次是紫蓝（简称紫罗兰）和红色（简称翡）等。翡翠之所以呈绿色，是因为翡翠中含微量的 Cr、Fe 等杂质元素，当翡翠中含杂质元素 Cr 时，翡翠呈诱人的绿色，当翡翠中含杂质元素 Fe 时，翡翠呈发暗的绿色。当翡翠同时含杂质元素 Cr 和 Fe 时，翡翠的绿色介于上述两种颜色之间，具体视 Cr、Fe 的比例而定。黄色和红色均是次生颜色，主要是由于翡翠原石遭风化作用后，其中的 Fe^{2+} 变成 Fe^{3+} 所致。一般认为，紫色翡翠是因为其中含微量的 Mn 所致，但也有人认为紫色翡翠是因为 Fe^{2+} 和 Fe^{3+} 间的电子跃迁致色。

（2）透明度：翡翠的透明度称“水”或“水头”，取决于组成翡翠的矿物的颗粒大小、排列方式等。翡翠一般为半透明至不透明，极少为透明。透明度越高，水越足，价值越高。

（3）光泽：翡翠一般为玻璃光泽，也显油脂光泽，某种程度上也取决于组成翡翠的矿物的颗粒大小、排列方式等，另外还取决于抛光程度。

（4）折射率：翡翠的折射率为 1.660～1.680，点测法一般为 1.66。

（5）光性特征：由于翡翠主要由硬玉矿物组成，硬玉为单斜晶系，二轴晶，正光性。翡翠为非均质集合体。

（6）吸收光谱：绿色翡翠主要由 Cr 致色，因而显示典型的 Cr 光谱，表现为在红区（690nm、660nm、630nm）具吸收线。所有的翡翠均含 Fe，因而在 437nm 处有一诊断性吸收线。

（7）发光性：天然翡翠绝大多数无荧光，少数绿色翡翠有弱的绿色荧光。

4. 翡翠的力学性质

（1）解理：翡翠的主要组成矿物硬玉具两组完全解理。在翡翠表面上呈现星点状闪光（也称翠性）的现象就是光从硬玉解理面上反射的结果，这也是翡翠与相似玉石区别的重要特征之一。

（2）硬度：6.5～7。

（3）密度：3.30～3.36g/cm^3。宝石级翡翠的密度一般为 3.34g/cm^3。

5. 翡翠的结构分类

翡翠的结构是指组成翡翠的矿物的结晶程度、颗粒大小、晶体形态及它们之间相互关系的特征。翡翠的结构对于翡翠的意义重大，它不仅决定了翡翠的质地、透明度和光泽，而且在一些情况下，翡翠的正确鉴定需要借助于对结构特征的深入研究。刘殿正等（2003 年）按成因将翡翠的结构分为变晶结构、交代结构和碎裂结构三种类型。

（1）变晶结构类型：变晶结构是指在变质作用过程中由重结晶或变质结晶作用形成的结构类型。

1）按变晶颗粒的绝对大小分

A. 粗粒变晶结构：变晶颗粒十分明显，粒径大于 2mm。具有这种结构的翡翠具粗糙和很干的感觉，透明度差。

B. 中粒变晶结构：变晶颗粒肉眼可见，粒径 1～2mm。

C. 细粒变晶结构：肉眼观察变晶颗粒不明显，粒径 0.5～1mm。

D. 微粒变晶结构：肉眼几乎看不到变晶颗粒，粒径 0.1～0.5mm。

E. 隐晶结构：变晶颗粒很小，粒径小于 0.1mm，在放大镜和普通显微镜下都难以看到颗粒。具有这种结构的翡翠结构细腻，水头好，质量较高。

2）按变晶颗粒的相对大小和均匀度分

A. 等粒变晶结构：变晶颗粒粒度大致相当。

B. 不等粒变晶结构：变晶颗粒大小不同，

但粒度粗细呈连续递变关系。

C. 斑状变晶结构：变晶颗粒大小悬殊，粗大的成为斑晶，而其余细小的成为基质。

3）按变晶颗粒的形态分

A. 粒状变晶结构：变晶颗粒呈粒状。

B. 柱状变晶结构：变晶颗粒呈柱状。

C. 纤维状变晶结构：变晶颗粒呈纤维状。

4）按变晶颗粒间的结合方式分

A. 平直镶嵌结构：变晶颗粒边界平直清楚。

B. 弯曲镶嵌结构：变晶颗粒边界弯曲模糊。

C. 齿状镶嵌结构：变晶颗粒边界呈齿状镶嵌，边界不明显。

（2）交代结构类型：交代结构是指在流体参与的条件下，翡翠经交代作用而形成的结构。翡翠的主体结构是变晶结构，再经过后期的交代作用，可以形成局部性的交代结构。翡翠的交代结构可进一步划分为：

1）交代蚕食结构：翡翠中的硬玉矿物之间接触界线很不规则，成港湾状、锯齿状等。

2）交代穿孔结构：翡翠中的硬玉矿物出现穿孔，交代穿孔的被包矿物为后生成的矿物，轮廓为浑圆状，接触边缘有溶蚀交代现象出现。

3）交代净边结构：因交代作用由外向内进行，硬玉矿物的边部出现洁净边缘。

4）交代残留结构：翡翠中的硬玉矿物被分割成零星孤立的残留体，外形很不规则。

5）交代假象结构：翡翠中的硬玉矿物已彻底交代（如闪石化、绿泥石化等），硬玉仅以假象形态或残留骸晶出现。

（3）碎裂结构类型：翡翠在低温下受定向压力作用并超过弹性极限时，翡翠本身及组成矿物发生刚性的破碎、移动以及塑性变形或重结晶等，在此过程中产生的结构就称为碎裂结构。

碎裂结构较为复杂，大致可进一步分为：

1）碎裂结构：当翡翠受压力作用的强度超过翡翠本身及组成矿物的弹性极限后，将发生破碎，矿物颗粒发生破裂。

2）碎斑结构：当破碎更强烈时，只残留部分较大的硬玉碎片，宛若“斑晶”，具不规则的边缘，出现裂隙、波状消光及边缘粒化等现象。

3）糜棱结构：当挤压应力十分强烈时，硬玉碎裂呈显微粉末状、纤维状，并且定向排列。其中，矿物间的滑动或流动较为普遍。

【软玉】

软玉在世界上产地众多，但以中国新疆和田地区所产的软玉质量最佳，开发历史最悠久，因此，俄罗斯地球化学家费尔斯曼称软玉为中国玉。据历史考证，中国人对软玉的应用可上溯到新石器时代，如河姆渡文化、良渚文化、崧泽文化等遗址出土的玉器中，都有大量用软玉制成的品种。中国号称“玉器之国”，在以神农氏、伏羲氏为代表的石器时代和以治水英雄大禹为代表的青铜器时代之间，还可划分出一个玉器时代，这个时代的代表人物就是被尊为中华民族祖先的黄帝，作为“玉器之国”和“玉器时代”的代表玉石就是软玉。由于在新疆和田一带产出的软玉最有名，因而软玉又称和田玉。

1. 软玉的化学成分

化学式为 $Ca_2(Mg, Fe)_5(OH)_2(Si_4O_{11})_2$。它是造岩矿物角闪石族中透闪石-阳起石系列中的一员。当其中 $Mg^{2+}/(Mg^{2+}+Fe^{2+}) \geq 0.9$ 时，称透闪石；当 $0.5 \leq Mg^{2+}/(Mg^{2+}+Fe^{2+}) \leq 0.9$ 时，称为阳起石；当 $Mg^{2+}/(Mg^{2+}+Fe^{2+}) \leq 0.5$ 时，称为铁阳起石（潘兆橹，1984年）。透闪石为白色、灰色，而阳起石则呈较深的绿色，这是由于FeO含量不足引起的。当FeO经氧化成 Fe_2O_3 时，颜色变成红棕色，特别是裂缝或有空隙的部位，还有暴露在外的截面部分也容易氧化而成红棕色。根据研究，软玉的化学成分的理论值为 SiO_2 59.169%、CaO 13.850%、MgO 24.808%，但实际上不同产地或不同亚种的软玉，其化学成分略有不同。除上述主要成分外，软玉一般含水分子（H_2O）（Reller，1992年），水的存在与软玉的油脂光泽有着密切的关系。

2. 软玉的晶系及结晶习性

软玉的主要组成矿物为透闪石，透闪石属于单斜晶系，透闪石矿物的常见晶形为长柱状和纤维状，软玉是以透闪石为主的纤维状集合体。软玉原生矿主要呈块状，次生矿主要呈卵石状和砾石状，戈壁玉主要呈块状。

3. 软玉的光学性质

（1）颜色：软玉的颜色较杂，有白色、灰白色、黄色、黄绿色、灰绿色、深绿色、墨绿色和黑色等颜色。软玉的颜色主要取决于透闪石的含量以及其中所含的杂质元素（主要是铁），但墨玉主要是白玉、青白玉或青玉等品种中含有微细石墨鳞片状杂质所致（李雯雯等，1998 年）。颜色在软玉的质量评价中至关重要，同时决定着软玉的品种。

（2）透明度：绝大多数软玉为半透明至不透明，以不透明为多，极少数为透明。

（3）光泽：软玉的光泽较为特殊，古人称软玉“温润而泽”，是指其光泽带有很强的油脂性，给人以滋润的感觉。这种光泽不强也不弱，既没有强光的晶莹感，也没弱光的蜡质感，使人观之舒服、摸之润美。一般来说，玉的质地越纯，光泽越好，杂质多，光泽就弱。当然，光泽在一定程度上还取决于抛光程度。

（4）折射率：1.61~1.63，平均 1.62。

（5）光性：软玉为多矿物集合体，在正交偏光镜下没有消光。

（6）发光性：在紫外光下软玉为荧光惰性。

（7）吸收光谱：软玉在 498nm 和 460nm 处有两条模糊的吸收带，在 509nm 处有一条吸收带，某些软玉在 689nm 处有双吸收带。

（8）特殊光学效应：台湾省花莲县和四川龙溪等地产的软玉经切磨抛光后显猫眼效应，很像金绿猫眼石，有一定的收藏和鉴赏价值。

4. 软玉的力学性质

（1）解理和断口：无解理，参差状断口。

（2）密度：2.90 ~ 3.10g/cm^3，平均为 2.95g/cm^3。

（3）硬度：6~6.5。

5. 软玉的其他物理性质

软玉对冷热变化表现为惰性，冬天摸着不冰手，夏天摸不感热，因此人们喜欢贴身佩带。用软玉制作乐器或编磬，声音清越悠长。新西兰的毛利人用软玉制成音板，击之以警告那些企图侵占别人财产的人。

6. 软玉的结构

软玉的典型结构为纤维交织结构，块状构造。质地致密、细腻。软玉韧性好，其原因是细小纤维状的透闪石相互交织使颗粒之间的结合力加强，产生了非常好的韧性，不易破碎，特别是经过风化、搬运作用形成的卵石，这种特性尤显突出。

7. 软玉的分类

（1）根据产出环境分类：根据软玉产出的环境，可将其分为山料、山流水料、仔料和戈壁料四类。

1）山料：又名山玉、碴子玉，或称宝盖玉，指产于山上的原生矿。山料的特点是开产下来的玉石呈棱角状，块度大小不同，质地良莠不齐。

2）山流水料：是指原生矿石经风化崩落，并由冰川和洪水搬运过，但搬运不远的矿石。山流水的特点是距原生矿较近，块度较大，棱角稍有磨圆，表面较光滑。

3）仔料：是指山料经风化崩落，并经大气、流水选择风化、剥蚀，经流水分选沉积下来的优质部分，一般呈卵状，大小全有，但小块多，大块少。这种软玉质地好，水头足，色泽洁净。羊脂白玉就产于其中。

4）戈壁料：主要产在沙漠戈壁之上，是原生矿石经风化崩落并长期暴露于地表，并与风沙长期作用而成。戈壁玉的润泽度和质地明显比山料好。

（2）根据颜色分类：软玉按颜色和花纹可分成白玉、青玉、青白玉、黄玉、墨玉、糖玉、碧玉、花玉等几大类，还有许多位于上述品种之间的过渡类型。

1）白玉：是和田玉中的高档玉石，块度一般不大。羊脂白玉是白玉中的上品。其质地细腻，“白如截脂”，特别滋蕴光润，给人以刚中见柔的感觉。这种玉料全世界仅产于新疆。此外，还有以白色为基调的葱白、粉青和灰白等色，这类玉较常见。有的白玉子经氧化表面带有一定的颜色，带秋梨色的叫“秋梨子”，带虎皮色的叫“虎皮子”，带枣色的叫“枣皮子”，这些都是软玉的珍品。

2）青玉：青玉的颜色从淡青色到深青绿色，有时呈绿带灰色。近年来市场上出现翠青玉新品种，淡绿色，色嫩，质地细腻。

3）青白玉：指介于白玉与青玉之间，似白非白，似青非青的品种。

4）黄玉：颜色由淡黄到深黄色。有的质量极佳，黄正而娇，润如脂，为玉中珍品。古人以“黄如蒸栗”者最好。黄玉极难得，在几千年中偶尔见到，其价值不亚于羊脂玉。

5）墨玉：颜色由墨色到淡墨色。整块料上墨色不均，黑白对比强烈，可用于制作俏色作品。有的全墨色，“黑如纯漆”，十分罕见，乃玉中上品。

6）糖玉：糖玉因色似红糖而得名。糖玉多出现在白玉和青玉中，不是单独一个玉种，属从属地位。

7）碧玉：有绿色、深绿色、暗绿色等，油脂、蜡状光泽，质量不如其他软玉。

8）花玉：指在一块玉石上具有多种颜色，且分布得当，构成具有一定形态“花纹”的玉石，如“虎皮玉”“花斑玉”等。

（3）根据产地分类：软玉的产地较多，不同产地的软玉因成因不同，质量存在明显差别。因此，市场上已经实际存在按软玉产地进行分类的现象，如新疆和田玉、青海软玉、俄罗斯软玉、岫岩软玉、台湾软玉等。

1）新疆和田玉：主要分布于塔里木盆地之南的昆仑山深处，西起喀什地区塔什库尔干县之东的安大力塔格及阿拉孜山，中经和田地区南部的桑株塔格、铁克里克塔格、柳什塔格，东至且末县南阿尔金山北翼的肃拉穆宁塔格。在此范围内3500~5000m的高山上分布着众多软玉原生矿床和矿点，而在相关河流中还产和田玉仔料，主要河流是喀拉喀什河、玉龙喀什河流域。居住在这两条河两岸的居民祖祖辈辈在河谷地带挖玉采玉。

新疆和田玉的主要矿物成分为透闪石，含微量阳起石、透辉石、蛇纹石、绿泥石和黝帘石等。原生矿体产于中酸性侵入体与前寒武纪变质岩系中含镁碳酸盐岩石的接触带及其附近，沿层面、构造破碎带和接触带分布。矿体主要呈团块状、囊状和透镜状等，质量好的产于大理岩中，以白玉、青白玉、青玉和墨玉为主；次生矿主要以水蚀卵石形式产于河床砾石中，质地细腻，温润而凝重，使得和田玉光泽不浮、不轻狂、不偏执，深沉而厚重，是中国人追求和赞美的品质，因此，新疆和田玉质量上乘，举世无双。

新疆和田玉不但历史悠久，颜色丰富，品种齐全，山料、仔料、山流水料和戈壁料均有，质量最好，是软玉中的极品，也是最早将新疆和内地之间联系起来的桥梁和纽带。最早奔波于“丝绸之路”上的驼队，驮着的不是丝绸，而是和田玉，因此，“丝绸之路”的前身应该是“玉石之路”。

2）青海软玉：20世纪90年代初，经牧民报矿，在青海格尔木昆仑山三岔口附近，发现了一个新的软玉矿床，并随之得到开发利用。青海软玉虽地处于高寒偏远山区，海拔虽高，但相对高差不大，开采条件较为容易，因此，年开采量曾达到数十吨。青海软玉的发现和开采利用对中国玉雕业的持续发展起到了积极的作用。

青海软玉色彩丰富，除白色系列外，还有青色、绿色、黄色、紫色等，一般颜色不正，普遍带有灰色调；在透明度上，青海软玉普遍比新疆和田玉高；在光泽上，青海软玉缺乏新疆和田玉那种特有的油脂光泽。由于光泽和透明度的原因，使得青海软玉总体上缺乏新疆和田玉特有的温润、凝重感，并稍显轻飘。

通过我们多次的实地考察和长期的室内研究，青海软玉的主要矿物成分是透闪石，但其含量低于新疆和田玉，除此之外，普遍含有方解石、透辉石、硅灰石、白云石等，其中硅灰石是新疆和田玉所没有的。从结构上看，青海软玉与新疆和田玉的结构基本相同，主要以纤维交织结构为主，但青海软玉的矿物颗粒明显比新疆和田玉粗，青海软玉的矿物颗粒一般为0.005~0.05mm，而新疆和田玉的矿物颗粒一般小于0.01mm，多数在0.001mm左右。反映在结晶度上，青海软玉明显比新疆和田玉高，这也是造成青海软玉的质量和外观特征与新疆和田玉存在明显差异的重要原因之一。

青海软玉以山料为主，有少量戈壁料和山流水料，至今未见有仔料的报道。

3）俄罗斯软玉：俄罗斯软玉的产地较多，但目前国内市场上的俄罗斯软玉主要来自俄罗斯布里亚特自治共和国首府乌兰乌德所属的达克西姆和巴格达林地区，邻近贝加尔湖（孙旎等，2003年）。俄罗斯软玉颜色丰富，有白、黄、褐、红、青、青白等色，而且往往多种颜色分布在同一块软玉之上。从其断面看，颜色呈明显分带现象，从边缘到中心，颜色依次为褐色、棕黄色、黄色、青色、青白色、白色；矿物颗粒从边缘到中心由粗变细。由于受构造运动的影响，铁氧化物常沿裂隙浸染，形成较有特色的棕色、褐色等，类似于新疆的糖玉。研究表明，俄罗斯软玉的矿物组成主要是透闪石，次要矿物有白云石、石英、磷灰石、绿帘石、滑石、磁铁矿等。

俄罗斯软玉与新疆和田玉的矿物成分大致相

同、结构相似、成因类型相同。其不同之处在于：①俄罗斯软玉主要以山料为主，缺乏新疆和田玉仔料、山流水这样高质量的品种；②俄罗斯软玉虽然同样以纤维交织结构为主，但矿物颗粒稍粗，一般为 0.005~0.02mm，接近青海软玉，因此，其外观上质地细腻程度不够，油脂光泽不足而略带瓷性特征；③俄罗斯软玉的糖玉主要是氧化铁沿构造裂隙浸染形成的，与新疆和田玉仔料、山流水因暴露于地表受氧化铁浸染形成的特征具有明显差别；④由于俄罗斯软玉结构较粗，加之多受后期构造运动的影响，因此，俄罗斯软玉的韧性较新疆和田玉偏低。

4）岫岩软玉：岫岩软玉主要分布于岫岩县细玉沟沟头的山顶上。在细玉沟东侧的白沙河河谷底部及两岸的一级阶地泥砂砾石中有河磨玉产出；而在靠近原生矿的山麓或沟谷两侧的坡积物和洪积物中还有山流水玉产出。岫岩软玉颜色多样，主要有白色、黄白色、绿色和黑色等基本色调，以及大量介于上述色调间的过渡色。

岫岩软玉主要由微晶透闪石组成，含少量的方解石、磷灰石、绿帘石、蛇纹石、绿泥石、滑石、石墨、黄铁矿、磁铁矿、褐铁矿等杂质矿物。长柱状变晶结构和纤维状变晶结构，单晶颗粒大小为 0.01~0.03mm，比新疆和田玉粗，因此，其细腻程度和润泽程度远不及新疆和田玉。河磨玉雕件是岫岩软玉最大的特色，独特的皮壳与基于本色精心雕刻的良好配搭，使其作品具有较高的艺术价值，广受国内外消费者欢迎。

5）台湾软玉：台湾软玉分布于台湾省花莲县丰田地区的软玉成矿带内，主要矿物成分为透闪石（含铁阳起石），同时含少量蛇纹石、钙铝榴石、铬尖晶石、黄铜矿等杂质矿物。颜色以黄绿色为主，纤维变晶交织结构，块状构造。一般分为普通软玉、猫眼玉和蜡光玉三种，其中猫眼玉又有蜜黄色、淡绿色、黑色和黑绿色等品种。普通软玉最多，猫眼玉和蜡光玉较少，并以猫眼玉最受人青睐。

除上述产地的软玉品种外，国内还有产于江苏溧阳市小梅岭的梅岭软玉、产于四川省汶川县龙溪乡的龙溪玉等；国外有澳大利亚软玉、加拿大软玉、美国加州软玉、新西兰软玉、缅甸困就软玉等（廖宗廷等，2003 年；谢意红等，2004 年）。相对而言，这些产地的软玉市场占有率较低（特别是在中国市场上），研究程度不高，因此，不一一做详细介绍。

【绿松石】

绿松石的英文名字来源于法语，意思是土耳其石。实际上，土耳其并不产绿松石，大概是因为这种玉石最初是经土耳其运进欧洲而得名的。绿松石是我国的四大名玉之一，也是深受我国人民喜爱的传统玉料之一。

1. 绿松石的矿物组成

绿松石的主要组成矿物是绿松石，另外还有埃洛石、高岭石、石英、褐铁矿、云母、磷铝石等物质混入，这些物质的混入将不同程度地影响绿松石的质量。

2. 绿松石的基本性质

（1）化学成分：绿松石的化学分子式为 $CuAl_6(PO_4)_4(OH)_8 \cdot 5H_2O$，即是一种含水的铜铝磷酸盐。Cu 元素决定了绿松石的基本颜色为天蓝色，另含 Fe、Zn 等杂质元素。

（2）晶系：绿松石单晶体为三斜晶系。

（3）结晶习性：绿松石单晶体极少见，常见以集合体产出。绿松石在干燥地区以结壳、球葡萄状形式生长，或呈脉状产出，矿脉常产于褐铁矿基质中。

（4）结构和构造：绿松石常具下列一些典型结构和构造。其一是在绿色和蓝色基底上可见一些细小的不规则的白色纹理和斑块，它们是由高岭石和石英等白色矿物聚集而成的；其二是常具褐色或褐黑色的纹理和色斑，称铁线，它们是由褐铁矿和炭质物聚集而成的；其三是在个别样品中见蓝色的圆形小斑点，它们是绿松石在沉积过程中形成的。

（5）解理：块状绿松石中不见解理。

（6）硬度：5.5~6。

（7）相对密度：2.4~2.9，具体取决于产地。许多绿松石靠树脂增强其坚固性，从而将改变绿松石的相对密度。

（8）折射率：1.61~1.65，但通常只能在 1.62 处见一条阴影线。正常情况下，绿松石饰品不应接触浸油。

（9）双折射率：一般测不到。

（11）颜色：多是天蓝色、浅蓝色、绿色、带蓝的苍白色。在颜色均一的块体上常有分布不均的白色条纹、斑点或褐黑色铁线。如果是埃及产的绿松石，则在淡蓝色背景上出现微小圆形蓝色斑点。

（12）吸收光谱：绿松石的颜色一般由铜元素所致色，可在 420nm 和 432nm 处见吸收谱线。

（13）发光性：一般不具发光性，少数在长波紫外线下显弱的黄绿色荧光。

（14）其他性质：绿松石是一种非耐热的玉石，在高温下绿松石会失水、爆裂，变成一些褐色碎块。在盐酸中绿松石会溶解，但速度很慢。绿松石孔隙发育，所以在鉴定过程中，不宜与有色的溶液接触，以防有色溶液将其污染。

3. 绿松石的主要品种

国内绿松石的品种是按颜色、质地、产地等进行划分的。

（1）按颜色划分：有蓝色绿松石、浅蓝色绿松石、绿色绿松石和白色绿松石（又称泡料）。

（2）按结构构造和质地划分：①透明绿松石，它是一种十分罕见的绿松石透明晶体，在中国尚未发现，仅产于美国弗吉尼亚州；②块体绿松石，即由显微鳞片状绿松石矿物构成的致密块状绿松石，根据结晶习性又有块状、肾状、葡萄状、结核状之分；③蓝缟松石，是铁质在蓝色绿松石上构成珍奇蜘蛛网状花纹的绿松石品种，亦称花边绿松石；④铁线绿松石，是含有黑色铁质花线的绿松石；⑤磁松石，是光亮如上釉的瓷器的绿松石品种，亦称瓷松石或瓷松；⑥斑点绿松石，是绿松石在高岭土脉石中呈斑点状分布的品种。

（3）按产地划分：①湖北绿松石，为产于中国湖北省诸县的绿松石，古称“襄阳甸子”或“荆州石”；②新疆绿松石，为产于新疆维吾尔自治区的绿松石，也称“河西甸子”；③内沙布尔绿松石，为产于今伊朗北部阿里米塞山上内沙布尔地区的绿松石，日本称其“东方绿松石”。此外，国外尚有埃及绿松石、智利绿松石、美国绿松石和澳大利亚绿松石等。

【蛇纹石玉】

蛇纹石玉因主要产于我国辽宁省岫岩县而又称岫玉。据考证，我国在新石器时代已开始广泛用这种玉料制作工艺品。新石器时代至西周年间出土的玉龙、马蹄形器、玉蝉、玉龟、玉斧、玉琮、玉璜等都是以蛇纹石玉作为原料的。在此之后，虽然其地位逐渐被软玉所取代，但由于其数量较多，分布广泛，时至今日，蛇纹石玉仍是我国利用最广泛的玉种，因而它也是我国四大名玉之一。

1. 蛇纹石玉的矿物组成

蛇纹石玉实质上是主要由微细纤维状蛇纹石集合体构成的。一般而言，蛇纹石的含量大于95%，除蛇纹石外，还含少量白云石、菱镁矿、绿泥石、滑石、透辉石和铬铁矿等，共占约5%。除此之外，还有下列特殊情况。

（1）透闪石蛇纹石玉：其中蛇纹石的含量大于70%，透闪石占20%~30%，另有少量碳酸盐矿物等。

（2）绿泥石蛇纹石玉：其中蛇纹石的含量大于65%，绿泥石和碳酸盐岩共约占35%。

（3）蛇纹石透闪石玉：其中蛇纹石的含量小于25%，透闪石的含量大于75%。

由于其具毛毡状结构，故韧性较强。虽硬度不如翡翠和软玉，但远大于一般的蛇纹石，且透明度较翡翠和软玉好，质地细腻，易于雕刻，价格低廉，因而受广大人民所欢迎。

2. 蛇纹石玉的基本性质

（1）化学成分：蛇纹石玉的主要矿物蛇纹石是一种镁质含水硅酸盐。

（2）晶系和结晶习性：蛇纹石是单斜晶系。常见呈隐晶质块状集合体。

（3）结构：一般为纤维状、毛毡状结构。

（4）断口：平坦到锯齿状。

（5）硬度：2.5~5。

（6）相对密度：2.44~2.80。

（7）折射率：1.555~1.573。一般在 1.56 处见一模糊的阴影边界。

（8）光泽：蜡状光泽。

（9）透明度：半透明至不透明。

（10）颜色：绿色、黄绿色、红色、褐色等，常有白斑。

（11）发光性：一般不具发光性，有时在长波紫外线下可有微弱的绿色荧光。

（12）可溶性：遇盐酸或硫酸分解。

（13）内外部显微特征：放大检查时，可见到蛇纹石黄绿色基底中存在着少量黑色矿物，灰白色透明的矿物晶体，灰绿色绿泥石鳞片聚集成的丝状、细带状和由颜色的不均匀而引起的白色、褐色条带或团块。叶片状、纤维状交织结构。

3. 蛇纹石玉的主要品种

蛇纹石玉的品种主要根据其产地进行划分。

（1）酒泉蛇纹石玉：为产于甘肃省祁连山地区的一种含有黑色或不规则黑色团块的暗绿色蛇纹石玉。

（2）岫岩蛇纹石玉：为产于辽宁省岫岩县的蛇纹石玉，其数量最多，市场上最常见。

（3）信宜蛇纹石玉：为产于广东省信宜县的蛇纹石玉，为一种含有美丽的花纹、质地细腻的暗至淡绿色蛇纹石玉。

（4）陆川蛇纹石玉：为产于广西壮族自治区陆川县的蛇纹石玉，主要有两个品种。其一为带浅白色花纹的翠绿至深绿色、微透明至半透明的蛇纹石玉；其二为青白至白色、具丝绢光泽、微透明的透闪石蛇纹石玉。

（5）台湾蛇纹石玉：为产于我国台湾省的蛇纹石玉，草绿色至暗绿色，常含铬铁矿等包裹体，带黑点或黑色条纹，具油脂光泽，半透明。

【独山玉】

独山玉因产于我国河南省南阳市郊的独山而得名，也是我国四大名玉之一，它是我国特有的玉石品种，至今为止，国际上具有这种矿床类型且达工业要求的仅中国独山玉一矿。它又是我国应用历史最长且最广泛的玉种之一，从出土的文物来看，已有5000~6000年的历史。1958年独山附近的南阳市卧龙区黄山仰韶文化遗址中发掘出土了独山铲、独山凿、独山璜等（江富建，2004年）；在著名的河南省安阳妇好墓出土的文物中，许多玉器就是由独山玉制成的，现独山脚下的河岗店村，相传汉代又叫“玉街寺”。北魏《水经注》记载：“南阳有弓山，山出碧玉。”忽必烈统一中国后，丘处机利用重达10000kg的独山玉雕琢成传世重宝——渎山大玉海（柳志青，2004年），这一切均说明独山玉的应用具有悠久的历史。至今，独山玉仍是我国玉雕工业主要的原料之一，俏色好的玉器相当受人欢迎。

1. 独山玉的矿物组成

独山玉的组成矿物较多，主要矿物是白色斜长石（20%~90%）、白色黝帘石（5%~70%），其他矿物有翠绿色铬云母（5%~15%）、浅绿色透辉石（1%~5%）、黄绿色角闪石、黑云母、深褐色榍石、褐红色金红石、绿色绿帘石、阳起石、白色沸石、葡萄石、绿色电气石、褐铁矿、绢云母等。

由于上述矿物的组合不同，独山玉的化学成分也应存在明显不同，一般含 SiO_2 42.52%~44.38%，Al_2O_3 32.15%~34.13%，Cr_2O_3 0.01%~0.30%，Fe_2O_3 0~0.56%，MgO 0.28%~1.32%，CaO 14.83%~19.61%，Na_2O 0.52%~4.86%，K_2O 0.02%~2.64%，H_2O 0.23%~2.26%。

2. 独山玉的基本性质

（1）结晶特征：由多种矿物组成的多晶质致密块状集合体。

（2）断口：粒状、参差状或锯齿状。

（3）硬度：6~6.5。

（4）相对密度：2.73~3.18，平均约2.9。

（5）折射率：1.56~1.70。

（6）光泽：玻璃光泽至蜡状光泽。

（7）透明度：半透明至不透明。

（8）颜色：颜色变化十分大，单一色调出现的玉料不多（华文海，1996年）。其颜色有白、绿、紫、蓝、黄等色。最大的特征是，往往同一玉料或成品上能同时见多种颜色的分布。

3. 独山玉的主要品种

（1）白独山玉：呈乳白色，主要由斜长石（90%~100%）、黝帘石、少量绿帘石、透辉石和绢云母组成。

（2）绿独山玉：呈翠绿色、绿色和蓝绿色。主要由斜长石（90%~95%）、铬云母（5%~10%）和黑云母（1%）组成。

（3）紫独山玉：呈淡紫色、紫色和亮棕色，主要由斜长石（90%~100%）、黝帘石（5%）和黑云母（1%~5%）组成。

（4）黄独山玉：呈黄绿色或橄榄绿色，主要由斜长石（90%~100%）、黝帘石（1%~10%）和少量绿帘石、榍石、金红石组成。

（5）红独山玉：呈粉红色或芙蓉色，主要由黝帘石（50%~80%）和斜长石（30%~40%）组成。

（6）青独山玉：呈青色或深蓝色，主要由斜长石（86%）和辉石（15%）组成。

（7）墨独山玉：呈黑色、黑绿色，主要由

斜长石（45%）、黝帘石（45%）和绿帘石（10%）组成。

（8）杂独山玉：呈白、绿、黄、紫等色相间的条纹，主要由斜长石（40%～50%）、黝帘石（40%～45%）和绿帘石等组成。

【欧泊】

欧泊是一种具有变彩效应的玉石，优质欧泊可集七彩于一身，以其丰富而变幻、耀眼而闪光的色彩牵动着人们的心灵。

1. 欧泊的矿物组成

欧泊石又称蛋白石、闪云岩等，是一种贵重宝石，主要产于澳大利亚，其化学组成为二氧化硅的水合物。

2. 欧泊的基本性质

（1）化学组成为含水非晶质二氧化硅，化学分子式为 $SiO_2 \cdot nH_2O$。

（2）结晶状态：非晶质体。

（3）颜色：分体色和伴色，体色有黑色、白色、橙色、蓝色、绿色等多种颜色；伴色可有红色、橙色、黄色、绿色、蓝色、紫色等。

（4）透明度和光泽：透明至不透度，玻璃光泽至树脂光泽。

（5）折射率：为 1.45，火欧泊可低至 1.37。

（6）光性特征：均质体。

（7）多色性：无多色性。

（8）发光性：黑色或白色体色的欧泊可具中等强度的白色、浅蓝色、浅绿色和黄色荧光，并可有磷光。火欧泊可有中等强度的绿褐色荧光，可有磷光。

（9）吸收光谱：绿色欧泊可见 660nm、470nm 吸收线，其他颜色的欧泊吸收线不明显。

（10）特殊光学效应：具典型的变彩效应。

（11）解理和断口：无解理，断口贝壳状。

（12）硬度：5～6。

（13）密度：2.1g/cm^3。

（14）包裹体：欧泊内有时可有二相和三相的气液包裹体，可含有石英、萤石、石墨、黄铁矿等诸多的矿物包裹体。墨西哥欧泊中含有针状角闪石包裹体。

2. 欧泊的主要品种

（1）按体色可分为三个品种：

1）黑欧泊：体色为黑色、灰黑色、深蓝色、褐色等。

2）白欧泊：体色为白色。

3）火欧泊：为无变彩或少量变彩的半透明至透明品种，一般呈橙色、橙红色、红色，由于其色调热烈，有动感。

（2）按变彩的多少可分为三个品种：

1）五彩欧泊：变彩丰富，具有从红到蓝的各种颜色变彩，有“五彩”或“七彩”之称。

2）三彩欧泊：变彩仅为两三种，蓝绿色、绿色、黄色等，变彩不够丰富。

3）单彩欧泊：只有一种颜色，变彩单调，基本不变。

（3）按变彩的形状及图案可分为三个品种：

1）片状欧泊：各种色彩为片状，彩色片有大有小，以大为好。

2）丝状欧泊：各种色彩为丝状。

3）点状欧泊：各种色彩为斑点状。

【石英质玉石】

1. 石英质玉石的矿物组成

石英质玉石是以矿物石英为主的集合体，其基本性质与单晶石英大致相同。但由于结晶程度、颗粒排列方式存在较大差异，因而形成了众多不同的石英质玉石品种。

2. 石英质玉石的基本性质

（1）化学成分：主要化学成分是 SiO_2，另外，可含有少量 Ca、Mg、Fe、Mn、Ni 等元素。

（2）晶系与结晶习性：石英质玉石的主要矿物组成石英属三方晶系。呈显微隐晶质集合体，外表形态多为团块状、皮壳状、钟乳状。

（3）颜色：变化多样，具体取决于品种。

（4）透明度和光泽：半透明至微透明，玻璃光泽。

（5）光性：在正交偏光镜下无消光位。

（6）折射率：点测法测出的值为 1.53～1.55。

（7）吸收光谱：一般无特征光谱，仅个别因含致色元素可产生特征的吸收光谱。

（8）解理和断口：无解理，断口呈参差状、锯齿状、贝壳状，具体取决于品种。

（9）硬度：约为 6.5。

（10）密度：不同品种略有变化，一般为 2.60g/cm^3。

3. 石英质玉石的主要品种

根据矿物组成、结构和构造组合特征，石英质玉石可分成以下主要品种。

（1）多晶质玉石：这种玉石实质上是石英的单矿物岩石，其中石英为他形粒状，粒度一般为0.01～0.6mm。集合体块状，微透明至半透明。常见的玉石品种以下几种。

1）东陵玉：因为大部分东陵玉来自于印度，所以，亦有印度玉之称（李娅莉，1997年），它是一种具砂金效应的石英岩。因含不同的杂质矿物而呈不同的颜色。含铬云母者呈绿色，亦称绿东陵；含锂云母者呈紫色，亦称紫东陵；含蓝线石者呈蓝色，亦称蓝东陵。总体来看，东陵玉的矿物颗粒相对较粗，肉眼或在放大镜下可见。

2）密玉：密玉亦称河南玉，是一种含细少片状绢云母的致密石英质玉。物理性质与东陵玉基本相同，但颜色只有白色、浅绿色，组成的矿物颗粒相对较细，并且没有东陵玉的砂金效应。

3）京白玉：因产于北京市郊而得名，是一种含少量白云母的白色石英岩，呈乳白色，半透明至微透明，颗粒细小，具油脂光泽，外观与软玉中的白玉极相似。

4）贵翠：因产于贵州而得名。矿物成分除石英外，还含少量迪开石、高岭石，颜色为淡蓝绿色，色不均匀，外观与翡翠有些相似。

5）马来西亚玉：这是一种曾经流行于珠宝市场、结构较细至中等的染色石英岩玉，主要用来仿冒翡翠。

6）台湾翠：因产于台湾省而得名，是一种呈蓝色的石英岩。

7）砂金石：是一种含云母片或氧化铁矿物细片的石英岩，因其内有金星般的光芒闪耀而得名，又称“金星石”。

（2）隐晶质玉石：根据结构构造特点和所含杂质情况，隐晶质石英质玉石可分为玉髓、玛瑙、碧玉等品种。

1）玉髓：是一种以玉髓矿物为主，含少量蛋白石和微粒石英组成的矿物集合体，是一种无条纹构造的岩石或玉石。

玉髓按颜色可进一步分成：①绿玉髓，亦称“澳玉”。绿玉髓的颜色鲜艳均一，有苹果绿色、蓝绿色，其中含Ni、Fe、Cr等致色元素。绿玉髓的色调与Cr含量有关，Cr含量越高，绿色调越深，质地越好。绿玉髓在查尔西滤色镜下有明显的深红色。②血滴石，亦称鸡血石、血石髓或血星石，是一种呈橙红色至褐红色、微透明至半透明的玉髓，由微量Fe致色。③白玉髓，灰白色至灰色，微透明至半透明，是一种较纯的玉髓。④蓝玉髓，灰蓝色至蓝绿色，不透明至微透明，由所含的蓝色矿物产生颜色。

2）玛瑙：因其特征“纹理交错，有似马脑”（魏·曹丕《玛瑙勒赋》）而得名；又因“玉乃石之美者”，故加玉字旁，写作“玛瑙”。我国古代称玛瑙为“琼”，现名与佛经传入有关。其梵文音译为“谒湿摩揭婆”，意为“马脑”（唐·慈恩《妙法莲花经》）。

玛瑙是人类应用最早的玉石之一。在我国新石器时代的出土文物中，常有玛瑙珠出现（陈环，1998年）。据晋代王嘉所著《拾遗记》记载：“当黄帝时，玛瑙瓮至，尧时犹存，甘露在其中，盈而不竭。”可见，在公元前26世纪初，我们的祖先就把敞口的空心玛瑙作为宝器，用来装酒或盛水，既美观又实用。不仅我国有悠久的玛瑙应用史，外国亦是如此。经典著作《圣经》的开篇“创世纪”记载：“从伊甸园流出的第一条比逊河，在那里有珍珠和红玛瑙。”在《圣经》中红玛瑙一直同金刚石、红宝石、绿宝石等珍贵宝石并提。可见，无论在中国还是外国，玛瑙在古代均是重要的宝玉石之一。只是到了近代，由于其产地甚多，产量很大，已不具备稀有性，才降为中低档玉料，只有少量珍贵品种，仍然跻身于宝石之列（李海负，1994年）。

“千样玛瑙万种玉”，自古以来，我国对玛瑙品种划分得很细，按照颜色、环带、杂质或包裹体等特点可细分为许多品种。

A. 根据颜色划分：常见的品种有红玛瑙、橘红（橙）玛瑙、黄玛瑙、绿玛瑙、紫玛瑙、黑玛瑙、白玛瑙和介于两种颜色之间的过渡颜色的玛瑙。以绿、紫、红等色彩鲜艳的玛瑙比较珍贵，可作为制作首饰的原料。

B. 依据结构构造划分：具有纹带构造是玛瑙区别于玉髓的主要特征，曹丕说“纹理交错”，其实不是“交错”，而是缠绕，环环相套。原生玛瑙矿属于火山期后热液充填型矿床，即火山活动的后期，残余硅胶溶液充填于火山岩的气孔（或裂隙）中，从外至内逐渐冷却，形成树木年轮状的环带。由于含色素离子的差异或结构的不同，使环带更为清晰美丽。

a. 带状玛瑙：纹带较宽，既有单色，也有杂色，通过颜色差异或明暗变化来显现纹带。

b. 城砦玛瑙：纹带中有似“城廓”的棱角。

c. 缠丝玛瑙：纹带细密，像蚕丝一样层层绕，亦称“缟玛瑙”。又有红缟玛瑙、红白缟玛瑙、黑白缟玛瑙、灰白缟玛瑙、棕黑缟玛瑙、黄白缟玛瑙、绿白缟玛瑙之分。其中以红缟玛瑙最为珍贵，与橄榄石并列为“八月诞生石”，有生活幸福、和平美满之寓意。此外，缟玛瑙和城砦玛瑙均有较高的观赏价值。

C. 依据透明度划分：可分为透明、半透明和不透明等三种，以半透明者居多。玛瑙的主要矿物成分是玉髓，含少量蛋白石、微石英及其他杂质。透明度主要取决于玉髓质点的排列情况，有序度高，光性方向一致则透明。反之，玉髓质点杂乱无章，则不透明。一般说来，透明度越高，质量越好。

D. 依据包裹体和其他特征划分：玛瑙中含固态、液态和气态包裹体，使玛瑙的品种更加多样化。

a. 苔藓玛瑙：是混有绿泥石包裹体的玛瑙。

b. 柏枝玛瑙：含有铁锰质包裹体，从而呈现出柏枝状图案的玛瑙。柏枝形状与一般岩石裂隙中所见的“假化石”相似。

c. 火玛瑙：包含有镜铁矿等板状矿物晶体，在阳光照射下闪烁火红色光亮的玛瑙。

d. 晕光玛瑙：由于条纹对光线互相干扰，从而显出明暗的玛瑙。抛光后随光源照射角度不同而变化，十分美丽。

e. 闪光玛瑙：是一种中空的呈豆荚状的玛瑙，其中生长微粒石英或极小的水晶簇，能将入射光线反射出来，闪闪烁烁，星光点点。

f. 龟背玛瑙：由许多玛瑙眼组成龟背状花纹的玛瑙。

g. 风景玛瑙：由于包裹体、结构构造或不同颜色的组合变幻，从而形成人物、动物、植物图案或山光水色画面的玛瑙。

h. 云雾玛瑙：有云雾缭绕或云遮雾罩之感的玛瑙，通常由含为数众多但个体很小的气液包裹体而引起，亦称昙玛瑙。

i. 水胆玛瑙：含液态包裹体的玛瑙，包裹体形状多呈胆囊体，故得此名。

3）碧玉：是一种含黏土矿物的玉髓，半透明至不透明，颜色有红色、黄色、绿色、灰蓝色等。工艺美术界称其为肝石及土玛瑙等。碧玉中较名贵的品种有血滴石和风景碧玉。

A. 血滴石：是一种暗绿色的不透明至微透明的碧玉，其上散布着棕红色斑点，犹如滴滴鲜血，因而得名。

B. 风景碧玉：是一种彩色碧玉，不同颜色的条带、色块交相辉映，犹如一幅美丽的自然风景画，故而得名。

（3）二氧化硅交代的玉石：是一种由于二氧化硅交代作用，仅保留了原矿物晶形（假象）而形成的石英质玉石，重要的品种有木变石和硅化木。

1）木变石：由 SiO_2 交代纤维状石棉而成。主要品种有：

A. 虎睛石：黄色或褐黄色的硅化石棉，当琢磨成弧面形宝石时，显示猫眼效应，因外观似“虎睛”而得名。

B. 鹰睛石：蓝色或蓝绿色的硅化石棉，当琢磨成弧面形宝石时，显示猫眼效应，因颜色和猫眼效应似“鹰睛”而得名。

C. 斑马虎睛石：褐黄色与蓝色相间，是呈条带状的木变石品种。

2）硅化石：是由 SiO_2 交代置换地质历史时期被埋入地下的树木而形成的。它保留了树木的年轮和个体细胞结构，并因含 Fe、Ca 等杂质元素而显各种颜色。

（4）晶质玉石：主要有芙蓉石和水晶两个品种。

1）芙蓉石（玉）：是一种粉红色至深红色、半透明至透明的石英块状体，习惯上也称蔷薇石英。

2）水晶：是具几何外形的单晶质材料，品种很多，如根据颜色可分为水晶、紫晶、黄晶、烟晶；根据所含包裹体可分为发晶、水胆水晶、乳石英等。

【青金岩】

青金岩意为“蓝色的宝石”。青金岩是一种古老而神圣的玉石，人类对它的开发和利用有悠久的历史，尤其是含黄铁矿的深蓝色青金岩玉石，似星光灿烂的夜空，倍受东方民族尤其是阿拉伯民族的喜爱。早在公元前6000~前5000年，人们就开发和利用阿富汗巴达赫尚省的萨雷散格优质青金岩矿藏，其产品传遍世界各大文明古国。青金岩之所以贵重，亦受历代统治者的青睐，其原因就是它那纯正而深沉的天蓝色，即所谓的"天青"和"帝青色"。古罗马称青金岩为"蓝宝石"，说它含有金子般的斑点。由于"青金岩色相如天，或夹金屑散乱，光辉灿烂，若众星之丽于天也"（章鸿钊），因此在我国古代，青金岩备受帝王的器重，常随葬于古代皇帝的陵墓中，以象征"达升天之路"。据清代《清会典图考》记载："皇帝朝珠杂饰，唯天坛用青金石，地坛用琥珀，日坛用珊瑚，月坛用绿松石；皇帝朝带，其饰天坛用青金石，地坛用黄玉，日坛用珊瑚，月坛用白玉。"其皆借助玉色来象征天、地、日、月，其中以天为上。由于青金岩玉石"色相如天"，故不论是朝珠还是朝带，尤受重用。除此之外，青金岩在我国古代还常用于装饰工艺品和用作首饰，如在徐州东汉墓中出土的鎏金镶嵌兽形铜盒砚上，就镶嵌有珊瑚、绿松石和青金岩，且制作精巧，色彩艳丽，金光闪闪。在河北赞皇东魏李希宗墓中，出土有一枚镶青金岩玉石的金戒指，玉石呈蓝灰色，重11.75g（王昶等，1999年）。在宁夏固原北周李贤夫妇墓中，也出土有一枚镶青金岩玉石的金戒指，青金岩玉石戒面颜色也为蓝灰色，直径为0.8cm。青金岩不但用作工艺饰品材料，也用作珍贵颜料。从古希腊、古罗马至文艺复兴时代，人们把青金岩磨成粉末，用来绘制世界名图；中国甘肃省敦煌莫高窟千佛洞的彩绘全用青金岩来制作颜料，其珍贵和庄重可见一斑。

1. 青金岩的矿物组成

青金岩主要的蓝色矿物为青金石和蓝方石，其次有方解石、黄铁矿、方钠石、透辉石、云母和角闪石等。

2. 青金岩的基本性质

（1）化学成分：青金岩主要矿物青金石的化学式为$(Na, Ca)_8(AlSiO_4)_6(SO_4)(Cl, S_2)$。

（2）晶系和结晶习性：主要矿物青金石为等轴晶系，单晶体为菱形十二面体，但极为罕见，青金岩一般为粒状集合体。

（3）颜色和条痕：蓝色为主，因含次要矿物而呈蓝白斑杂色。条痕为白色和浅蓝色。

（4）透明度及光泽：不透明至微透明，玻璃光泽至树脂光泽。

（5）折射率：点测近似值为1.5。

（6）发光性：在长波紫外线下，其中方解石发褐红色荧光；在短波紫外线下，可发绿色或白色荧光。

（7）解理和断口：无解理，断口锯齿状。

（8）硬度：5.06~6。

（9）密度：$2.5 \sim 2.9g/cm^3$，最大可大于$4g/cm^3$。

（10）包裹体：具黄铁矿斑点、白色方解石团块。

3. 青金岩的主要品种

（1）青金石：是指无黄铁矿和透辉石杂质的致密块体或罕见的单矿物晶体。

（2）青金：在青金石致密块体中，含有少量白点状方解石、少量透辉石及少量星点状黄铁矿。

（3）金格浪：指含有大量黄铁矿的青金石致密块体，一般黄铁矿的含量大于青金石的含量。

（4）催生石：是指青金石矿物同方解石混杂在一起，一般不含黄铁矿。传说怀孕要生小孩的妇女，只要见到这一品种的青金石就会起催生的作用，故而得名。

第四章　印章石

【寿山石】

寿山石是以地开石为主的矿物集合体，因主要产于福建寿山而得名（高天钧等，1997 年），是雕琢印章的重要原料，故在中国有“印章石”之称，并且是中国的四大印章石之一（武新逢等，1999 年）。

1. 寿山石的矿物组成

寿山石的主要组成矿物是地开石，其次是珍珠石、高岭石、伊利石、叶蜡石、滑石、石英和绢云母等矿物杂质。

2. 寿山石的基本性质

（1）化学成分：变化较大，主要成分为 SiO_2 和 Al_2O_3，此外，还含少量 FeO、CaO、MgO、K_2O、Na_2O 和 H_2O，其实测化学成分与高岭石族矿物的理论化学组分接近。

（2）结晶习性：隐晶质致密块状集合体。

（3）颜色：寿山石的颜色多种多样，主要有白色、乳白色、黄色、淡黄色等。

（4）光泽：蜡状光泽。

（5）透明度：大多不透明至微透明。

（6）硬度：一般为 2~3。

（7）密度：2.5~2.7g/cm^3。

3. 寿山石的主要品种及特征

寿山石品种繁多，有的以产地命名，有的以不同的矿坑命名，有的以石质命名。基本上可归纳为“田坑石”“水坑石”和“山坑石”等几类、一百多个品种（方宗圭，1978 年；郭发柽，2000 年）。

（1）田坑石：是指水田里零星产出的寿山石，其中以黄色的品种最为珍贵，即“田黄石”，简称“田黄”，又称“黄田”。田坑石按产出位置又可划分为上坂田坑石、中坂田坑石、下坂田坑石和碓下坂田坑石四类，其中以中坂田坑石石质最佳，并作为田坑石的标准。按颜色，田坑石又可划分为黄色、白色、红色和黑色四类，其中以黄色和红色为佳。按质地，田坑石还可划分为田黄冻石、硬田石、搁溜田石和溪管田石等品种。田黄冻石指质地温润、透明高的品种；硬田石指质地粗糙、不透明的品种；搁溜田石指地表信手可捻的品种；溪管田石指沉积在寿山溪底的田黄石。

（2）水坑石：水坑石是寿山石中的一类，离寿山村东南面约 2km 处有一矿床，由于矿床位于“坑头占”山麓，是寿山溪的发源地，矿脉垂直倾斜，洞深如井，凿采困难，且坑洞深入溪涧底，坑底不断有地下水涌出，故得名“水坑”。凡坑头所产的石头统称为“水坑石”。水坑石产地由于地下水丰富，矿石多年受水侵蚀，多半为半透明，而且石质光泽也比较强，故寿山石中的许多“冻”“晶”品种多产于此。

（3）山坑石：指分布在寿山、月洋两地区方圆几十千米内山坑中的寿山石。一般质地、透明度和颜色均低于田坑石和水坑石。

（4）掘性石：指掘于水坑石和山坑石矿洞附近松软砂土层或拾于溪水中的块状独石。按产状可划分为掘性头石、掘性高山石、掘性都成石、掘性旗降石、寺坪石和溪蛋六类。

【青田石】

青田石因产于浙江省青田县而得名，与福建寿山石、昌化鸡血石、巴林鸡血石同列为我国四大印章石（陈涛，2001 年）。

1. 青田石的矿物组成

关于青田石的主要组成矿物争议较大，有的认为是叶蜡石（张更，1931 年；范良明等，1985 年），另一些人认为青田石的主要矿物不是叶蜡石，而是高岭石的三个多型矿物地开石、珍珠陶石和高岭石（杨雅秀，1995 年）。基于目前的研究成果，青田石应该分为多种类型，青田石的大部分是叶蜡石型，这种类型的青田石的主要组成矿物是叶蜡石；部分是地开石型、伊利石型和绢云母型，相应的主要矿物是地开石、伊利石和绢云母。

2. 青田石的基本性质

（1）化学成分：不同类型的青田石成分差异较大。

（2）结晶习性：隐晶质致密块状集合体。

（3）颜色：颜色多种多样，主要有白色、黄色、绿色、青色、褐色、黑色等。

（4）光泽：蜡状光泽。

（5）透明度：大多不透明至微透明。

（6）硬度：一般为2~3。

（7）密度：2.5~2.7g/cm^3。

3. 青田石的主要品种

青田石按其颜色、石质、透明度、纹理可分为20多个品种，其中一些品种与寿山石的某些品种相似，以冻石最为名贵，其中，最珍贵和最著名的品种有封门青、灯光冻和五彩冻三种（戴苏兰，1999年）。

（1）封门青：因产于青田封门山而得名，又名凤凰青、青冻。石质细嫩，微透明至半透明，其青绿色有深有浅，有白菜青、竹叶青、兰花青等颜色。以质地纯洁细腻、颜色明媚均匀无杂色者为藏石家所珍视。

（2）灯光冻：产于青田图书山（鹤山）的官洪洞。石质细嫩，色黑而富有光泽，与寿山石中的牛角冻有些相似。当用灯光映照，则发现其完全透明且并非黑色，而是红黄色或微黄色，恰若灯辉且莹洁如玉，故称灯光冻。

（3）五彩冻：是依据其颜色和质地而命名的，其石质细腻，半透明至近于透明，其上多同时呈现多种颜色。质优者颜色柔和不乱，五彩斑斓，故称“五彩冻”，这是非常稀有的珍贵品种。

以上三种青田石虽然著名，却极其稀少或根本已经绝产，价值高得惊人。

【鸡血石】

鸡血石由于含辰砂，其色泽艳丽，红色如鸡血，因此得名。鸡血石是我国四大印章石之一。

1. 鸡血石的矿物组成

鸡血石主要由地开石（85%~95%）、辰砂（5%~15%）组成，并含高岭石、珍珠石、明矾石、黄铁矿和石英等。

2. 鸡血石的基本性质

（1）化学成分：其实测化学成分与高岭土族矿物的化学组成接近。

（2）结晶习性：为隐晶质至微晶质致密块状体，其外观似果冻，因而称冻石。

（3）颜色：鸡血石的颜色包括地的颜色和血的颜色两部分。地的颜色很多，主要决定于Fe_2O_3的含量，其中$Fe_2O_3<0.13\%$者为白色，称白冻；Fe_2O_3含量为0.22%~0.34%者为黄色，称黄冻；Fe_2O_3含量>0.39%者为乌黑色，称乌冻。其白色至黄色，黄色至乌黑色间还有许多过渡类型。血的颜色常呈鲜红色，主要是由辰砂的颜色、含量、粒度及分布状态所决定的。鸡血石颜色是否美观，与血的颜色与地的颜色是否协调及地的透明程度都有密切的关系。若地色与血色对比强烈，则血的红鲜艳生动，效果极佳。若地色与红色反差极小，如地呈红色、粉红色和紫色等，则会发生“地子吃血”现象。另外，鸡血石地的透明度越高，即地越油润，血就有扩大和增多的趋势，出现“血照映地子”的效果，并使血与地搭配得更加理想。

（4）透明度：半透明至微透明。

（5）光泽：蜡状光泽。

（6）硬度：2~3.5，硅化者为4~6。

（7）密度：约为2.9g/cm^3。

（8）折射率：变化大，地开石为1.56，鸡血（辰砂）为3.26。

3. 鸡血石的主要品种

鸡血石主要产于浙江昌化和内蒙古巴林，故按产地不同又可分为昌化石和巴林石。

（1）昌化石：产于浙江昌化，并因此得名。其血色鲜活浑厚，纯正无邪，但质地稍差，因而又有“南血”之称。

昌化鸡血石还可以按照地的成分、颜色、透明度和硬度分为冻地鸡血石、软地鸡血石、刚地鸡血石和硬地鸡血石。根据地的颜色还可以进一步划分为羊脂冻鸡血石、红冻鸡血石、瓜瓤红冻鸡血石、芙蓉冻鸡血石、杨梅冻鸡血石、藕粉冻鸡血石、黄冻鸡血石、黑冻鸡血石、灰冻鸡血石、瓷白地鸡血石、红花地鸡血石、朱砂红地鸡血石、石榴红地鸡血石、刘关张鸡血石、水草花鸡血石、羊脑冻鸡血石、花生糕鸡血石、“大红袍”鸡血石、“红帽子”鸡血石和红云篇鸡血石等亚种。

（2）巴林石：产于内蒙古自治区赤峰市巴林右旗，并因此得名。多数情况下，巴林鸡血石暗红，不如昌化鸡血石鲜明。巴林石中即使是比较鲜艳的鸡血，经过一段时间后也有变暗的现象，因此，一般来讲，巴林石不如昌化石珍贵。

巴林鸡血石可进一步分为5个品种、200多个亚种。

1）巴林福黄石：它与福建省的寿山田黄石齐名，行业内有“南有田黄，北有福黄”的说法。福黄石的质地透明，颜色纯正，集细、洁、润等六大要素于一体（迟国政，2002年）。可细为金黄、金鸡黄、黄金黄、黄金冻、橘黄、金包银等，低档次的有山黄、栗黄等。高档的福黄石价值连城。

2）巴林鸡血石：大致可分为上、中、下三个档次，根据颜色的浓度又可分为鲜血、溅血、浓血几大类；根据质地可分为羊脂冻地、牛角冻地等。

3）巴林冻石：可分为极品和上、中、下4个亚类，有100多个品种。

4）巴林彩石：根据石质的颜色、质地、块度、适刻性等，又可分为80多个亚种。

5）巴林图案石：几乎是一石一景。图案的形象各异，情景逼真。图案石可分为人物肖像类、动物亚类、植物亚类、佳景亚类等。

第五章 宝玉石主要产地及加工地

第一节 宝玉石的主要产地介绍

宝石矿产资源几乎遍布全球，各大洲均有产出。但大型优质宝石矿床主要分布在斯里兰卡、缅甸、泰国、柬埔寨、印度、澳大利亚、巴基斯坦、阿富汗、南非、马达加斯加、巴西、哥伦比亚、俄罗斯、加拿大等国，这些国家的大型优质宝石矿床占世界宝石资源分布总量的95%以上。

一、亚洲的宝石矿床分布

亚洲是世界上优质宝石的重要产地。主要宝石产出国有斯里兰卡、缅甸、泰国、柬埔寨、越南、印度、阿富汗、伊朗及巴基斯坦等。

1. 斯里兰卡

产出红宝石（星光红宝石）、蓝宝石（星光蓝宝石）、金绿宝石（猫眼石）、变石、祖母绿、海蓝宝石、碧玺、锆石、尖晶石、水晶、磷灰石、堇青石、透辉石猫眼、黄玉、橄榄石、月光石等60多个宝石品种。

2. 缅甸

产出红宝石、翡翠、蓝宝石、尖晶石、橄榄石、锆石、月光石、水晶。缅甸在抹谷地区产出世界上最好的鸽血红红宝石；北部乌龙江流域产占世界90%以上的翡翠。

3. 泰国、柬埔寨和越南

盛产红宝石、蓝宝石、锆石、石榴石等。

4. 印度

产出钻石、红宝石、蓝宝石、祖母绿、海蓝宝石、石英质宝玉石、石榴石等。印度是世界上最早出产钻石的国家，拉贾斯坦邦出产祖母绿，石榴石、鱼眼石也是印度著名的宝石品种。

5. 阿富汗

产出红宝石、海蓝宝石、碧玺、尖晶石、青金岩等。哲格达列克地区产出红宝石；萨雷桑产出青金岩，其产量占世界之首；库希拉尔产出尖晶石。

6. 伊朗

产出绿松石。尼沙普尔有世界著名的大型的优质绿松石砂矿产出。

7. 巴基斯坦

产出红宝石、祖母绿、海蓝宝石、石榴石、尖晶石、托帕石等。白沙瓦东北附近的斯瓦特出产祖母绿；红宝石的颗粒虽然较小，但质量较好。

中国宝石矿产资源有100多个品种，现有宝石矿点200多处，几乎遍布全国，主要宝石品种有钻石、蓝宝石、红宝石、锆石、石榴石、海蓝宝石、碧玺、橄榄石、托帕石等，但较名贵的宝石品种，如祖母绿、金绿宝石，尚未发现有利用价值的矿床。中国玉石的开采和使用已有悠久的历史，主要品种有和田玉、绿松石、独山玉、岫玉，但高档的玉石品种如翡翠、欧泊等在我国尚未找到。总体上看，中国的宝玉石矿产稀少分散，除钻石和水晶矿床外，其他宝玉石品种的地质普查、勘探工作仍有待于进行。

二、非洲的宝石矿床分布

非洲被誉为地球上最丰富的宝石仓库，主要宝石出产国有南非、津巴布韦、博茨瓦纳、坦桑尼亚、赞比亚、马达加斯加、埃及等。非洲产出的主要宝石品种包括钻石、红宝石、祖母绿、钙铝榴石、橄榄石等。

1. 南非

产出钻石、红宝石、祖母绿、钙铝榴石、橄榄石等，其中以钻石居世界领先地位，迄今世界最大的钻石（重3106ct）和世界上最大的祖母绿（重2.3万克拉）均发现于南非。

2. 津巴布韦

产出祖母绿、海蓝宝石、碧玺、托帕石、金绿宝石、紫晶，桑达瓦纳地区以盛产祖母绿和紫晶而闻名于世。

3. 博茨瓦纳

主要产钻石、玛瑙等。

4. 坦桑尼亚与肯尼亚的交界地区

产出蓝宝石、红宝石和坦桑石等。

5. 赞比亚

主要产出祖母绿、孔雀石、紫晶等。

6. 马达加斯加

是许多中高档宝石的产出国，包括碧玺、红宝石、蓝宝石等。

7. 埃及

优质绿松石和橄榄石重要产地。

非洲宝石矿床分布在东部地区：南起南非，经津巴布韦、马达加斯加、赞比亚、坦桑尼亚、肯尼亚，北至埃及，大多处于南非-东非地盾和东非大裂谷地区，主要为区域变质岩和花岗伟晶岩。

三、美洲的宝石矿床分布

美洲的宝石矿床集中在美洲西部科迪勒拉构造带-安第斯山脉一带，主要产出国家有加拿大、美国、墨西哥、哥伦比亚、巴西。

1. 加拿大

产出紫晶、玛瑙、石榴石、软玉、彩色拉长石、钻石等，西部不列颠哥伦比亚省是世界上重要的软玉产地。近来在加拿大西北地区发现了100多个含钻石的金伯利岩岩筒。此外，在其他地区，如魁北克、安大略、萨斯喀彻温、艾伯塔、不列颠哥伦比亚和纽纳武特，也发现有含钻石的金伯利岩岩筒。

2. 美国

产出红宝石、蓝宝石、海蓝宝石、祖母绿、石英质宝玉石、石榴石、黄玉、软玉、碧玺、绿松石、翡翠等，西部加利福尼亚州主要产出软玉、碧玺，新墨西哥州有世界最大的绿松石矿。

3. 墨西哥

世界上火欧泊的著名产地。

4. 哥伦比亚

祖母绿闻名于世，穆佐和契沃尔是世界著名的优质祖母绿供应地，又是世界上罕见的热液祖母绿矿床的产地。

5. 巴西

被誉为宝石王国，巴西的米纳斯吉拉斯有世界著名的宝石伟晶岩矿床，集中了世界上70%的海蓝宝石，95%的托帕石（最好的玫瑰色和蓝色托帕石），50%~70%的彩色碧玺，80%的水晶类，同时又是绿柱石和金绿宝石的主要产地。巴西也是继印度之后的著名的钻石砂矿出产国。

四、大洋洲的宝石矿床分布

大洋洲的主要宝石产出国是澳大利亚，盛产欧泊、蓝宝石、钻石、祖母绿、珍珠、绿玉髓 、软玉等。澳大利亚是欧泊的王国，世界上95%的欧泊产自澳大利亚，主要产地有南澳安达姆卡、库泊皮迪和明塔比至新南威尔士的白崖、闪电岭一带；昆士兰州的安纳基及新南威尔士的因弗雷尔-格冷伊尼斯地区产蓝宝石，其产量占世界总产量的60%，中部的阿利斯泼林发现了大型的红宝石矿床，是世界主要红宝石矿床之一；澳大利亚的绿玉髓（也称澳洲玉）的质量之优举世闻名，主要产地是昆士兰的马力波罗和西澳的卡尔古尔莱；南澳的考韦尔有大型软玉矿床；西澳大利亚阿盖尔的大型钻石矿床，其钻石产量居世界首位。

五、欧洲的宝石矿床分布

欧洲的宝石资源主要集中在西伯利亚和乌拉尔山一带。有3个宝玉石成矿区，11个产区，其中著名的有东西伯利亚和帕米尔的青金岩，西伯利亚软玉，哈萨克斯坦的翡翠，中亚的绿松石，乌拉尔的祖母绿、翠榴石、变石等，在雅库特和西西伯利亚地区产有钻石。波罗的海沿岸（挪威、芬兰、波兰）、罗马尼亚盛产琥珀。贝加尔湖地区是世界紫硅碱钙石的唯一产地。

第二节 宝玉石的主要加工地介绍

一、香港

有宝玉石加工厂600余家，技术工人2600余名，是以加工翡翠为主的宝石中心。钻石、红宝石、蓝宝石、绿宝石及珍珠的加工，也闻名世界。

二、泰国曼谷

世界80%的蓝宝石进口到这里加工，90%的工序由手工完成，在宝石入色和雕琢工艺水平方面，均居世界前列，被誉为国际蓝宝石城。20世纪70年代末期西方世界38%的红宝石，46%的祖母绿以原料形式进入泰国加工。

三、日本

日本甲府有500多家宝石首饰加工厂，主要加工碧玉、翡翠、粉玉髓和玛瑙等中低档宝石。

四、韩国

有一个由57家工厂组成的“宝石加工者协会”，现有琢磨工匠约3500人，约40个厂家专门琢磨锆石，其余工厂加工不透明宝石。

五、梧州

在梧州从事人工宝石切割、研磨、镶嵌和营销的人员已达12万人，人工宝石产业年产值约25亿元，市场份额约占全国产量的80%、世界产量的70%。梧州已成为全国人工宝石原材料、机械设备、加工辅助材料，以及人工宝石及其饰品的交易基地。梧州也是东南亚最大的人工宝石交易中心，市场覆盖面包括全国各地及泰国、印度、美国、意大利、墨西哥、俄罗斯等国际市场。

六、苏州相城

江苏省苏州市相城区渭塘镇，是我国淡水珍珠养殖和原珠生产的重要集散地，有数千珍珠养殖户，省内外水域养殖面积达20多万亩，江苏省的无锡、常州养殖户就有养殖水面20余万亩，淡水珍珠资源非常丰富。

七、江苏东海

全县1/2的地域储有水晶和石英，总储量达3亿吨，其中水晶30万吨，从事水晶和硅资源加工的大小企业达2900多家，上规模的加工企业500余家，2005年实现产值50亿元，12家高等院校和科研院所与当地企业建立了产研联合体。

八、云南瑞丽

瑞丽的珠宝产业产值达7亿元以上，已构建毛料批发、成品交易、加工等多功能珠宝园区，珠宝加工户及店铺各1000多家，从业人员占瑞丽市总人品数的1/10。

九、山东昌乐

勘查表明，县内蕴藏有蓝宝石矿的面积达450多平方千米，占全县总面积的1/3，蓝宝石富积矿区品位30ct/m^{3}以上；从业人员4万余人，有珠宝玉石企业300多家，年宝石加工能力600万克拉，形成了国家级珠宝交易市场——中国宝石城。投资1500万元建成中华宝玉石博物馆。

十、福建晋安

珍贵石材之一的寿山石，独产于福州市晋安区。投资1000多万元建成中国寿山石交易中心，经营面积17500m^2，入住商家125户，寿山村方圆200km内储藏有寿山石及其母矿叶蜡石2500多万吨；从事寿山石雕产业的人员增至4万人，产值达数十亿元。

十一、河南镇平

镇平县玉雕产业规模宏大，原料广泛。从业人员15万人，加工企业（户）1万多家，各类经销门店5000余家，年产值15亿元。

十二、浙江青田

青田石雕被誉为国之瑰宝，有石雕工厂1000多家，从业人员2万余人，2005年石雕行业产值5亿元；1996年被评为“中国石雕艺术之乡”和“中国石雕之乡”。

十三、云南腾冲

中国翡翠文化的诞生地、发祥地，有近600年的翡翠加工历史；有翡翠玉雕加工店铺500余户，从业人员1万多人，年产值约3亿元；湖北东方金钰股份有限公司在腾冲建设了亚洲知名的集翡翠毛料收购、加工、销售、展示为一体的交易中心和以体现翡翠文化、翡翠雕琢艺术为主题的集翡翠博物馆、翡翠文化馆、中国玉雕艺术馆为一体的综合性翡翠文化园区；2005 年 8 月，腾冲荣膺“中国翡翠第一城”。

十四、辽宁岫岩

岫岩是我国最大的玉石产地，储量丰富，保有储量 308.77 万吨。其中的蛇纹石质岫玉是目前世界上储量最大、玉质最好的蛇纹石质玉；透闪石质玉与新疆和田玉同质，是世界上储量最大的透闪石质玉矿。1995 年，岫岩县投资兴建了建筑面积为 1.2 万平方米的“中国玉都”和玉雕精品工艺园。从事玉石开采、玉器加工和玉器销售的人员达 10 万人次，玉器加工企业 3115 户、商业零售企业 5050 户，年产值 25 亿元。

十五、广东四会

广东四会为“中国玉器之乡”，2006 年底，已发展玉器商铺 1000 多家，加工厂 400 多个，从业人员 8 万多人，年产值 15 亿元。2004 年，投资建设了“四会国际玉器城”。

十六、广州番禺

2005 年，珠宝业出口值达 10.57 亿美元，占广州市珠宝业出口总值的 66%，占全国珠宝业出口总值的 19.3%。区内集聚广州市 500 多家珠宝企业中的 300 多家，7 万多从业人员，被誉为“中国的维琴察”。

十七、内蒙古赤峰

内蒙古赤峰市实行年产 200t 巴林石限量开采，以保障可持续发展。巴林宝石城已经成为全国巴林石原料和工艺品交易中心。目前，仅赤峰地区巴林石所带动的相关产业年销售收入达（4 ~5）亿元。

十八、辽宁阜新

阜新市是中国主要的玛瑙产区之一，有 1/2 的乡镇蕴藏着玛瑙资源。共有玛瑙厂家、业户 5000 余户，从业人员 3 万多人，年产值 2.5 亿元，“阜新玛瑙文化”被列入国家首批非物质文化遗产名录。

十九、深圳罗湖

2005 年底，罗湖区黄金珠宝业有 2000 多家各类珠宝企业，黄金珠宝首饰业总产值 600 多亿元，占国内市场份额的 70%，从业人员约 12 万人。在深圳乃至全国珠宝业中都处于主导地位。占地面积 56.63 万平方米的深圳罗湖区万山水贝珠宝工业区是深圳黄金珠宝产业集聚基地的核心区。

二十、浙江诸暨

全市淡水珍珠养殖面积达 38 万亩，养殖户达 3000 多户，遍布全国五大淡水湖区域，年产量占世界淡水珍珠总产量的 73%，占全国总产量的 80%。销售额超过 5000 万元的珍珠企业有 20 家，超亿元的企业有 8 家。

二十一、广州花都

短短 5 年时间，广州花都从无到有、从小到大，实现了跨越式发展。2005 年，花都珠宝首饰产品产值和出口值均增长 50% 以上，从业人员达到 2 万人。产品中约有 55% 出口、45% 为国内销售。花都区政府确定“一都三中心”的总体产业发展思路，努力使其成为“中华珠宝之都”；目前，占地面积 700 亩（约合 46.67 万平方米。亩系非法定计量单位，1 亩 ≈ 666.67m^2）的花都国际珠宝展览交易中心已经建成。

第五篇　古生物化石

引　言

本篇系统地介绍了我国的精品古生物化石，这些化石是自然界留给全人类的珍贵财富，对研究地球的演化历史和生物界的演化历史具有极其重要的科学意义。正因如此，使这些原本并不美丽的石头具有了非同寻常的经济价值，也就成了盗挖、走私、倒卖的抢手货，此类犯罪在一些化石产地经常会发生。本篇对我国境内产出的珍贵动植物化石做了系统介绍，介绍了化石所属生物类别、产出的地层、分布的范围以及辨识的基本特征。当然，对于化石的准确鉴定及珍贵性评价还需专业人员来进行确定。

第一章　古植物化石

【斑点藻】

斑点藻为古藻化石的一属。群体呈球形或椭球形，直径35~120μm，不具壁、腔构造，其外围包有丰富的黏液质。产于我国天津蓟县大红峪组中，四川、贵州等地的灯影组中亦有发现。

【光面小球藻】

光面小球藻为微古植物的一形态属。膜壳球形或椭球形，直径1~10μm。壁薄或坚密，表面光滑，无褶皱或具褶皱。出现于晚前寒武纪，分布于亚洲及欧洲。在我国主要产于天津蓟县串岭沟组。

【厚缘小球藻】

厚缘小球藻为微古植物的一形态属。膜壳球形或椭球形，直径1~10μm。壁薄而坚密，外缘经常增厚，表面光滑，有时具褶皱。出现于晚前寒武纪，分布于亚洲及欧洲。在我国主要产于天津蓟县串岭沟组，徐淮地区等也有产出。

【粗面球形藻】

粗面球形藻为微古植物的一形态属。膜壳球形或扁球形，直径10~250μm。壁的厚度和坚硬致密程度不等。表面粗糙，有褶皱。出现于晚前寒武纪至志留纪，分布于亚洲、欧洲。在我国主要产于天津蓟县串岭沟组及下马岭组，辽宁本溪康家组及桥头组也有产出。

【穴面球形藻】

穴面球形藻为微古植物的一形态属。膜壳球形或不规则球形，直径数十微米，个别较大。壁厚，坚密，单层。具数量不等的孔或穴，孔或穴圆形或不规则圆形，个别可呈多角形，大小随膜壳大小而变化，一般为数微米，大者可达10μm以上。出现于晚前寒武纪，分布于亚洲及欧洲。

早寒武世也有记载。在我国主要产于天津蓟县景儿峪组，辽宁本溪康家组也有产出。

【方形藻】

方形藻为微古植物的一形态属。膜壳基本轮廓为四边形或不规则四边形，边长 8~40μm。表面光滑或粗糙，或具放射状脊条。产于我国天津蓟县洪水庄组及雾迷山组。

【工蕨】

工蕨为裸蕨纲的一属，是较古老的小型陆地植物之一。簇状丛生，基部分叉很多，上部为二歧式分叉的直立枝，表面光滑，无叶。孢子囊圆形至肾形，具短柄，螺旋状排列于直立枝的顶部，组成穗状。出现于晚志留世至早泥盆世，分布于亚洲、欧洲、大洋洲及北美。我国产于云南东部曲靖下泥盆统翠峰山组。

【芦木】

芦木为楔叶植物化石的一属。木本，高可达 20~30m，常保存为茎髓部的内膜或内核化石。茎分节，节和节间分明，节间具纵脊和纵沟，脊宽而平，相邻节间的脊和沟常为交互排列。有时在节的下面具节下管痕。出现于中石炭世至二叠纪，分布于世界各地。我国常见于中、上石炭统和二叠系。

【轮叶】

轮叶为芦木的叶化石。叶呈线形或披针形，数目不等，轮生于节的周围，故得名轮叶。有时轮叶上有一个明显的缺失，称为叶缺。叶基部不相连合，或略相连，每叶具一条显著中脉。出现于中石炭世至二叠纪，早二叠世最盛，分布于世界各地。我国常见于中、上石炭统和二叠系。

【瓣轮叶】

瓣轮叶为楔叶植物叶化石的一属。形似轮叶，但海轮叶形成左右对称的两瓣，下叶缺明显，上叶缺有时不明显，瓣中各叶长短不等，靠近下叶缺的常最短，不连合或不同程度地连合。叶线形、披针形，多少向上弯曲，具单脉。二叠纪、晚二叠世早期最盛，分布于东亚。我国二叠系中产出甚多，早二叠世的种，叶的基部分离，分瓣不明显；晚二叠世的种，叶彼此连合的部分达叶长的 3/4 或几乎全部连合。

【楔叶】

楔叶为楔叶植物化石的一属。茎细弱，有节。叶轮生于节的周围，海轮叶数常为 3 的倍数，一般为 6 个。叶呈楔形、线形、倒卵形、椭圆形等，常较大，全缘、浅裂或深裂。叶脉多次二分叉，成扇状布满于叶片，偶见中脉。出现于晚泥盆世至二叠纪，早二叠世最盛，分布于世界各地。在我国主要产于石炭系和二叠系，江苏上泥盆统也有发现。

【新芦木】

新芦木为楔叶植物茎化石的一属。与芦木属很相似，但新芦木茎部节间的脊和沟都较细而窄，且无节下管痕。节上有叶痕迹，呈圆形或椭圆形。叶细长，呈线形，单脉，轮生于茎节的周围。出现于三叠纪至中侏罗世，分布于世界各地。我国常见于各地上三叠统至中侏罗统。

【拟木贼】

拟木贼为楔叶植物茎化石的一属。几乎与现代的木贼属无异，故也有用木贼属命名的，但中生代早、中期的木贼较高大，而仍有称之为拟木贼的。叶呈鳞片状或齿状，轮生于节上，基部相连成鞘。茎分节，节间有扁平的肋和狭窄的沟。茎中央为髓腔，髓腔节部具隔膜，呈圆形或椭圆形，表面有辐射线，如车轮状，可单独保存化石。最早出现于中石炭世，常见于世界各地中生代。在我国主要产于上三叠统、侏罗系及白垩系。

【齿叶】

齿叶旧名“丁氏蕨”，楔叶植物化石的一属。枝条羽叶状，具背腹性。叶四行排列，两行在上，两行在下。正面的两行叶较大（大叶），呈宽楔形、倒卵形、长椭圆形或线形，基部下延，呈半抱茎状，伸出后即扭曲，与轴位于同一平面上，侧边全缘，顶部常不规则地分裂成齿状。下面的两行叶较窄而小（小叶），位于枝的背面，常紧贴于枝，并直指向枝的前方。在同一枝条上，中部叶较长而大，两端的叶较短而小。叶脉平行，基部分叉较多，向上大致平行地直达叶的顶端，并伸入齿内。出现于晚石炭世至晚二叠世。我国华北地区、内蒙古地区、东北地区南部上石炭统及下二叠统上部均有产出，分布广泛，在云南下二叠统和广东、湖南上二叠统下部也有发现。

【鳞木】

鳞木为石松植物化石的一属。高大乔木，茎直立，高可达 40m，基部粗 2~3m。树干上部常为二歧式分枝，枝上布满细而长的叶。叶脱落后在茎上留下螺旋状排列的菱形痕迹，称为叶座。叶座的中上部有叶着生处留下的叶痕。叶痕中央有维管束痕。在束痕的两侧，有时在叶痕下方的叶座上，各有二个通气孔痕。叶痕上方的叶座上还有叶舌留下的一个小点叫叶舌痕。出现于石炭纪至二叠纪，晚石炭世到早二叠世最盛。分布于世界各地。我国石炭系和二叠系中化石很多，常见的种有猫眼鳞木。

【根座】

根座旧称“痕木”，为鳞木类主茎向下生出的地下茎，呈圆筒形，多次二分叉，近水平伸展，表面长有螺旋状排列的细长圆形根，根脱落后留下圆形或椭圆形根痕。化石多保存在煤层的底板附近。出现于中泥盆世至二叠纪，分布于世界各地。我国石炭纪及二叠纪地层中都有发现。

【类单蕨】

类单蕨旧称“拟丹尼蕨”，是真蕨植物化石的一属。羽片长带状，全缘，基部收缩，其下边或下延成耳状，耳状部分并有侧脉自羽轴生出。中脉粗，直达羽片的顶端，侧脉先以锐角自中轴生出，分叉并互相结成比较稀疏的网状，在叶缘附近有时较为明显。生殖叶和营养叶形态大致相同，孢子囊密布于羽片背面。出现于晚三叠世，分布于世界各地。密囊类单蕨是我国晚三叠世晚期植物群中的最重要分子之一。

【束脉蕨】

束脉蕨又称“贝尔瑙蕨”，是真蕨植物化石的一属。羽状复叶，羽片呈线形或披针形，长可达 5~6cm。顶端钝圆，基部收缩，仅以中心部分着生于轴上。中脉显著，侧脉多次分叉，细而密，呈束状。生殖叶与营养叶形态大致相似，孢子囊分布于生殖叶背面的中脉两侧。出现于晚三叠世，分布于亚洲及欧洲。我国产于上三叠统。

【网脉蕨】

网脉蕨为真蕨植物化石的一属。蕨叶甚大，具一长柄，叶柄顶端向左右做两歧式的分枝，每一分枝均向外弯曲，两侧生出辐射状排列的羽片。羽片线形或披针形，边缘浅裂成镰刀形或三角形的小羽片。小羽片各具一条中脉，侧脉连成多边形的网眼，网眼内又分出细脉，结成更细的脉网。孢子囊群生于羽片背面的小网眼内。出现于晚三叠世至中侏罗世，分布于亚洲、欧洲、美洲、大洋洲及南极。我国常见于上三叠统及下侏罗统。

【格脉蕨】

格脉蕨为真蕨植物化石的一属。似网脉蕨，但羽片较宽，且分裂较浅，二级侧脉常联结成长方形的大网眼，网眼内又有更小网格。出现于晚三叠世至中侏罗世，晚三叠世最盛，分布于亚洲、欧洲及北美，我国上三叠统化石很多。

【奇叶蕨】

奇叶蕨为真蕨植物化石的一属。叶具长柄，柄顶端两歧分叉成两枝轴，其上生几枝羽片，排成漏斗状。羽片深裂，小裂片线形，具中脉，叶脉呈重网状脉序。孢子囊群散布于叶背。出现于晚三叠世至早侏罗世。分布于亚洲、欧洲及美洲。

【锥叶蕨】

锥叶蕨为真蕨植物化石的一属。小羽片卵形，叶边常深裂成圆形、楔形或线形的裂片，基部收缩。中脉以锐角自中轴伸出，侧脉自中轴伸出后分叉数次，直达各裂片顶端。生殖叶常退缩，呈柄状，孢子囊群生于脉的顶端。出现于早侏罗世至早白垩世，侏罗纪最繁盛，分布于世界各地。

【枝脉蕨】

枝脉蕨为真蕨植物叶化石的一形态属。羽状复叶，小羽片一般较大，镰刀形，全缘或具锯齿。基部全部着生于羽轴上，有时略收缩或下延，顶端尖锐或圆凸，中脉明显，侧脉分叉。出现于二叠纪至白垩纪，分布于世界各地。我国主要见于上三叠统至下白垩统。此属与栉羊齿颇为相似，两者主要不同点仅在于后者的小羽片较小，多呈舌形，顶端较钝，侧脉分叉次数较少。

【茹蕨】

茹蕨又称“鲁福德蕨”，是真蕨植物化石的一属。叶经三四次羽状分裂，呈三角形至菱形。羽片三角形、卵形或披针形。小羽片朵形、线形至狭楔形，基部收缩，前缘常呈细齿状，顶端尖锐或尖凸，以锐角着生于羽轴上。叶脉细而密，楔羊齿型。生殖叶较短而宽，叶膜退缩，孢子囊较小，散布于叶的背面。出现于早白垩世，分布于亚洲、欧洲及北美。我国产于下白垩统。

【类金粉蕨】

类金粉蕨为真蕨植物化石的一属。羽状复叶。羽片披针形，互生于细长的轴上。小羽片呈细长的披针形，顶端尖锐，全缘，浅裂或深裂成细小的裂片，排列紧密。叶脉常不明显。生殖叶呈卵形或椭圆形，孢子囊群生于中脉两旁。出现于晚侏罗世至早白垩世，分布于世界各地。我国上侏罗统及下白垩统均有产出。

【楔羊齿】

楔羊齿为真蕨或种子蕨植物叶化石的一形态属。羽状复叶。小羽片形状变化很大，大都较小而窄，呈楔形或圆形，边缘常裂成几个裂片，基部收缩呈柄状，着生在轴上。叶脉羽状或近扇状，主要呈二歧合轴式分枝，中脉较弱，有时曲折，侧脉分叉。出现于晚泥盆世至白垩纪，分布于世界各地。我国主要产于石炭二叠系。晚三叠世及侏罗纪地层中也有产出。

【栉羊齿】

栉羊齿为真蕨或种子蕨植物叶化石的一形态属。但绝大多数属真蕨植物。羽状复叶，小羽片小，呈舌形或线形，两边近于平行，顶端钝圆，基部全部固着在羽轴上，排列整齐。中脉明显或不明显，侧脉不分叉或多次分叉。有时呈合轴式分叉。出现于石炭纪至三叠纪，繁盛于晚石炭世至二叠纪，分布于世界各地。我国石炭系及二叠系中化石很多，云南永仁上三叠统也有产出。

【织羊齿】

织羊齿为种子蕨植物化石的一属。羽状复叶。小羽片三角形至卵圆形，基部互相联合。中脉不明显，侧脉自中脉伸出且联结成网状。两个羽片之间自末二级羽轴上直接长出间小羽片一枚，其形态及叶脉特征均与一般小羽片相似。种子长卵形，此属为东亚早二叠世特有的植物化石。我国常见于北方的下二叠统。

【座延羊齿】

座延羊齿为种子蕨植物叶化石的一形态属。羽状复叶，小羽片较长，三角形或长方形，顶端较钝，基部下延于轴，呈耳状。耳状部分有由羽轴上直接长出的邻脉。中脉细而明显，侧脉简单或分叉二三次。出现于中石炭世至早二叠世，分布于亚洲及欧洲。我国常见于北方的上石炭统及下二叠统。

【脉羊齿】

脉羊齿为种子蕨植物叶化石的一形态属。小羽片舌形、宽线形或卵圆形等，全缘，顶端弯曲呈镰刀形，基部收缩成不对称的心脏形，仅中间部分固着在羽轴上。中脉略粗于侧脉，长达小羽片的 1/2 或 1/3 处，侧脉多次分叉。出现于石炭纪至早二叠世，中、晚石炭世最盛。分布于亚洲、欧洲及北美。我国多产于中、上石炭统，常见的种有中石炭世的重要标准化石大脉羊齿及晚石炭世植物群的重要分子卵脉羊齿。

【大羽羊齿】

大羽羊齿为种子蕨植物化石的一属。大型单叶，倒卵形、歪心形、纺锤形或长椭圆形，边缘全缘、波状或锯齿状。中脉粗，侧脉 1~3 级，羽状，第 3 级脉联结成较大网眼，并再分出细脉，细脉联结成小网，形成大网套小网的重网状脉式。

网眼内有时有盲脉，中脉上常有邻脉伸出。此属为东亚地区晚二叠世特有的植物化石，北美少数地区也有类似标本的发现。我国产于南方晚二叠世早期龙潭组，著名的种有烟叶大羽羊齿。

【科达】

科达为裸子植物，科达纲的一属。高大乔木，最常见的是其叶化石。叶很大，呈狭长的带形，长可达 1m，顶端和基部均略收缩。叶脉彼此平行，常在叶的基部分叉，叶脉之间有时夹有纵纹，纵纹细，与脉平行。出现于晚泥盆世至二叠纪，分布于世界各地，石炭二叠纪极盛，是当时的重要造煤植物之一。我国常见于中石炭统及二叠系。

【蕉羽叶】

蕉羽叶为裸子植物，苏铁目叶化石的一属。叶披针形或线形，不分裂或分成不规则的裂片，着生于羽轴的腹面，遮盖羽轴。叶脉近平行，不分叉或很少分叉。出现于晚石炭世至第三纪，晚三叠世及侏罗纪最盛，分布于世界各地。我国常见于晚三叠世及侏罗纪地层中，上石炭统及二叠系也有发现。

【侧羽叶】

侧羽叶为裸子植物，本内苏铁目的一属。叶羽状，裂片线形、扁针形或舌形。基部全部着生于羽轴之两侧。叶脉平行，分叉或不分叉。出现于中石炭世至早白垩世，以三叠纪及侏罗纪最盛，分布于世界各地。我国常见于晚三叠世及侏罗纪地层，上石炭统及二叠系也有发现。

【似银杏】

似银杏为裸子植物，银杏纲植物叶化石的一属。叶片呈扇形，具叶柄。常分裂成舌状或带状的裂片。叶脉多次分叉。出现于中三叠世至第三纪，侏罗纪至早白垩世最盛，大多分布于北半球。我国主要产于各地侏罗系，上三叠统也有发现。

【裂银杏】

裂银杏旧称“拜拉”，裸子植物，银杏纲植物叶化石的一属。叶片呈扇形，具明显的柄，常深裂为许多狭窄线形裂片，裂片常成组，左右对称，每个裂片具不多于 2~4 条的叶脉。出现于中三叠世至白垩纪，分布于北半球。我国常见于各地上三叠统及侏罗系。

【线银杏】

线银杏旧称“茨康诺司基叶”，裸子植物，银杏纲植物叶化石的一属。叶很长，无柄，丛生于被有鳞片的短枝上。叶片经二三次分裂，形成狭长的细裂片，裂片近于平行，全缘。叶脉一般不清楚，每个裂片上最多有 2~4 条平行叶脉，有的只有一条。出现于晚三叠世至白垩纪，多见于侏罗纪，分布于世界各地。我国常见于侏罗系。

【凤尾银杏】

凤尾银杏旧称“类刺葵”，裸子植物，银杏纲植物叶化石的一形态属。叶线形，无柄，常 6~20 个簇生，基部包以鳞片状小叶。叶宽 0.2~2cm，除基部略收缩外，中、上部宽度变化不大，顶端较钝。叶长可达 20cm。叶脉平行，每个叶片上有叶脉数条至 20 条。出现于晚三叠世至白垩纪，以中侏罗世最盛，主要分布于亚洲。我国常见于侏罗系。

【短叶杉】

短叶杉为裸子植物，松柏纲植物营养枝化石的一形态属。小枝互生，位于一个平面上。叶呈鳞片状，质厚，宽而短，螺旋状排列，贴生在枝上，叶分离部分的长度小于叶座的宽度。叶脉不清。出现于晚三叠世至白垩纪，分布于世界各地。我国常见于上侏罗统及下白垩统。

【长枝杉】

长枝杉又称“枞型枝”，裸子植物，松柏纲植物营养枝化石的一形态属。叶呈线形、针形或披针形，具单脉，螺旋状排列于枝上。出现于二叠纪至白垩纪，大量出现于侏罗纪，分布于世界各地。我国常见于各地侏罗系。

【苏铁杉】

苏铁杉为裸子植物，松柏纲植物叶化石的一

属。叶为披针形或卵形，基部收缩，螺旋状排列于枝上。叶脉细而平行，常在顶端聚集。出现于晚三叠世至早白垩世，分布于北半球。我国分布很广，上三叠统至下白垩统均有发现，常见的种有披针苏铁杉等。

【红杉】

红杉为裸子植物，松柏纲的一属。叶线形，互生或螺旋状排列于枝上，叶基部沿枝下延。单脉明显。出现于白垩纪至现代，第三纪分布于北半球，现仅见于北美洲。我国抚顺老第三纪化石甚多。

第二章　古动物化石

【笛苔藓虫】

笛苔藓虫为泡孔目苔藓虫的一属。硬体块状或枝状，表面具尖峰或凸起。虫室口圆形或卵圆形，常有不明显的月牙构造。虫室内具横板，虫室间有泡沫状组织。出现于亚洲、欧洲、美洲及大洋洲的奥陶纪至二叠纪，以晚古生代为最多。我国黑龙江及广西的泥盆系及西北和南方的石炭系、二叠系中均有发现。

【光枝苔藓虫】

光枝苔藓虫为变口目苔藓虫的一属。硬体块状、枝状或片状，表面有凸起。虫室口椭圆形或花瓣形。间隙孔多，其中横板比虫室中密而多。刺孔发育。出现于奥陶纪至二叠纪。分布于亚洲、欧洲及美洲。我国泥盆纪地层中很多。

【窗格苔藓虫】

窗格苔藓虫为隐口目苔藓虫的一属。硬体扇状或漏斗状，由许多分枝组成；分枝直，或稍弯曲，枝与枝之间在一定距离内有横枝连接，形成窗格状。每枝具两列虫室，其间为一中棱分开。虫室口很小，圆形或卵形，体壁很厚，横枝上无虫室。出现于志留纪至二叠纪。分布于亚洲、欧洲、美洲和大洋洲。我国分布很广，多产于泥盆纪至二叠纪地层中。

【变隐苔藓虫】

变隐苔藓虫为隐口目苔藓虫的一属。硬体薄层状，有时有二分法分成的枝，具一中板将硬体分成二层。虫室管状，自中板生出，直通硬体表面，虫室口卵圆形，管内具横板。间隙孔小而多，内具一二个横板。产于我国陕西下奥陶统。

【始石燕】

始石燕为腕足动物门、有铰纲、石燕目的一属。贝体中等或大，轮廓横长，铰合线的长度短于壳宽。铰合面不高，三角孔宽，其上有时具有部分三角板。中槽、中隆发育，无壳褶。壳纹细密，遍布全壳。腹壳内齿板长而高。出现于志留纪至中泥盆世，分布于世界各地。我国多产于西南志留系。

【巅石燕】

巅石燕为腕足动物门、有铰纲、石燕目的一属。贝体中等或大，半圆形或菱形，两端多呈尖翼状展伸。铰合线直而长，为壳的最宽处，铰合面微凹。两壳双凸型，中槽、中隆发育，光滑无饰褶。侧区有粗大、简单的壳褶。壳面并覆有整齐的同心层，层的前缘成细的梳齿状。腹壳内齿板发育，背壳内具腕螺，螺顶指向二翼。出现于早泥盆世至中泥盆世早期，分布于亚洲、欧洲及美洲。我国多产于南方下、中泥盆统，东北地区中泥盆统也有产出。

【印度石燕】

印度石燕为腕足动物门、有铰纲、石燕目的一属。贝体小或中等，近方形。铰合线直，等于或短于壳宽。两壳双凸型。铰合面低，壳喙直或微弯曲。中槽、中隆均不显著，中槽内有壳线1~5条，侧区壳线较粗，每侧一般不超过10条。全部壳面均覆有与壳线斜交的细纹，此纹往往被同心纹切割成为不明显的瘤突。腹壳内齿板长。出现于中泥盆世，分布于亚洲及欧洲。我国多产于南方及西北地区中泥盆统。

【弓石燕】

弓石燕为腕足动物门、有铰纲、石燕目的一

属。贝体中等大小，近菱形。铰合线直长，是壳的最宽处。两壳双凸型。中槽、中隆发育，从喙部开始，贯穿全壳。铰合面低而凹曲，三角孔或覆有三角板。壳面有细密壳线，中槽及中隆壳线细密分叉，而其两侧壳线较粗且不分叉。腹壳齿板发育，背壳内主凸起粗大，二分叉。出现于晚泥盆世至早石炭世，分布于世界各地。我国产于南方上泥盆统锡矿山组。

【分喙石燕】

分喙石燕旧称“唱贝”，是腕足动物门、有铰纲、石燕目的一属。贝体中等到大，近圆形或近椭圆形，铰合线的长度等于或稍短于最大壳宽。两壳双凸型，中槽窄浅、中隆低平，边缘界线均不清晰。腹铰合面大，喙部弯曲。壳面饰有宽平的壳线，壳线一次或多次分叉，间隙窄而浅。腹壳内具有平行的齿板，长可达壳长的一半。出现于中至晚石炭世，分布于世界各地。我国各地中、上石炭统均有产出。

【新石燕】

新石燕为腕足动物门、有铰纲、石燕目的一属。贝体横展，近三角形，铰合线直长，为壳体最宽处。两壳双凸型，中槽、中隆显著。腹喙尖而弯曲。壳面具分叉的壳线，壳线成簇束状组合，并有迭瓦状同心层。腹壳内齿板短，向前分叉。出现于石炭纪至二叠纪，分布于世界各地。我国石炭系中很多，二叠系中也有发现。

【石燕】

石燕为腕足动物门、有铰纲、石燕目的一属。贝体大，轮廓横长，铰合线为壳的最宽部分。两壳双凸型，中槽、中隆发育。壳喙尖锐弯曲，铰合面凹曲，成横三角形。壳面饰有两分叉或三分叉的壳线，但壳线不成簇，并有极细的壳纹。腹壳内齿板短而平行，背壳内主凸起低。出现于早石炭世，分布于世界各地。我国产于南方及西北的下石炭统。

【管孔石燕】

管孔石燕又称“管孔贝”，是腕足动物门、有铰纲、石燕目的一属。贝体大小不等，铰合线直长，等于最大壳宽。腹壳强烈凸隆，呈半角锥状，背壳微凸。腹铰合面特高，阔三角形，三角孔大。中槽及中隆均显著，光滑无饰纹，两侧有简单的壳线。壳面具细同心线。腹壳内齿板发育，并向上延伸与一稍低于铰合面的内窗板连接，内窗板沿中线向前做刺状突伸，其内面卷曲形成一个沟通三角孔顶端与体腔的细管孔，故得名管孔石燕。出现于早石炭世，分布于世界各地。我国产于东北北部及新疆下石炭统。

【小石燕】

小石燕为腕足动物门、有铰纲、石燕目的一属。贝体大小不等，直卵形，铰合线短于壳宽。两壳双凸型，腹铰合面高而弯曲。中槽、中隆发育良好，平滑或仅有微弱而简单的壳线。侧区壳线粗强，简单或分叉。壳面并有粒状微饰。腹壳内齿板粗大，后部联合而成假匙形台，前部包围筋痕面。两壳内均有一个低的中隔板。出现于晚石炭世及二叠纪，分布于亚洲、欧洲、大洋洲及北美。我国内蒙古地区、东北北部及珠穆朗玛峰的二叠系均有产出。

【准石燕】

准石燕为腕足动物门、有铰纲、石燕目的一属。贝体小或中等，半圆形至半椭圆形。两壳双凸型。腹壳喙部高耸，铰合面高而显著，具三角孔。中槽、中隆窄，无饰褶。侧区饰有少数粗强壳褶。疹壳。壳面有同心层及细小瘤突。腹壳内齿板发育，中隔板高。出现于三叠纪至早侏罗世，分布于世界各地。我国产于南方海相三叠系。

【舌形贝】

舌形贝俗称“海豆芽”，是腕足动物门、无铰纲、舌形贝目的一属。壳为几丁质，两壳大小近等，轮廓长方形，后缘稍尖缩，前缘平直。腹壳有一小的假铰合面。壳面平滑，或具同心纹。出现于寒武纪至现代，分布于世界各地。我国古生代及西南中生代海相地层中均有发现。

【乳房贝】

乳房贝为腕足动物门、无铰纲、乳孔贝目的一属。贝体近圆形或横阔的卵形。腹壳隆凸或近锥状，喙部与后缘之间时有一个显著的假铰合面，茎孔位于壳喙后部的斜面上。背壳近于坦平，壳面具穿过假铰合面的同心线，有时具有放射纹及不规则的线纹和小型凸起。出现于早至中寒武世，分布于世界各地。我国产于北方的下、中寒武统。

【正形贝】

正形贝为腕足动物门、有铰纲、正形贝目的一属。贝体半圆形或近方形，铰合线直而宽。两壳平凸型，背壳上有一个微弱的中槽。铰合面发育，均具三角孔，腹铰合面弯曲，喙部钩状，背铰合面平坦。壳面具粗圆而不分叉的壳线，壳线上及其间隙内并有细密的壳纹。腹壳内具齿及高强齿板，筋痕面限制在齿板之间的窗腔内，闭筋痕卵形，直长，位于中部；启筋痕一部分位于齿板上，向前方伸展，达于闭筋痕前端。背壳内主凸起单刃状，厚薄不定。出现于早至中奥陶世，分布于世界各地。我国南方及北方下、中奥陶统均有产出。

【中华正形贝】

中华正形贝为腕足动物门、有铰纲、正形贝目的一属。贝体近方圆或盾形，两壳平凸型或微弱的凹凸型，背壳具一个宽的中槽。腹铰合面高而平坦，喙部强烈弯曲，背铰合面短。铰合面上均具三角孔。壳面饰有简单的壳线，壳线之间插入有少数次生的较短壳线。腹壳内齿板强大。筋痕面长卵形或心脏形，闭筋痕刃背状，较短于启筋痕；启筋痕巨大，泪滴状，前端双叶形。背壳内主凸起显著高耸，中隔脊低宽。产于我国西南早奥陶世晚期大湾组。

【裂线贝】

裂线贝为腕足动物门、有铰纲、正形贝目的一属。贝体亚卵形或近方形，壳缘浑圆，铰合线经常短于最大壳宽。两壳双凸型，但背壳凸度更大，且有一个低平的中隆，腹壳前部则显示一个浅凹的中槽。腹铰合面较长，平或弯曲；背铰合面短而弯曲。疹壳。壳面具细密的壳线。出现于志留纪至二叠纪，分布于世界各地。我国上志留统及二叠系均有产出。

【扬子贝】

扬子贝为腕足动物门、有铰纲、五房贝目的一属。贝体近方圆形，铰合线稍短于最大壳宽。两壳双凸型，背壳凸度稍大。铰合面上有三角孔。中槽、中隆显著。壳面光滑，仅具同心纹。腹壳内齿板联合而成匙形台，后部固着，前端支有一厚中板，背壳内两个腕基支板相向聚合形成腕房。两壳内部并各有许多长短不一的副隔板。产于我国南方早奥陶世晚期大湾组。

【五房贝】

五房贝为腕足动物门、有铰纲、五房贝目的一属。贝体大，五边形或长卵形。两壳为近等的双凸型。中槽、中隆不明显。腹铰合面不发育，喙部弯曲，超悬于背壳之上。壳面光滑，或仅在前部具微弱的波状起伏。腹壳内匙形台下支有两个隔板；背壳内腕板长而平行，伸达壳底。出现于志留纪，分布于东亚、西欧及北美。我国产于湖北罗惹坪组，贵州等地的相当层位也有产出。

【斯特兰贝】

斯特兰贝为腕足动物门、有铰纲、五房贝目的一属。贝体一般较大，近圆形、横卵形或长卵形。两壳双凸型，背壳凸度通常较大。腹壳一般具浅的中槽，但有时反而隆起成低缓的中隆；背壳常具低缓的中隆。壳面光滑或具微弱饰线。腹壳内由齿板联合成一个短小的双柱形匙形台，在其下支有短的双板型中隔板，背壳内腕板很短。出现于早志留世，分布于东亚、北美及西欧。我国产于西南下志留统。

【瑞芬贝】

瑞芬贝为腕足动物门、有铰纲、扭月贝目的一属。贝体中等大小，近半圆形，最大壳宽位于铰合线上。腹壳隆凸，前部壳面向背方剧烈弯曲；背壳浅凹，有时平坦。两壳均具铰合面，三角孔上盖有三角板。壳面有同心纹及粗细不等的两种壳纹。有时具有壳皱。腹壳内铰齿小，无齿板及中隔板。背壳内主凸起呈低的双叶状，中隔板发育。出现于中奥陶世至早志留世，分布于世界各地。我国产于西北及南方的奥陶系。

【波纹扭月贝】

波纹扭月贝为腕足动物门、有铰纲、扭月贝目的一属。贝体巨大，两壳呈强烈的凹凸型。具发育的副铰齿，分布在整个铰合缘上。壳面具粗细两种壳纹，粗壳纹分布稀疏，其间布有细密的细壳纹，同心皱出现于细壳纹之间，并被粗壳纹所切割，以致整个壳面呈条形皱纱状。这种特殊的壳饰为此属所特有，据此即可鉴定。出现于泥盆纪，分布于我国及欧洲、北美。我国产于广西下泥盆统郁江组。

【米克贝】

米克贝为腕足动物门、有铰纲、扭月贝目的一属。贝体中等或大，铰合线的长度短于壳宽。两壳双凸型。腹铰合面高，往往扭曲，以致左右不对称。壳喙直耸，顶端具茎孔，三角孔上盖有强烈凸隆的三角板。壳面有粗强的壳褶，褶上有细密的壳纹。腹壳内有两个薄而高大的齿板，背壳内主凸起长，呈叉状。出现于中石炭世至二叠纪，分布于世界各地。我国多产于南方的二叠系。

【长身贝】

长身贝为腕足动物门、有铰纲、扭月贝目的一属。贝体中等大小，轮廓狭长，向前方伸展很长，腹壳顶部强烈凸起，前半部凸隆微弱，背壳微凹。两壳均在前方做膝状弯曲，拖曳部颇长。背壳内部沿膝曲处有隆起的围板。壳体极易沿膝曲处折断，露出围板。壳面密布壳线。后部常有壳皱。壳刺稀少，仅见于腹壳，并沿后缘排列成行，或在耳翼上聚集成束状。出现于早石炭世，分布于世界各地。我国产于江苏下石炭统金陵组。

过去长身贝一属的含义广泛，很多石炭纪及二叠纪的腕足类均归入此属。随着研究程度的不断深入，狭义的长身贝属仅指具有上述特征的种类，其他则分别另立属名。

【大长身贝】

大长身贝为腕足动物门、有铰纲、扭月贝目的一属。贝体巨大，壳厚，近圆形，铰合线的长为最大壳宽处。两壳凹凸型，腹壳具一窄铰合面。壳面饰有壳线，有时壳线集合成为纵的隆脊，壳面后部有壳皱，腹壳上布有壳刺，并沿后缘排成一行。出现于早石炭世，分布于世界各地。我国各地下石炭统均有产出。

【舟形贝】

舟形贝为腕足动物门、有铰纲、扭月贝目的一属。贝体巨大，近长三角形，两侧不对称，铰合线的长度短于最大壳宽。腹壳凸隆，壳顶尖突直伸，铰合面极高，呈长三角形，三角孔狭窄，后部覆有凹曲的三角板，背壳缓凹，缺失铰合面。壳面布满细圆的壳纹，在壳的中部及前部壳皱发育，呈覆瓦状，并切断壳纹。背壳内主凸起十分粗大，向腹方直耸，冠部三叶型，茎部颇长。产于我国南方下石炭统上部。

【刺围脊贝】

刺围脊贝为腕足动物门、有铰纲、扭月贝目的一属。贝体小，轮廓横长，铰合线的长为最大壳宽处。腹壳顶部高凸，喙部卷曲，中槽宽而浅，背壳微凹。两壳均在前方膝曲。腹壳壳面具狭长的刺瘤，刺瘤在壳顶附近略呈五点状排列，向前方逐渐延长，并在前缘附近形成壳线。同心线在壳顶部分显著，在中槽及耳翼上不发育，向前方则完全消失。壳刺沿铰合缘排列成一行，在耳翼上聚集成簇。壳面具壳皱及少数直立的壳刺。背壳内有围脊。产于我国南方上二叠统。

【蕉叶贝】

蕉叶贝为腕足动物门、有铰纲、扭月贝目的一属。贝体长卵形，两侧不对称。腹壳缓凸或近平，背壳小而平。假疹壳，壳面只有同心纹。腹壳内有一贯穿全壳的中隔板，两侧有一系列侧隔板，侧隔板与壳面垂直，顶端钝平。背壳由中叶及侧叶组成，中叶较宽，在壳内形成中隔板；侧叶嵌入腹壳侧隔板之间。蕉叶贝壳质薄，常易风化剥落，化石多仅保存壳的内膜或其内部中隔板、侧隔板等构造。出现于二叠纪，分布于亚洲、欧洲及北美。我国常见于南方上二叠统。

此属与晚二叠世的欧姆贝十分相似，但欧姆贝腹壳圆凸，背壳凹，侧隔板呈板状，顶端尖锐，强烈地向前倾斜，排列成覆瓦状。

【欧姆贝】

欧姆贝为腕足动物门、有铰纲、扭月贝目的

一属。贝体长卵形。腹壳高凸，背壳凹，铰合线直而短。腹壳内侧隔板顶端尖锐，向前方强烈倾斜。出现于晚二叠世，分布于亚洲及欧洲。参见“蕉叶贝”。

【穹房贝】

穹房贝为腕足动物门、有铰纲、小嘴贝目的一属。贝体小或中等，三角形、五边形或卵圆形。腹壳缓平，背壳高隆。中槽及中隆均甚发育。壳面全部覆有棱角形的壳线。腹壳内铰齿小，齿板薄而垂直。背壳内中隔板后部分叉，形成长形的隔板槽，无主凸起。出现于志留纪至早石炭世，分布于世界各地。我国志留系、泥盆系及下石炭统均有产出。

【隐孔贝】

隐孔贝为腕足动物门、有铰纲、小嘴贝目的一属。贝体近球形或立方形。腹壳后部微凸，背壳凸度高强。中槽宽浅，一般始于腹壳的中部，在前端向背壳进行直角状的折曲，形成高阔的盾形前舌。两壳前缘的缝合线圆滑。壳面覆有很多低圆的壳线，壳线前端具纵沟，壳的前部常见有同心纹。腹壳内具垂直的齿板，背壳内无主凸起，中隔板低或无。出现于中至晚泥盆世，分布于世界各地。我国多产于西北及南方中、上泥盆统。

【云南贝】

云南贝为腕足动物门、有铰纲、小嘴贝目的一属。贝体三角形，两壳双凸型。中槽、中隆仅在壳体的前缘发育，中槽浅阔，向前方强烈弯曲。腹壳喙部尖而高耸。壳面覆有细的壳线，在壳的前端则有棱角状的壳褶，壳褶是由若干壳线合并或由一根壳线扩粗而成的。腹壳内齿板发育，背壳内具中隔板。出现于晚泥盆世，分布于东亚及西欧。我国产于南方上泥盆统锡矿山组。

【缅甸贝】

缅甸贝为腕足动物门、有铰纲、小嘴贝目的一属。贝体中等大小，圆形或近圆形。两壳双凸形，凸度甚高。中槽、中隆不发育。腹壳喙部厚，强烈弯曲。茎孔位于三角双板的前方。壳面后部光滑无饰纹，中部及前部均覆有大量壳褶。腹壳内齿板发育，筋痕面巨大；背壳内具强大的中隔板。出现于中侏罗世，分布于东亚及西欧。我国产于西南海相侏罗系。

【无洞贝】

无洞贝为腕足动物门、有铰纲、石燕目的一属。贝体近圆形或长卵形。两壳成不等双曲型，腹壳近平，背壳高隆。腹壳喙小而弯曲，顶端具茎孔，铰合面小，三角孔为三角双板所掩盖。壳面覆有壳线，并常有较显著的同心层。腹壳内铰齿粗大，无齿板；背壳内腕螺顶端指向背壳的中部。出现于志留纪至早石炭世，分布于世界各地。我国主要产于泥盆系。

【鹗头贝】

鹗头贝为腕足动物门、有铰纲、穿孔贝目的一属。贝体巨大，横卵形至长卵形。两壳双凸型，腹壳凸度更大。腹喙尖长。近垂直或做强烈弯曲。铰合线短。铰合面发育，三角孔上盖以三角双板，顶端并具圆形茎孔。壳面光滑，仅具同心纹。壳疹细小而紧密。两壳内皆有中隔板，背壳内腕环长而宽，平行于背壳内部边缘。出现于中泥盆世，分布于世界各地。我国产于南方中泥盆统上部东岗岭组。

【直孔贝】

直孔贝为腕足动物门、有铰纲、穿孔贝目的一属。贝体巨大，长卵圆形，最大壳宽位于中部。两壳双凸型。中槽、中隆不发育。腹壳喙部直伸。顶端为巨大的圆形茎孔，三角双板宽阔。疹壳。壳面光滑，仅具同心线。腹壳内铰齿不发育，背壳内腕环宽阔而简单。出现于白垩纪，分布于东亚及西欧。我国产于新疆白垩系。

【彩孔贝】

彩孔贝为腕足动物门、有铰纲、穿孔贝目的一属。贝体大，卵圆形。两壳双凸型，最大壳厚位于壳体的后方。中槽、中隆不发育。腹喙近于垂直，顶端为中等大小的圆形茎孔。具三角双板。疹壳。壳面光滑，仅具同心线。腹壳内铰齿强，背壳内腕环长，向后方折返。出现于上新世至现代，分布于太平洋西部地区。我国产于台湾上新统。

【蛇卷螺】

蛇卷螺为腹足纲的一属。螺壳较小，低锥形。螺环 5~8 个，断面近三角形，上面平，与侧面成锐角相交。壳底为宽凹的脐孔。壳面饰有生长线。出现于奥陶纪，分布于亚洲、欧洲及北美。我国产于华北下奥陶统亮甲山组。

【松旋螺】

松旋螺为腹足纲的一属。螺壳盘形。螺环少，一般松旋，各环互不接触，上侧具明显旋棱，断面近三角形或尖卵圆形。壳面具生长线。出现于奥陶纪至志留纪，分布于亚洲、欧洲及北美。我国奥陶纪地层中分布很广。

【全脐螺】

全脐螺为腹足纲的一属。螺壳大，盘旋，螺塔凹陷，少数平或凸起。螺环上侧具旋脊，环外侧及底部圆。缝合线深，缝合线与旋脊之间平或向内凹下。壳口圆形或呈多角状，缺凹明显。脐孔宽大。壳面饰以弯曲的生长线。出现于奥陶纪至侏罗纪，分布于亚洲、欧洲、美洲及大洋洲。我国石炭系及二叠系均有产出。

【马氏螺】

马氏螺为腹足纲的一属。螺壳盘形，下侧面平，螺环明显，外侧直或略倾斜。上侧凸，螺塔凹陷。脐孔深，位于上侧面。壳面饰有生长线。出现于奥陶纪，分布于世界各地。我国南方及北方下、中奥陶统均有产出。

【脊旋螺】

脊旋螺为腹足纲的一属。螺壳锥形，螺塔高。螺环角状，具显著的旋棱，棱上具裂带。壳口方圆形或椭圆形，外唇具缺凹。壳面具生长线或网状饰纹。出现于奥陶纪至泥盆纪，分布于亚洲、欧洲及北美。我国多产于北方马家沟组。

【神螺】

神螺为腹足纲的一属。螺壳包旋，近球形，沿腹背两侧对称。壳口椭圆形、略扩大、裂口深。裂带明显，位于壳的对称面上。脐孔很小或无。壳面仅饰有生长线。出现于奥陶纪至三叠纪，分布于世界各地。我国奥陶纪至三叠纪地层均有发现，而以石炭二叠纪为多。

【似玉螺】

似玉螺为腹足纲的一属。螺壳近椭圆形，螺塔低，体环很大。螺环圆滑，缝合线深陷。壳口斜，椭圆形，轴部具厚结茧。无脐。壳面具细生长线。出现于志留纪至三叠纪，分布于亚洲、欧洲及北美。我国主要产于石炭二叠系，志留纪及三叠纪地层中也有发现。

【前贝加尔螺】

前贝加尔螺为腹足纲的一属。壳小而薄，高塔状，螺环可多至 10 个以上，紧密排列。环面凸，常有明显的旋棱。口小卵形。无脐。壳面具细密生长线。出现于晚侏罗世至早白垩世，分布于亚洲。我国产于东北、东南上侏罗统及下白垩统。

【环棱螺】

环棱螺为腹足纲的一属。螺壳圆锥形或低锥形。螺环面近于平。体环大，具旋棱。壳口卵圆形，口缘薄，上端角状。脐孔窄小。出现于侏罗纪至现代，分布于亚洲及非洲。我国的化石主要产于侏罗系、白垩系及第四纪更新统。

【膀胱螺】

膀胱螺为腹足纲的一属。壳左旋，卵形，壳质薄脆。螺塔短，壳顶尖，体环极膨大。壳口卵形，上端尖角状，下部圆。轴唇扭曲。淡水生。出现于侏罗纪至现代，分布于亚洲、欧洲及北美。我国的化石主要产于东北下白垩统，云南白垩系、山西第三系也有产出。

【扁卷螺】

扁卷螺为腹足纲的一属。螺壳盘形。螺环五六个，增长缓慢，断面圆，或具旋棱。壳口斜，椭圆形，唇薄而简单。壳面具斜的生长线。淡水生。出现于侏罗纪至现代，分布于亚洲、欧洲及北美。我国的化石产于北方第三纪陆相地层。

【琥珀螺】

琥珀螺为腹足纲的一属。螺壳薄，长卵形。螺环少，增长迅速。螺塔极低，体环高。缝合线斜而深。壳口大，椭圆形至近三角形，口缘简单。壳面具生长线。淡水生。出现于第三纪至现代，分布于世界各地，化石在我国北方第三纪中新统及第四纪更新统均有产出。

【梳齿蛤】

梳齿蛤为双壳纲的一属。壳较大。伸长，沿铰缘具一列小而弯曲的栉齿。后韧式外韧带。两个闭肌痕近等大。无外套湾。壳面光滑，仅具生长线。出现于奥陶纪至志留纪，分布于世界各地。我国产于北方奥陶系。

【拟瓢蛤】

拟瓢蛤为双壳纲的一属。壳薄，斜长形前小后大。壳嘴近于前端，壳面于壳顶中部无明显的中央凹陷。齿不发育。闭肌痕两个，前闭肌痕小而深，后闭肌痕大而浅。壳面具生长线。出现于中、晚奥陶世。分布于世界各地。

【克氏蛤】

克氏蛤为双壳纲的一属。壳近圆形，两壳不等，左凸右平。壳嘴位于前方，铰边直，短于壳宽。前耳小而显著，后耳较大，常呈截圆状，但与壳顶部分界不甚明显。壳面多具生长线，有的具放射纹。齿不发育。海生。出现于亚洲、欧洲、北美、大洋洲及东非早三叠世。我国产于海相下三叠统。

【鱼鳞蛤】

鱼鳞蛤为双壳纲的一属。两壳扁平，半圆形至半卵形。铰边直而长，壳嘴小而微凸，位于中部。无耳。壳面放射纹发育。铰齿不发育。海生。出现于中三叠世至晚三叠世，分布于亚洲、欧洲及北美。我国产于四川、云南、贵州及广西等地中三叠统。

【褶翅蛤】

褶翅蛤为双壳纲的一属。壳近三角形，壳面具一条或少数放射脊。后壳顶脊发育，此脊以上的饰纹与壳面其余部分不同。每壳有两短齿，属裂齿型。海生。出现于三叠纪，分布于亚洲、欧洲、大洋洲、东非及北美。我国产于南方各省区海相三叠系。

【真形蛤】

真形蛤又称“正海扇”，为双壳纲的一属。壳扇形，不斜，壳嘴较靠前，两侧近于对称。铰边直而长，多与壳长相等。两耳发育，前耳具显著足丝凹口，以较发育的耳凹与壳顶部分开，后耳较大，与壳顶部无显著的耳凹相隔。铰齿不发育。壳面具放射脊或放射纹。海生。出现于三叠纪，分布于亚洲、欧洲及北美。我国产于海相三叠系。

【费尔干蚌】

费尔干蚌为双壳纲的一属。壳长卵圆形或近四边形，相当膨凸至略膨凸。壳顶宽平，常靠近前端，不突出于铰边之上，无显著后壳顶脊。壳面具细密的同心纹，或形成较深的同心层。每壳在壳顶前后各有一短狭的片状铰齿。出现于侏罗纪，分布于亚洲。我国陆相侏罗纪地层中化石很多。

【假铰蚌】

假铰蚌为双壳纲的一属。卵形至三角圆形，后部向后下方伸展。常具有后壳顶脊。右壳嘴下有一个具小沟棱的三角形假主齿，其后有时尚有弱而短的齿状凸起，前片状齿 2 个，后片状齿二三个，均与壳边近于平行。出现于侏罗纪，分布于亚洲。中侏罗世最繁盛。我国产于陆相中侏罗统。

【球蚬】

球蚬为双壳纲的一属。壳小而薄，球形或卵圆形。壳顶微向前倾，前端较短。壳面光滑或具生长线。异齿型，左壳具两个常与铰线平行的薄主齿，前、后侧齿均为光滑片状，右壳有一个常分叉的主齿。闭肌痕浅，位于壳边，无外套湾。淡水生活。出现于中侏罗世至现代，分布于世界各地。化石在我国多见于北方上侏罗统，白垩系和新生界中也有产出。

【珠蚌】

珠蚌为双壳纲的一属。壳厚，横向延长成卵圆形或方圆形，壳嘴位于前方1/4处。壳面具生长线或同心皱，或有刺状、瘤状凸起。铰齿片状，位置近于水平，后端铰齿长片状，与铰边平行。两闭肌痕前小后大，无外套湾。淡水生活。出现于晚三叠世至现代，分布于世界各地。我国此类化石多产于陆相中、新生代地层中。

【楔蚌】

楔蚌为双壳纲的一属。壳厚大，前端宽圆，后端狭而稍尖，略呈楔形。壳面具粗生长线。壳顶饰有倒“人”字形或“W”形纹饰。后壳顶脊明显。假主齿短，位于壳嘴下，片状齿长。闭肌痕两个，前深后浅。淡水生活。出现于侏罗纪至现代，分布于东亚及非洲。我国侏罗纪及新生代陆相地层中均有此类化石。

【类三角蚌】

类三角蚌为双壳纲的一属。壳中等大小，近三角形至横长梯形，壳面饰脊特殊，中部为尖端略向后斜的“V”字形放射脊，其前、后部分分别与壳面前部与后部的放射脊交成“人”字形壳饰。齿较发育，假主齿粗短，假主齿及片状齿上均具规则刻纹。淡水生活。出现于白垩纪，分布于亚洲。我国陆相下白垩统中化石较多。

【日本蚌】

日本蚌又称“富饰蚌”。双壳纲的一属。壳椭圆形，前端略高，壳顶宽平，位于前端。壳面具有“十”字形及“人”字形纹饰。具两个短假主齿和两个后片状齿。出现于晚侏罗世至早白垩世，分布于亚洲东部。我国产于东北上侏罗统及下白垩统。

【海扇】

海扇为双壳纲的一属。壳近圆形。两壳明显不等，右壳显著凸起，左壳平或凹。耳发育，前耳较后耳稍大。壳内铰合线中央有三角形内韧带窝，在其两侧各生一齿，齿的大小与位置互相对称，属等齿型。闭肌痕一个，位于后端。壳面多具放射纹。海生。出现于新第三纪至现代，分布于世界各地。我国的化石产于台湾省中新统。

【丽蚌】

丽蚌为双壳纲的一属。壳厚，三角形、长方形或近卵形。壳顶部分隆起。壳面有较粗且微成片状的同心纹，并常具瘤状凸起。壳顶部分隆起并常组成尖端指向后方的“V”字形褶皱。假主齿粗大，片状齿长，均具有刻纹。前闭肌痕深而小。淡水生活。出现于中侏罗世至现代，分布于亚洲。我国陆相中侏罗统和北方新生代地层中化石很多。

【短棒角石】

短棒角石为头足纲、鹦鹉螺亚纲的一属。壳弯曲，侧面压缩。体管细小，位于壳的边缘并与凹面相接触。隔壁多而密，隔壁颈呈弯钩状，体管内无闭板。出现于晚寒武世。只产于我国北方上寒武统。

【梯级角石】

梯级角石为头足纲、鹦鹉螺亚纲的一属。壳直，腹背压缩。体管宽，位于腹部边缘。隔壁颈直而短，其尖端向上翘起。连颈环向前膨大呈棒槌状。缝合线在腹部中央常形成窄陡的倒“V”形鞍。气室低。出现于早奥陶世，分布于亚洲、欧洲及大洋洲。我国产于湖北下奥陶统大湾组。

【满洲角石】

满洲角石为头足纲、鹦鹉螺亚纲的一属。壳短粗，直或稍弯，横断面圆或椭圆形。化石多仅保存体管，体管大，位于边缘，直或稍弯曲，横切面圆形或腹背压缩，腹边常扁平，顶端常具一乳状凸起。在体管外面有向腹面上升的斜环。内体房更近体管之背面，其腹边向内凹入，形成腹突。出现于早奥陶世，分布于亚洲、北美及大洋洲。我国多产于北方下奥陶统亮家山组，南方也有产出。近年有人又称之为“东北角石”。

【房角石】

房角石为头足纲、鹦鹉螺亚纲的一属。壳

直，隔壁颈长达一个气室，化石多仅保存体管。体管多为圆管状，覆以内壁，壁外饰有倾斜环纹。内体房短，顶角大。出现于奥陶纪，分布于亚洲、欧洲及北美，但对此属的特征认识很不一致。我国北方及南方下奥陶统均有产出，但标本绝大部分仅见体管，可能属于不同的属，尚待今后进一步研究。

【内角石】

内角石为头足纲、鹦鹉螺亚纲的一属。壳直，横断面为圆形，壳面光滑。隔壁颈直，长仅达一个气室。体管粗大，位于壳的腹部或靠近腹部，体管内有由锥体叠放而成的内锥，其顶端联结起来成为管状的内锥管，最后一个内锥形成尖圆锥形的内体房。出现于奥陶纪，分布于亚洲、欧洲及北美。我国主要产于南方大湾组及牯牛潭组，北方桌子山灰岩组也有产出。

【鞘角石】

鞘角石为头足纲、鹦鹉螺亚纲的一属，与内角石相似。但鞘角石的内锥较细长，两侧压缩，横断面呈楔形，具有两个由内体房向体管延伸的纵板状构造（体隙），连颈环较厚；而内角石的内锥横断面近圆形或腹背压缩，未见体隙，连颈环较薄。我国过去所发现的这一类标本，体管内构造多未保存，仅以隔壁颈的长度区分，即隔壁颈长仅达一个气室者为内角石，超过一个气室者为鞘角石。出现于奥陶纪，分布于亚洲、欧洲及北美。我国产于湖北、江苏等地。

【双房角石】

双房角石为头足纲、鹦鹉螺亚纲的一属。壳细长，与内角石相似，但隔壁颈长达 1.5~2 个气室。内锥管顶部靠近体管中央，未见体隙，内隔壁不显。出现于早至中奥陶世，分布于亚洲、欧洲及南美洲。我国主要产于南方大湾组及牯牛潭组。

【鄂尔多斯角石】

鄂尔多斯角石为头足纲、鹦鹉螺亚纲的一属。壳大而直，横切面为圆形或稍显椭圆形。体管粗大，位于近壳的中心。隔壁颈较长且向外扭转，连颈环向外呈球状弯曲，最后部分收缩升高，与下面隔壁形成 1~1.5mm 的间距。气室较小。体管内部有放射状细支管。主要产于我国北方桌子山灰岩组及马家沟组下部。

【珠角石】

珠角石为头足纲、鹦鹉螺亚纲的一属。壳直。体管粗大，体管节扁宽似串珠。隔壁颈向外弯曲与隔壁呈 45°角。体管内部有钙质充填物，仅在中央留有管状细隙（中央管）及两隔壁之间的细支管（放射管）。出现于奥陶纪，分布于亚洲及北美。我国过去所定北方奥陶系中的“珠角石”，现多已改称为阿门角石或链角石。

【阿门角石】

阿门角石为头足纲、鹦鹉螺亚纲的一属。与珠角石相似，但体管节更扁宽，隔壁颈极短，隔壁颈延长的颈缘部分很长，且向外反转与隔壁接触或相距甚近。出现于奥陶纪至志留纪，分布于亚洲、欧洲及北美。我国多产于北方马家沟组。

【震旦角石】

震旦角石旧称“中华角石”，为头足纲、鹦鹉螺亚纲的一属。壳为长圆锥形，壳面覆以显著的波状横纹，隔壁颈直而长，约相当于气室深度的一半。体管细小，位于壳的中央或稍偏。住室无纵沟。只分布于中国，主要产于南方宝塔灰岩组。

【米契林角石】

米契林角石为头足纲、鹦鹉螺亚纲的一属。壳直，扩大缓慢，横切面为圆形。住室长，无纵沟。体管细，近于壳的中央。隔壁颈直而短，连颈环为管状。气室高。壳面光滑或具纵纹。出现于奥陶纪至三叠纪，分布于亚洲、欧洲及北美。我国多产于南方的下、中奥陶统。

此属与中奥陶世的直角石极为相似，但直角石的主要特征是住室中具 3 个对称排列的纵沟，壳壁外层表面具细的纵肋与横肋，壳壁内层具细斑状结构。我国过去所发现的这一类标本多是壳的气室部分，未见住室，是否具有 3 个纵沟难以断定，故现多归于米契林角石。

【豆房沟角石】

豆房沟角石为头足纲、鹦鹉螺亚纲的一属。壳直，横切面为卵圆形。体管小，串珠状。隔壁下凹浅，具不规则的体管及气室沉积物。壳面具轮环，轮环与隔壁平行或略稍倾斜。出现于中奥陶世，分布于中国及朝鲜北部。我国产于北方马家沟组。

【薇角石】

薇角石为头足纲、鹦鹉螺亚纲的一属。幼年期壳平卷，形成三四个旋环，成年期后变成直壳。螺环高，其腹面较背面为宽。体管位于壳的近背边，隔壁颈直而短。壳面具明显的横肋及与之平行的生长纹。口缘弯曲，具一腹缺、一背缺及二个腹侧凸起。出现于中奥陶世，分布于亚洲及欧洲。我国产于南方及新疆中奥陶统。

【头带角石】

头带角石为头足纲、鹦鹉螺亚纲的一属。壳外卷，呈盘状，旋环少，横断面近四方形。体管细小，位于壳的近腹部。脐宽而深。腹侧部分各有一排瘤，腹部中间为一浅沟，沟之两侧各具一排瘤。壳面饰有生长纹。缝合线在腹部、背部及两侧各具一宽浅的叶部，鞍部短窄。出现于石炭纪至二叠纪，分布于亚洲、欧洲及北美。我国产于湖南、江西下二叠统。

【湖南角石】

湖南角石为头足纲、鹦鹉螺亚纲的一属。壳旋卷，呈球形，旋环增长很快，腹背压缩很强，侧面具尖锐的侧旋棱，脐大且深，脐壁高而陡。腹部宽，具有两排长瘤。体管细小，位于壳的中心及背面之间。壳口宽而低，具有一个宽腹弯。缝合线略呈直线形。产于我国湖南下二叠统。

【尖棱菊石】

尖棱菊石为头足纲、菊石亚纲的一属。壳旋卷，呈扁饼状，腹部窄圆形到尖棱状。壳面饰有弓形的生长线，脐中等宽，缝合线为棱菊石型。出现于晚泥盆世，分布于世界各地。我国产于湖南、广西上泥盆统余田桥组及榴江组。

【假海乐菊石】

假海乐菊石为头足纲、菊石亚纲的一属。壳内卷为球形或椭圆形，旋环横断面呈半圆形。体管位于中央。脐很窄或闭合。壳面具有显著的横肋和沟，横越腹部而不中断。缝合线为齿菊石型，由 8 个叶和相同数目的鞍组成。发现于亚洲下二叠统。我国产于湖南下二叠统。

【水城菊石】

水城菊石为头足纲、菊石亚纲的一属。壳内卷，呈扁盘状，旋环包卷很紧。脐窄而深，腹部窄圆。壳面具很多弯曲的细纹。缝合线为棱菊石型，腹叶被一个大的中鞍分成两个尖的支叶，中鞍具近直角弯曲的侧边，外鞍宽而深，顶端尖，侧叶窄稍尖。产于我国贵州水城中石炭统。

【棱菊石】

棱菊石为头足纲、菊石亚纲的一属。壳近内卷呈球形，脐部窄小，缝合线为标准的棱菊石型，腹叶分为两支叶，外鞍顶部为近棱形至棱形。出现于早石炭世，分布于亚洲、欧洲、非洲及北美。我国产于宁夏下石炭统。

【腹菊石】

腹菊石为头足纲、菊石亚纲的一属。壳旋卷，呈亚盘状到球形。脐大，脐缘上有瘤，腹部圆。壳面饰有细的纵纹和横纹。缝合线为棱菊石型。出现于中石炭世，分布于世界各地。我国产于甘肃、宁夏、贵州等地中石炭统。

【假胄菊石】

假胄菊石为头足纲、菊石亚纲的一属。壳内卷，两侧扁平，住室短，腹部尖或具窄的双腹棱。缝合线为多叶式，由许多二分的偶生叶、1 个或 2 个三岔的侧叶及很短的辅助叶组成。鞍顶完整，呈窄圆形或矛状。出现于早三叠世，分布于亚洲、欧洲及北美。我国产于广西、贵州等地下三叠统。

【假提罗菊石】

假提罗菊石为头足纲、菊石亚纲的一属。壳外卷，侧部具明显的肋，近腹部常有侧瘤和横肋。腹部具明显的中脊，缝合线为齿菊石型，外缝合线的侧叶宽而深，下端具很多锯齿。腹叶被低的腹鞍分为两个尖的腹支叶。鞍部为圆顶。产于我国南部上二叠统大隆组。

【齿菊石】

齿菊石为头足纲、菊石亚纲的一属。壳圆盘状，壳面有横肋，近脐及外缘上常有瘤。腹部宽平，无肋纹。缝合线为齿菊石型。产于欧洲中三叠统。

【蛇菊石】

蛇菊石为头足纲、菊石亚纲的一属。壳蛇形旋转，呈盘状，腹部窄圆。脐部很宽，具有高而直立的脐壁。壳面一般光滑或具少数不明显的肋或瘤。缝合线为齿菊石型。出现于早三叠世，分布于亚洲。我国产于南方下三叠统大冶灰岩组底部。

【米克菊石】

米克菊石为头足纲、菊石亚纲的一属。壳外卷至半内卷，呈扁盘状，侧面一般平滑或饰有微弱的横纹。腹部平。缝合线为齿菊石型，在叶部下端只有少数的齿。出现于早三叠世后期，分布于亚洲及北美。我国产于广西、贵州下三叠统。

【粗菊石】

粗菊石为头足纲、菊石亚纲的一属。壳近内卷呈厚盘状或扁盘状。腹部窄圆，中间具有明显的腹中沟，其两旁有两排瘤。侧面饰有微弯的肋纹，肋上有若干排成旋转状的瘤。缝合线为菊石型，每边有两个分齿不长的侧叶。出现于中三叠世晚期至晚三叠世早期，分布于亚洲、欧洲及北美。我国产于云南中、上三叠统。

【塔菊石】

塔菊石为头足纲、菊石亚纲的一属。壳旋转成尖塔状，旋卷较密，顶角小。旋环横断面为圆形或方形。壳面具直立的横肋，常在露出面的中央中断，肋上有三四排长瘤。缝合线为菊石型，侧叶二分。出现于晚白垩世，分布于亚洲、欧洲、非洲及北美。我国产于西藏上白垩统。

【香港菊石】

香港菊石为头足纲、菊石亚纲的一属。壳半外卷，呈肥厚的盘状。旋环断面为长方形。腹部穹圆，具浅的腹沟。壳的两侧面上有单一的及二分的粗肋，在腹部中间中断，成为光滑的浅腹沟，缝合线不详。我国产于广东、香港下侏罗统。

【白羊石】

白羊石为头足纲、菊石亚纲的一属。壳体一般很大，外卷呈盘状，脐宽。旋环增大很慢，横断面为方形，侧面具有明显的单一粗肋，至腹侧部分迅速转向前方。腹部具三条脊棱，中间一条棱显著凸起，两侧各有一条光滑的腹沟。缝合线为菊石型。出现于早侏罗世，分布于亚洲、欧洲及美洲。我国产于广东、湖南、西藏下侏罗统。

【束肋旋菊石】

束肋旋菊石为头足纲、菊石亚纲的一属。壳大，半外卷，旋环横断面为扁圆形。侧面的内侧围具有粗肋，至外侧围二分叉、三分叉或四分叉，在外围呈明显的束状并越过腹部而不中断。口围有腹缺。缝合线为菊石型。出现于晚侏罗世晚期，分布于亚洲、欧洲、北非及美洲。我国产于西藏上侏罗统上部。

【竹节石】

竹节石为竹节石纲、竹节石目的一属。壳锥形，一般长 15~30mm。壳厚，穿有放射状细管。壳的幼年部分被隔壁分隔，隔壁向口部微凹。壳面具粗的圆环，近壳口部分圆环间距不等，其间常具细环或横纹。壳的内面具低缓圆环。初房为中空或坚实的锥形。生长角 7°~12°，成年部分则为 3°~7°；出现于志留纪至泥盆纪，分布于亚洲、欧洲、非洲、美洲及大洋洲。

【塔节石】

塔节石为竹节石纲、塔节石目的一属。壳小，圆锥形，胎壳膨胀呈滴珠状。壳薄，表面具宽的波状横环。横环窄而高，环脊锋锐，在壳的内表面与横环相应处具凹入的窄沟，壳面并具横纹及纵肋，纵肋清晰。近年来也有主张将塔节石限于横环离初房一定距离才开始发育的类型。出现于泥盆纪，分布于亚洲、欧洲、非洲、北美及大洋洲。在我国西藏、广西、云南等地的下、中泥盆统中均有产出。

【光壳节石】

光壳节石为竹节石纲、光壳节石目的一属。壳体小至中等。壳表面光滑或具生长线。壳的内面光滑，初房呈滴珠状或钝锥状。出现于志留纪至泥盆纪，广布于世界各地。在我国珠穆朗玛峰的下泥盆统及广西的中泥盆统中均有产出。

【造礁珊瑚】

造礁珊瑚为六射珊瑚的两种生态类群之一，是指其内脏层组织上共生有大量单细胞藻类（如虫黄藻或腰鞭毛藻等），能形成礁体的六射珊瑚。造礁珊瑚均为群体，藻类吸收珊瑚的排泄物，又促使珊瑚迅速生长，形成巨大礁体，形成珊瑚礁。造礁珊瑚因有藻类共生，故只能分布于浅水、温暖、透光的海底，水深超过 90m、水温低于 15℃时不易生存，而以水深在 20m 以内、水温为 25～29℃的地带最为繁盛。造礁珊瑚也用于泛指能形成珊瑚礁的珊瑚，古生代的群体皱纹珊瑚及床板珊瑚也能造礁。珊瑚礁虽然主要是由造礁珊瑚的网状骨骼所组成，但尚有大量的其他生物骨骼，如有孔虫、水螅类、软体动物及棘皮动物等。现代海洋中的许多岛屿是由珊瑚礁形成的，我国境内也有不少，如西沙群岛等。

【非造礁珊瑚】

非造礁珊瑚为六射珊瑚的两种生态类群之一，指没有单细胞藻类共生，不形成礁体的六射珊瑚。非造礁珊瑚多为单体，适应性广，在水深 6000m、水温为-1.1℃的无光海底也可生存，但以水深 500m，水温为 4.5～10℃的地带最为繁盛。

【始内沟珊瑚】

始内沟珊瑚为皱纹珊瑚目的一属。小型圆锥状单体珊瑚，外壁薄，饰有明显的细横纹及微弱的纵沟。在个体发育的幼年阶段，隔壁均长达中心，显著加厚，且其内端膨大互相融合。成年期主隔壁分离，其余隔壁稍短缩，然其膨大内端仍相互连接成马蹄形内壁，隔壁排列呈两侧对称。老年期隔壁萎缩成短脊状，内端分离不再接连。主内沟不甚显著，位于个体的凹侧，鳞板及横板均不发育。产于新疆库鲁克塔克区中奥陶统。

【扭心珊瑚】

扭心珊瑚为皱纹珊瑚目的一属。圆锥状或近圆柱状单体珊瑚，单带型构造。隔壁长短相间，长隔壁常伸至个体中心并扭转，形成一个疏松的轴部构造。短隔壁短。隔壁基部显著加厚，并彼此相连成边缘厚结带。横板上凸。鳞板不发育。出现于中奥陶世至中泥盆世，分布于亚洲、欧洲、大洋洲及美洲。我国产于贵州和浙江中、上奥陶统及西北上奥陶统。

【蜂房星珊瑚】

蜂房星珊瑚为皱纹珊瑚目的一属。角柱状单带型复体珊瑚，个体外壁较厚。长隔壁几乎伸达轴心，短隔壁甚短。横板完整平列，两侧向外倾斜。鳞板不发育。出现于中至晚奥陶世，分布于亚洲、欧洲、北美及大洋洲。我国产于西北上奥陶统及贵州中奥陶统。

【十字珊瑚】

十字珊瑚为皱纹珊瑚目的一属。丛状或块状双带型复体珊瑚。4 个较厚的隔壁在中央相交成“十”字形，其余长隔壁长度不很一致，短隔壁很短或不显著。横板完整平列，鳞板大型，断续发育。出现于志留纪，分布于亚洲及欧洲。我国产于四川、贵州等地的志留系。

【分珊瑚】

分珊瑚为皱纹珊瑚目的一属。丛状双带型复体珊瑚，个体细筒状。长隔壁细而长，但不达轴部，短隔壁短。鳞板小型，半球状。横板轴部平列，侧部内斜。出现于泥盆纪，主要分布于亚洲、欧洲及北美，少数见于志留纪。我国主要产于南方中、上泥盆统，志留系也有发现。

【六方珊瑚】

六方珊瑚旧称“多角珊瑚”，为皱纹珊瑚目的一属。块状双带型复体珊瑚。个体角柱状，具长短两级隔壁。鳞板小，半圆形，组成较宽的鳞板带。横板完整或不完整，排列近水平。出现于泥盆纪，早石炭世也有产出，分布于世界各地。我国多见于南方各地的中、上泥盆统，如广西中泥盆统上部东岗岭组，湖南上泥盆统下部余田桥组。

【切珊瑚】

切珊瑚为皱纹珊瑚目的一属，小型尖锥状双带型单体珊瑚。隔壁在鳞板带内显著加厚，相互连接而成厚的边缘厚结带。长隔壁内端细薄，多数延达中心。短隔壁发育。横板带分化为轴部及侧部两个部分：轴部横板平或微凹，侧部横板短小，向内倾斜。鳞板小，半圆形，多为边缘厚结带所掩。出现于中至晚泥盆世，分布于亚洲及欧洲。我国主要产于南方中泥盆统上部。

【费力普星珊瑚】

费力普星珊瑚为皱纹珊瑚目的一属。块状双带型复体珊瑚，个体间外壁全部或局部消失。长隔壁在鳞板带较薄，但在横板带与鳞板带交界处显著加厚，常互相连接，构成内壁。短隔壁止于内壁。隔壁上常具脊板。横板带窄，横板平列，完整或不完整。鳞板多，半球状，在鳞板带内缘处有一列马蹄形鳞板。出现于中至晚泥盆世，分布于亚洲、欧洲、美洲及大洋洲。我国多产于南方上泥盆统下部余田桥组。

【泡沫内沟珊瑚】

泡沫内沟珊瑚为皱纹珊瑚目的一属，或列为中珊瑚目。小型角锥状双带型单体珊瑚，一级隔壁发生情况特殊，生长在6个位置，除在主隔壁两侧及侧隔壁与对侧隔壁之间外，还生在对隔壁的两侧。对部隔壁细长，主部隔壁甚短且显著加厚，呈羽状排列。成年期个体边缘具泡沫带，隔壁不达外壁。短隔壁不发育。主内沟显著，位于个体凸侧。横板短小，常向个体凸侧倾斜。鳞板带与横板带的界限不明显。产于我国南方的下石炭统下部革老河段。此属隔壁的发生情况与一般皱纹珊瑚不同，故也有人主张将其从皱纹珊瑚中分出，另建立中珊瑚目。

【假乌拉珊瑚】

假乌拉珊瑚为皱纹珊瑚目的一属。大型双带型单体珊瑚，外形为弯曲的圆锥状或圆柱状。成年期外壁内部发育有边缘泡沫带，隔壁不伸至外壁。主部隔壁短而厚，对部隔壁薄而长，常超过轴心，短隔壁一般不发育。主内沟显著。横板不完整，上凸。鳞板带宽，边缘一列的鳞板体积小。出现于早石炭世早期，分布于亚洲。我国产于下石炭统下部汤耙沟段。

【贵州珊瑚】

贵州珊瑚为皱纹珊瑚目的一属。双带型单体珊瑚，多为大型圆柱状。隔壁多，少数长隔壁伸达个体中心且扭结，短隔壁很长，为珊瑚体半径的1/3~1/2，主内沟显著。鳞板半球状，呈规则同心环状排列，组成宽约相当于短隔壁长度的鳞板带。横板短小，面上凸，略向轴部升起。出现于早石炭世晚期，分布于亚洲。在我国南方、西北及东北等地的下石炭统上部均有产出。

【轴管珊瑚】

轴管珊瑚为皱纹珊瑚目的一属。双带型复体珊瑚，丛状或块状。块状的个体外壁常消失，相邻两个体则由隔壁或鳞板相联结。长隔壁的内端常向同一方向弯曲，互相联结而成轴管。轴管内横板平整，轴管外的横板向鳞板带倾斜。鳞板小。出现于早石炭世，分布于亚洲及欧洲。在我国东北、西北及南方的下石炭统上部均有产出。

【袁氏珊瑚】

袁氏珊瑚为皱纹珊瑚目的一属。三带型单体珊瑚，外形圆锥状或圆柱状。对隔壁内端伸达轴部形成中轴，幼年期中轴粗壮，至成年期中轴仍与对隔壁相连接，但变薄或弯曲。成年期长隔壁伸达中心，主部隔壁在横板带内加厚，短隔壁很短。主内沟显著。横板短小，面上凸，向中央升起。鳞板小，鳞板带宽可达个体半径的1/2。出现于早石炭世晚期，分布于亚洲。在我国各地的下石炭统上部均有产出。

【簇棚珊瑚】

簇棚珊瑚为皱纹珊瑚目的一属。丛状三带型

复体珊瑚。个体圆柱状。隔壁长短相间排列，长隔壁伸达轴部。具中轴，其两侧伴有少数长隔壁内端及横板的切线，使轴部横切面呈简单蛛网状。横板泡沫状，向中轴上升。鳞板小型，常呈“人”字形排列。鳞板带窄。出现于石炭纪，分布于亚洲及欧洲。我国多产于下石炭统上部。

【泡沫柱珊瑚】

泡沫柱珊瑚为皱纹珊瑚目的一属。丛状或块状三带型珊瑚。隔壁短，不与外壁联结，其间有一至两列大而不规则的边缘泡沫板。对隔壁伸至中心内端加厚而成中轴，但不稳定，部分个体中常缺失。横板完整，向中轴上升，在中轴不发育的个体中，轴部横板水平，两侧向外倾斜。鳞板大型。出现于早石炭世，分布于亚洲及欧洲。我国产于贵州、湖南等地下石炭统上部旧司段。

【石柱珊瑚】

石柱珊瑚为皱纹珊瑚目的一属。角柱状或丛状三带型复体珊瑚。隔壁长短相间排列，对隔壁伸达中心加厚而成中轴。横板帐篷状。鳞板带一般较宽，但个体较小者鳞板常不发育。出现于早石炭世，分布于亚洲、欧洲及北美。在我国南方及西北、吉林等地的下石炭统中化石很多，在贵州、安徽、广西等地的中石炭统中也有产出。

【蛛网珊瑚】

蛛网珊瑚为皱纹珊瑚目的一属。单体具复中柱的三带型珊瑚。外形圆锥形或圆柱形。复中柱横切面蛛网状，中板短小，辐板多，斜板密集向中板上升。隔壁分长短两级，长隔壁常延伸至中心，可与辐板相连，短隔壁较长。鳞板带宽度约相当于短隔壁的长度。鳞板小型。横板短，向边缘倾斜较缓。出现于早石炭世，分布于亚洲及欧洲。在我国南方及西北的下石炭统上部均有产出。

【多壁珊瑚】

多壁珊瑚为皱纹珊瑚目的一属。块状复体具复中柱的三带型珊瑚。个体大部分为不规则的多角形，外壁部分消失，个体间则以泡沫板相连。复中柱蛛网状。隔壁不达外壁，其间隔以凸度较大的边缘泡沫板。隔壁带与泡沫带间的界线分明，似有围壁。横板窄而完整，微向中心倾斜。出现于早二叠世，分布于亚洲。我国富产于南方各地的下二叠统下部栖霞组，上石炭统船山组也有发现。

【伊普雪珊瑚】

伊普雪珊瑚为皱纹珊瑚目的一属。块状复体具复中柱的三带型珊瑚。个体角柱状，外壁完全。隔壁多，长短相间，长隔壁伸达复中柱附近。蛛网状复中柱大，圆形或椭圆形。横板带分为两部分，近复中柱部分水平排列或稍向中心倾斜，邻近鳞板带部分呈泡沫状且内倾较陡。鳞板带较宽。出现于二叠纪，分布于亚洲。我国多产于南方下二叠统上部。

【卫根珊瑚】

卫根珊瑚为皱纹珊瑚目的一属。丛状复体三带型珊瑚。个体细筒状，隔壁始端均达外壁，长短相间，长隔壁伸抵轴部，短隔壁长约占个体半径的1/2。复中柱蛛网状。横板为大型泡沫状，向中心倾斜陡急，鳞板小，鳞板带窄。出现于二叠纪，分布于亚洲及北美。我国二叠系中化石很多。

【泡沫珊瑚】

泡沫珊瑚为皱纹珊瑚目的一属。单体泡沫型珊瑚。外形宽锥状或柱状，体内充满泡沫状板，泡沫板排列成倒锥状。隔壁基部呈板状，向内分离成刺状，分布于泡沫板上。出现于志留纪，分布于亚洲、欧洲、大洋洲及北美。我国产于云南、贵州、湖北等地的志留系。

【侯尔孟珊瑚】

侯尔孟珊瑚为皱纹珊瑚目的一属。单体泡沫型珊瑚，有时发育微弱的群体。内部构造与泡沫珊瑚相似，但具不连续的短条状隔壁，自外壁达于横板带。横板完整，平列或下凹，疏密不均。鳞板小，半圆形，组成宽的鳞板带。出现于中至晚志留世，分布于亚洲、欧洲及大洋洲。我国产于云南、陕西等地的中、上志留统。

【双锥珊瑚】

双锥珊瑚为皱纹珊瑚目的一属。锥状或柱状单体泡沫型珊瑚。横板带宽阔，由完整或不完整的下凹漏斗状横板组成。鳞板带狭窄，由1~3列近于直立的斜长鳞板组成。鳞板带与横板带分界明显。隔壁刺不发育。出现于志留纪至中泥盆世，分布于亚洲及欧洲。我国产于南方中泥盆统。

【拖鞋珊瑚】

拖鞋珊瑚为皱纹珊瑚目的一属。单体泡沫型珊瑚。外形拖鞋状，一面平坦，另一面上凸呈半圆形，具半圆形萼盖。体内全为泡沫状小板。隔壁全为短脊状，对隔壁位于个体平的一面中央。生存于亚洲和欧洲早、中泥盆世及非洲、大洋洲、北美中泥盆世。我国产于南方下泥盆统郁红组。

【六异珊瑚】

六异珊瑚为异珊瑚目的一属。细长小型单体珊瑚，横切面六角柱状。仅有六个隔壁，且在中心相交，其中相对的两对隔壁各自形成“Y”形，尖端相连，并与另一对隔壁在中心相交成“十”字形。横板完整上拱。无鳞板。具灰质外壁。出现于早石炭世至中石炭世早期，分布于亚洲及欧洲。我国华南及西北下石炭统上部均有产出。

【链珊瑚】

链珊瑚为横板珊瑚目的一属。复体珊瑚，个体椭圆柱状。相邻个体间有细的间管毗连，横断面上单行排列成链状，各链又复相连成网格状。横板发育，平列或略下凹。隔壁刺不发育或具有12个呈辐射状排列的隔壁刺。出现于志留纪，分布于亚洲、欧洲及北美。我国多产于南方中、下志留统。此属根据壁刺的发育情况，又可分为发育壁刺的针链珊瑚亚属及壁刺不发育的狭义的链珊瑚亚属。

【蜂巢珊瑚】

蜂巢珊瑚为横板珊瑚目的一属。群体块状，外形半球状、圆饼状、板状或其他不规则形状。个体角柱状彼此紧密毗连，状如蜂巢。壁孔纵行排列，横板平直、规则。具隔壁刺。出现于晚奥陶世至中泥盆世，分布于亚洲、欧洲、北美及大洋洲。我国志留纪及泥盆纪地层中多有产出。

【通孔珊瑚】

通孔珊瑚为横板珊瑚目的一属。群体枝状。角柱状个体自群体轴部呈扇状向外生长，开口处与枝体表面直角相交。体壁之灰质加厚层由枝体轴部向边缘部逐渐加厚。壁孔发达，常单列。横板完整，水平排列，间距稀疏。壁刺发育差。出现于晚奥陶世至泥盆纪，分布于亚洲、欧洲、北美及大洋洲。我国多产于内蒙古、新疆、广西、云南及东北北部的泥盆系。

【笛管珊瑚】

笛管珊瑚为横板珊瑚目的一属。群体丛状，个体细圆柱状。连接管分布不太规则。横板漏斗状，有时可以发育轴管构造。隔壁刺发育或不发育。出现于奥陶纪至早二叠世，分布于亚洲、欧洲、北美及大洋洲。在我国志留系、泥盆系及石炭系中均有产出，以下石炭统最多。

【早坂珊瑚】

早坂珊瑚为横板珊瑚目的一属。群体丛状。个体棱柱状，断面近方形，也有呈圆柱状者。相邻个体以分布在棱上的规则四排连接管相连。横板一般完整，排列水平或倾斜。有时具一列鳞板。产于我国下二叠统，南方各地下二叠统下部栖霞组中十分丰富，石炭系中也偶有发现。

【日射珊瑚】

日射珊瑚为横板珊瑚目的一属。群体有块状或树枝状等各种外形，个体柱状，截面圆形或椭圆形，横板发育，隔壁缺失或发育为一般呈12纵列的隔壁刺。个体间由具有较密横板的角柱状细管或泡沫状组织组成的共骨相连。出现于中奥陶世至泥盆纪，分布于亚洲、欧洲、大洋洲及北美，在我国奥陶系、志留系及泥盆系中均有产出。日射珊瑚的一般特点与横板珊瑚十分相似，故多归入横板珊瑚目，但也有人认为这一类珊瑚隔壁构造数目稳定，一般为12纵列，呈刺状或板状，个体间由共骨相连，不具任何类似横板珊瑚的连接构造，而将其从横板珊瑚中分出，另建立日射珊瑚目。

【虫牙】

虫牙为环节动物门多毛纲动物口中成对的齿状颚，保存化石称为虫牙。虫牙为几丁质及硅质，化石呈黑色，由许多锯齿状板片组成，锯齿长短不一，形态变化大。虫牙体微小，属微古生物学研究范畴。出现于奥陶纪至现代。

【球结子】

球结子为三叶虫纲、球结子目的一属。体小，头部及尾部约等大，胸部两节。头部近圆形，无眼及面线。头鞍分为 2 个叶节，前叶圆形。头鞍之前有一纵沟。尾部也近圆形，中轴分 3 节，最后一节略膨大，但不伸达边缘。壳面光滑或具皱纹。出现于晚寒武世，分布于亚洲及欧洲。我国产于南方及西北上寒武统。过去将寒武纪至奥陶纪的头部尾部相等、胸分两节的小型三叶虫均泛称为球结子，现已详细分为许多属，并建立了一些新属与科，均隶属于球结子目。

【三瘤球结子】

三瘤球结子为三叶虫纲、球结子目的一属。头部及尾部均为半椭圆形，近等大。壳面光滑，背沟明显。头鞍较长，卵形，不分节。头鞍之前无中沟。尾轴短，约为尾长的一半，分 3 节。出现于奥陶纪，分布于亚洲、欧洲及美洲。产于我国西北地区的下、中奥陶统。

【褶纹球结子】

褶纹球结子为三叶虫纲、球结子目的一属。头部及尾部等大，近圆形。头鞍圆锥形，头鞍前叶近三角形，头鞍后部两旁分为两个小基底叶。尾轴三角形，尾缘无刺，壳的表面有沟纹或小点。出现于中寒武世，分布于亚洲、欧洲及美洲。我国产于南方及西北地区的中寒武统。

【假球结子】

假球结子为三叶虫纲、球结子目的一属。头部及尾部近等大，均为半圆形至半椭圆形。头鞍之前有一中沟。尾轴粗而短，其末端两侧具有向后扩张的斜沟一对，在中轴之后形成一假叶节。尾缘后侧边常有一对小侧刺。壳面光滑或具沟纹。出现于晚寒武世，分布于世界各地，极少见于中寒武世及早奥陶世。在我国北方及南方地区的上寒武统中均有产出。

【莱得利基虫】

莱得利基虫为三叶虫纲、莱得利基虫目的一属。头部大，半圆形。头鞍锥形或近柱形，头鞍沟显著，向后斜伸，中部连接或不连接。眼叶长大，弯曲成新月形，且靠近头鞍。内边缘极狭。固定颊窄，活动颊宽，具强颊刺。面线前支向前扩张与中轴成 45°~90°角。尾部小，不分节，具有一对小凸起。出现于寒武纪第二世第三期，分布于亚洲、大洋洲及非洲。我国产于北方的馒头组和西南的沧浪铺组及龙王庙组等。

【古油栉虫】

古油栉虫为三叶虫纲、莱得利基虫目的一属。头部半圆形。头鞍长方形，前端或略为扩大，头鞍沟三四对。眼脊长而明显，与眼叶相连，后端延至头部后边缘沟。内边缘发育。固定颊宽平，活动颊窄，具有颊刺。尾部小，中轴宽，分为一二节，肋部小，宽仅为轴部宽度的一半。出现于早寒武世中期，分布于中国及欧洲南部。我国主要产于南方下寒武统中部。

【叉尾虫】

叉尾虫为三叶虫纲、耸棒头虫目的一属。头盖近梯形。头鞍大，凸出显著，两边近平行，前端两侧有明显的凹坑，有 3 对短而不清晰的头鞍沟。颈环凸起，中部略宽，且有一长颈刺。前边缘极窄。固定颊狭，眼叶较小，位于中部。尾部大，近梯形，中轴柱状，凸起甚高。尾轴及肋部均分节明显，具五六对尾刺，后侧端的一对或两对尾刺粗而长，呈叉状，其余尾刺短小。壳面布满疣点。出现于中寒武世，分布于亚洲、欧洲及大洋洲。我国主要产于北方中寒武统上部张夏组。

【山东盾壳虫】

山东盾壳虫为三叶虫纲、褶颊虫目的一属。头盖短而宽，近方形。头鞍长方形，顶端极平。头鞍沟 3 对，后一对有时分叉。颈环凸起，中部宽，两侧较窄，具有一个向后并向上斜伸的颈刺。眼叶中等大小，眼脊凸起，近于平伸。固定颊宽度约相当头鞍宽度的一半。内边缘平缓凸起，宽度与眼前翼相同或稍宽。前边缘沟较宽且深。外边缘窄而凸起，中部较宽，两侧变窄。产于我国北方毛庄组。

【毕雷氏虫】

毕雷氏虫为三叶虫纲、褶颊虫目的一属。头部半圆形。头鞍短锥形，具3对浅头鞍沟，颈沟明显。内边缘及固定颊均宽大，无眼。活动颊极窄，具颊刺。尾部较小，分3节，边缘清楚。出现于中寒武世，分布于亚洲、欧洲及北美。我国主要产于北方中寒武统徐庄组，在中国云南与越南交界处也有发现。

【小裂头虫】

小裂头虫为三叶虫纲、褶颊虫目的一属。头鞍凸起，圆柱形，顶端圆，具3对头鞍沟。内边缘极窄，外边缘平而宽。眼叶中等大小，眼脊清楚。尾部长方形，中轴粗而短，分节清楚，肋部分节仅前一、二节明显。尾刺一对，较大，向后并向外分散延伸。产于我国北方中寒武统张夏组。

【德氏虫】

德氏虫为三叶虫纲、褶颊虫目的一属。头部宽，头鞍长，近柱状，向前逐渐收缩，具有3对短的头鞍沟。固定颊宽度约与头鞍宽度相等。眼叶中等大小，眼脊窄。无内边缘，外边缘宽而凸起。尾部大，半圆形，分节清楚。中轴锥形，后端圆。肋沟深，各肋节向外伸出长短不同的尾刺。壳面具疣点。出现于中寒武世，晚寒武世早期也有发现，分布于亚洲东部。我国主要产于北方中寒武统上部张夏组，在上寒武统下部崮山组也有产出。

【蝴蝶虫】

蝴蝶虫为三叶虫纲、褶颊虫目的一属。头部宽，头鞍长，锥形或截锥形，头鞍沟深而后斜。眼叶中等大小，约位于头盖中部，无眼脊。内边缘深凹，外边缘挠起。面线前支弧形，后支略成斜线伸延。尾部较小，尾轴锥形，后端尖。肋节伸出成刺。壳面光滑或具疣点。出现于晚寒武世，分布于亚洲。我国主要产于北方上寒武统下部崮山组，湖南也有产出。

【蝙蝠虫】

蝙蝠虫为三叶虫纲、褶颊虫目的一属。头盖近三角形。头鞍前窄后宽，具3对头鞍沟。固定颊窄，三角形，眼叶小，位于前端。尾部大，半圆形。中轴凸起，锥形或近柱形。前侧端向后伸出一对长刺，两刺之间尾缘成锯齿状或具较短的尾刺，形似蝙蝠，故称蝙蝠虫。壳面光滑或具疣点。出现于晚寒武世早期，分布于亚洲及欧洲。我国主要产于北方上寒武统下部崮山组，在湘西及云南中越交界处等地也有产出。

【双刺头虫】

双刺头虫为三叶虫纲、褶颊虫目的一属。头盖梯形。头鞍凸起，截锥形，头鞍沟不显著。背沟宽而深。前边缘宽而隆起，前侧端具一对向前伸出的弯曲长刺。颈环中部宽，向后引长成一长刺。眼叶极小，具有眼脊。尾部宽，半椭圆形，两端略尖。中轴短，分为四五节。边缘甚宽，其上有不规则线纹。产于我国东北南部上寒武统下部崮山组。

【蒿里山虫】

蒿里山虫为三叶虫纲、褶颊虫目的一属。头鞍截锥形，具一中脊，头鞍沟3对，第3对向后斜伸。颈沟明显，颈环中部宽，两侧窄。前边缘窄。固定颊的宽度约为头鞍宽度的一半。眼叶中等大小，位于中部，眼脊斜伸。尾部大，近方形，中轴细长，分为7节，肋部宽，第2对肋节向后延伸成一对粗壮侧刺，边缘窄而明显。壳面具疣点。我国产于北方上寒武统中部长山组。

【长山虫】

长山虫为三叶虫纲、褶颊虫目的一属。头鞍细长，锥形或截锥形，光滑。眼叶长，新月形，位于中后部。固定颊窄，内边缘宽平。尾部甚宽，前侧角向两端延长成菱形。尾轴长锥形，分为5节，边缘窄而明显。我国产于北方上寒武统中部长山组。

【济南虫】

济南虫为三叶虫纲、褶颊虫目的一属。头部及尾部一般均光滑，分节不明显。头盖近方形，前缘浑圆，后侧翼短小。头鞍与固定颊界限不清。眼叶中等大小，位于中部。尾部近三角形，长宽略相等，中轴不显，外壳破裂时隐约可见分节现象。壳面光滑或具有细小粒点。出现于晚寒武世晚期，分布于亚洲。我国产于北方上寒武统上部风山组。

【褶盾虫】

褶盾虫为三叶虫纲、褶颊虫目的一属。头鞍大，近柱形，具3对连接的头鞍沟。头鞍前叶圆球形，大而突出。前边缘极窄，无边缘沟。固定颊近三角形。眼叶小，位于前端。尾部横宽，中轴粗而凸起，肋部平，分为四五节。可具边缘。出现于晚寒武世，分布于亚洲及北美。我国产于北方上寒武统风山组。

【方头虫】

方头虫为三叶虫纲、褶颊虫目的一属。头盖除后侧翼外呈长方形。头鞍长柱状，中部具一纵脊，头鞍沟3对，均短而浅，眼叶小，位于中部稍前。前边缘宽平，无边缘沟，前侧角圆滑。壳面布有细粒点。出现于晚寒武世，分布于亚洲东部。我国产于北方上寒武统上部风山组。

【卡尔文虫】

卡尔文虫为三叶虫纲、褶颊虫目的一属。头鞍近长方形，两侧略向前收缩。颈环上有颈刺。固定颊窄。活动颊具有中等长度的颊刺。前边缘一般凸起，前边缘沟斜伸到头鞍前侧角。尾部近半椭圆形。中轴窄，明显地向后收缩。肋沟及间肋沟短，把每肋节分成不等的两部分。边缘极宽，有时尾轴之后的后缘可向前弯曲。壳面光滑或具疣点。出现于晚寒武世，分布于亚洲及北美。我国主要产于北方上寒武统上部风山组，在中国云南和越南交界处也有发现。

【却尔却克虫】

却尔却克虫为三叶虫纲、褶颊虫目的一属。头鞍长方形，前端浑圆，无头鞍沟及颈沟，颈环与头鞍完全融合，但与颈环两旁相对的后边缘仍然明显。内边缘凹下。眼叶位于头鞍中线的前方。固定颊自眼叶向后急剧变宽。面线前支在头盖前部边缘相遇略作半圆形，后支向后斜伸。胸分8节，肋节末端圆润，无肋刺。尾部半圆形，大小与头部相等，中轴7节，肋部四五节。出现于晚寒武世，分布于我国及大洋洲。我国产于西北及南方上寒武统。

【浆肋虫】

浆肋虫为三叶虫纲、褶颊虫目的一属。头鞍形，中后部膨大而成圆形，前部向前伸出成一前舌叶。头鞍沟二三对，不甚明显或完全缺失。颈沟清楚，颈环宽度约与头鞍前舌叶相当。眼叶极长，直接围绕在头鞍中后部圆形部分，其间无固定颊。胸部11~13节，中轴宽，肋部窄，肋节前边缘有一凸起与前一节后边缘的凹陷紧密结合。尾部小，近方形，中轴短，肋节长，后侧具有2对小刺。出现于奥陶纪，分布于亚洲、欧洲及北美。我国产于南方及西北地区的奥陶系。

【桐梓虫】

桐梓虫为三叶虫纲、褶颊虫目的一属。头盖光滑，前端尖，中部收缩。头鞍与固定颊的界限不明显，无头鞍沟及颈沟。眼叶小，位于中部。面线前支相遇于头盖的前端中部。尾部宽，近四边形。中轴长，前宽后窄，中轴及肋部分节均不太显著，具边缘，尾刺一对，向后斜伸，两尾刺之间的边缘内凹。我国产于南方下奥陶统下部。

【栉壳虫】

栉壳虫为三叶虫纲、褶颊虫目的一属。头鞍凸，前端微收缩，长度约为头盖长度的一半。头鞍沟3对，均呈坑状，不与背沟相连。眼叶中等大小，位于中部。固定颊窄，后侧翼宽，在头鞍的两侧有一对半圆形的叶状体。前边缘大而平，向前扩大。尾部近方形，中轴窄而凸，分为七八节，肋部分为六七节，边缘窄，平或略凹，在侧缘中部伸出一对尾刺。出现于早奥陶世，分布于亚洲及大洋洲。我国产于南方下奥陶统。

【古等称虫】

古等称虫为三叶虫纲、褶颊虫目的一属。背

壳前端和后端均圆滑，头鞍长，中部收缩，前端特别扩大。背沟宽而深。固定颊窄，后侧翼大。眼叶小。面线前支在头鞍的前下方相遇。胸部8节，中轴宽。尾部半圆形至半椭圆形，光滑，中轴窄而长，不分节，边缘宽而明显。我国产于北方地区的马家沟组下部。

【斜视虫】

斜视虫为三叶虫纲、褶颊虫目的一属。背壳卵圆形，中轴约占体宽的1/3。头尾大小约相等，均短而宽，无边缘。头鞍光滑，向前扩大，与前边缘的界限不清，无头鞍沟及颈沟。眼叶中等大小，位于后端。胸部10节。尾部光滑，中轴短，向后变窄，后端与肋部无明显分界。出现于奥陶纪至志留纪，分布于世界各地。我国南方及西北奥陶系中化石很多。

【三瘤虫】

三瘤虫为三叶虫纲、褶颊虫目的一属。头鞍前叶及颊部均凸起似三瘤，故得名三瘤虫。具3对短而深的鞍沟，第2对及第3对较长，有一中瘤。颈环无刺。颊部光滑，无侧眼粒。具宽阔饰边，由上、下两叶板组成。上叶板下凹，前部及侧部有放射状陷沟，沟内有上下串通的小陷孔。下叶板具极长的颊刺。胸部3节。尾部宽三角形，宽度约为长度的6倍，中轴窄，分节。出现于早至中奥陶世，分布于亚洲及欧洲。我国产于贵州的下奥陶统上部。

【南京三瘤虫】

南京三瘤虫为三叶虫纲、褶颊虫目的一属。头部宽，头鞍及颊部均凸起，头鞍有一明显的假前叶节。头鞍沟3对，后两对较明显。颊部无侧眼粒及眼脊。边缘分为凹下的内边缘及略为凸起的颊边缘，内边缘有3行排列在放射状陷坑内的小陷孔，颊边缘的前部有放射状排列的小陷孔，侧部的小陷孔则为不规则的互相交错排列。无颈刺。颊刺向外后伸或向后伸。尾部短，三角形，中轴窄，分节明显，肋部有3对深的肋沟。我国产于南方上奥陶统下部。

【小耳虫】

小耳虫为三叶虫纲、褶颊虫目的一属。头部半圆形，具长的颊刺。外边缘窄，内边缘较宽，边缘沟清楚。头鞍沟一对，斜伸至颈沟分出一对显著的基底叶。眼叶小，无眼脊。胸部第6节较其他各节大，并具一向后弯曲的长刺。尾小而短，中轴分5~7节，壳面具疣点。出现于中奥陶世至泥盆纪，分布于世界各地。我国产于湖南跳马涧组及吉林二道沟组。

【双切尾虫】

双切尾虫为三叶虫纲、褶颊虫目的一属。头部半椭圆形，宽度大于长度。头鞍大，前部相当膨大，头鞍基底叶大而明显，呈次三角形。颈环之前有一叶节，并有一横沟与颈环分界。眼叶大，约为头鞍长度的一半。固定颊窄。胸部9节。尾部明显分节，半椭圆形，边缘明显。中轴宽，凸出，由10~15节组成，肋部7~10节，从中部开始向边缘下弯。出现于晚石炭世至二叠纪，分布于世界各地。我国产于甘肃永昌上石炭统。

【瑞德隐头虫】

瑞德隐头虫为三叶虫纲、镜眼虫目的一属。头部宽大，次三角形，前边缘向前延伸成一个大的舌状物，其中后部隆起，前部成一轴脊。头鞍短，截锥形，头鞍沟3对。眼叶小，靠近头鞍。面线为角颊类型。尾部近圆形，中轴窄，前部呈锥形，后部近柱形，各肋节外端有一中沟。出现于早、中奥陶世，我国云南及湖北等地均有产出。

【王冠虫】

王冠虫为三叶虫纲、镜眼虫目的一属。头部近三角形，头鞍前沟不清楚。头鞍前端球形，后部窄，两侧平行。有3对互相连接、宽而深的头鞍沟及3节瘤状叶节。面线为前颊类型。固定颊长三角形，后端具一对长颊刺。壳面具有粗瘤，活动颊上有排列规则的齿状疣，一般9个。胸部11节。尾部长三角形，轴节数目较肋节多，中轴分节沟中部较浅，两侧较深，轴沟及肋沟较窄。出现于志留纪，分布于亚洲。在我国西南地区的秀山组、上翁项组及江苏坟头组中均有产出。

【小达尔曼虫】

小达尔曼虫为三叶虫纲镜眼虫目的一属。头

部及尾部近等大。头鞍前部扩大，略似五边形。头鞍沟 3 对，前一对斜，后一对分叉。前边缘极窄或缺失。面线为前颊类型。活动颊较大，固定颊的颊角具短颊刺。尾部大，近三角形，中轴宽，分节多。末端常具一枚刺。出现于中奥陶世至早志留世，分布于亚洲、欧洲、北美及北非。我国产于陕西南部的南郑页岩组及湖北、四川的观音桥组。

【镜眼虫】

镜眼虫为三叶虫纲镜眼虫目的一属。头鞍向前变宽，前端下弯或向前伸出。头鞍沟 3 对，前两对不显，后一对横越头鞍，形成一与头鞍前部明显区分的头鞍后环节。颊角圆润，无颊刺。面线为前颊类型。尾短，半圆形或短半圆形。出现于志留纪至泥盆纪，分布于世界各地。我国产于南方及东北、西北等地泥盆系。

【豆石介】

豆石介为介形亚纲的一属，壳长而大。似长椭圆形，通常超过 8mm。背边缘直，前背角和后背角明显。腹侧厚度强。两壳不等，右壳大，沿腹边叠覆左壳。铰合简单。在壳体前背部的 1/4 处有眼结节。壳面光滑或有粒状、细斑状饰纹。出现于奥陶纪至早泥盆世，分布于亚洲、欧洲和北美。我国产于云南等地。

【瘤石介】

瘤石介为介形亚纲的一属。背缘长直，壳面具 3 个显著的叶状凸起，其间隔瘤石介以槽，第 2 个叶状凸起圆而小，往往是孤立的；第 3 个叶状凸起较长，但也不与其他叶状凸起相连。孵育囊近球形或卵形，位于壳体的后腹部。出现于奥陶纪至石炭纪，分布于亚洲、欧洲及美洲。我国产于湖北等地。

【原始介】

原始介为介形亚纲的一属。壳小，椭圆形，背缘直。两壳大小相等。壳面靠近背部具有小而清晰的中槽，其两侧无明显的瘤凸。出现于奥陶纪至二叠纪，分布于亚洲、欧洲及美洲。在我国奥陶纪、泥盆纪及石炭纪地层中均有产出。

【女星介】

女星介为介形亚纲的一属。壳体近三角形、卵形和椭圆形，前端较宽。背缘直，壳前 1/3 处最高，呈角状凸起。前腹角处有一喙，喙后为凹痕。两壳不等大，左壳叠覆右壳。壳面光滑或具网纹、结节或刺等壳饰。女星介根据其壳喙、凹痕及壳饰特点等可分为若干亚属。常见于世界各地陆相中生代地层中，新生代地层中也有发现。我国陆相侏罗纪及白垩纪地层中分布很广，是常见的一种重要化石。

【达尔文介】

达尔文介为介形亚纲的一属。壳体长，楔形，前端窄而扁，后端宽而钝圆。背边缘近直，腹边缘微向内弯。两壳不等。肌痕左右对称似肋叶状，位于壳的中前方。出现于中石炭世至现代，分布于亚洲及欧洲。我国产于山东新第三纪。

【玻璃介】

玻璃介为介形亚纲的一属。壳体肾形，较长，后端高。背边缘直或向外弯，腹边缘内弯。钙化襞宽。肌痕梅花形。壳面光滑。出现于白垩纪至现代，新生代最盛，分布于亚洲、欧洲及美洲。在我国吉林、黑龙江白垩系均有产出。

【土星介】

土星介为介形亚纲的一属。壳肾形，前端稍宽于后端，凸度不大，背缘直，腹缘中部内凹。壳的中部具一中粒痕，前背部 1/3 处有两条向腹方延伸的槽。壳面饰有瘤、刺、结节及网纹。铰合构造简单。出现于第三纪至现代，分布于亚洲、欧洲及美洲。我国的化石主要产于新生代陆相地层及滨海相沉积的陆相夹层中。

【赫尔特介】

赫尔特介为介形亚纲的一属。壳体小，近卵形或三角形，背边缘弯曲，中间常高起。前端宽圆，后端尖圆。左壳大，整个叠覆右壳。后端有一二条向后延伸的粗刺。壳面光滑或呈斑状。出现于晚泥盆世至二叠纪，分布于亚洲、美洲。我国产于广西上泥盆统。

【小浪花介】

小浪花介为介形亚纲的一属。壳卵形至近长方形，背视前端较窄，后端较宽。右壳大，沿周缘叠覆左壳。小浪花介的铰合构造为右壳具一边缘浅沟，左壳则为一凸边。壳面光滑，或具斑点，没有粗大壳饰。出现于侏罗纪至现代，分布于亚洲、欧洲、美洲。我国产于珠穆朗玛峰上白垩统及下第三系。

【利希特介】

利希特介为介形亚纲的一属。壳卵形，壳面饰有条纹，凹痕显著或缺失，没有沟。出现于泥盆纪，分布于亚洲及欧洲。我国产于广西上泥盆统。

【单锥刺】

单锥刺为牙形刺的一属。单锥型，外形似微弯的牛角，两侧对称，侧方扁平，前后缘均具棱脊，侧面中线具隆脊。出现于晚寒武世至早石炭世，分布于世界各地。在我国河北、贵州等地已有发现。

【欣德刺】

欣德刺为牙形石的一形态属，复合型，刺体直而长，主齿明显，接近刺体前方。前齿耙短，常向侧方弯曲，后齿耙长，细齿排列紧密，通常大小交替出现。基腔小。出现于志留纪至三叠纪，分布于北美、欧洲、非洲及亚洲。在我国云南、贵州、广西等地泥盆纪及石炭纪地层已发现多种。

【多颚刺】

多颚刺为牙形石的一形态属。台型，齿片上细齿高于齿台或与齿台等高。齿台简单，前后端较窄，通常有肋脊或疣齿，反口面有龙脊和同心生长线。基腔位于齿台下方并与齿片下方的齿槽相通。出现于早泥盆世至早石炭世，分布于世界各地。在我国四川、贵州、广西等地已发现多种。

【树笔石】

树笔石为树形笔石目的一属。笔石体呈树形，始部具有茎和根状构造。笔石枝分枝不规则，在枝间无横靶等连接。正胞管为管状或部分孤立，副胞管形状不定。出现于中寒武世至早石炭世，分布于世界各地。我国主要产于华北及东北南部下奥陶统冶里组及湖北等地下奥陶统分乡组。

【网格笔石】

网格笔石为树形笔石目的一属。笔石体呈锥形或盘形。笔石枝为正分枝，各枝平行或近于平行，枝间有横靶连接，形成网格状。正胞管为直管状，副胞管形状不定。出现于晚寒武世至早石炭世，分布于世界各地。我国主要产于北方及南方下奥陶统，四川下志留统、新疆下泥盆统及北方上寒武统凤山组也有发现。

【无羽笔石】

无羽笔石为树形笔石目的一属。笔石体呈锥形或不规则。笔石枝为规则的正分枝，各枝平行或近于平行，枝间横靶少或无横靶。正胞管为直管状，副胞管形状不定。出现于中寒武世至早石炭世，分布于世界各地。我国主要产于华北及东北南部下奥陶统冶里组，贵州下奥陶统锅塘组及山西上寒武统凤山组也有发现。

【刺笔石】

刺笔石为树形笔石目的一属。笔石体呈灌木状，分枝不规则。胞管细长，几个胞管互相紧靠，形成芽枝，左右排列，好像枝上生刺。出现于晚寒武世至志留纪。分布于亚洲、欧洲、大洋洲及北美。我国主要产于湖北下奥陶统分乡组。

【反称笔石】

反称笔石为树形笔石目的一属。笔石体平伸或近平伸，3 个原始枝各正分若干次，通常达到 5 级枝或 6 级枝。胞管性质和树笔石相似。出现于早奥陶世。分布于亚洲、欧洲、大洋洲及北美。我国产于辽宁、广东及浙江下奥陶统下部。

【劳氏笔石】

劳氏笔石为正笔石目、无轴亚目的一属。笔石体水平伸展，正分枝四五次，前三四级枝较短，末级枝长。胞管为直管状，单列。出现于早奥陶世，分布于世界各地。我国产于浙江下奥陶统宁国组及祁连山下奥陶统石灰沟页岩组。

【翼笔石】

翼笔石为正笔石目、无轴亚目的一属。笔石体两主枝下垂或下斜生长，每一主枝的两侧生出相间排列的侧枝。胞管为细长直管状。出现于早奥陶世晚期，分布于亚洲、欧洲、大洋洲及南美。我国产于西北及湖南、浙江、江西、安徽等地下奥陶统上部。

【四笔石】

四笔石为正笔石目、无轴亚目的一属。笔石体两边对称，具有四个笔石枝。笔石枝下斜、平伸或上斜生长。胞管为直管状，单列。出现于早奥陶世，分布于世界各地。我国产于南方宁国组、大湾组及南祁连山石灰沟页岩组等。

【对笔石】

对笔石为正笔石目、无轴亚目的一属。笔石体两边对称，仅有两个笔石枝。两枝下垂、下斜、平伸或上斜生长。胞管为直管状，单列。出现于早奥陶世至中奥陶世，分布于世界各地。我国主要产于南方各省、南祁连山及华北下奥陶统，中奥陶统也有发现。

【断笔石】

断笔石为正笔石目、无轴亚目的一属。笔石体只有一个下斜至平伸生长的笔石枝，很像断落一枝的对笔石。胞管为简单的直管状。出现于早奥陶世，分布于亚洲、欧洲及美洲。我国产于南方下奥陶统。

【中国笔石】

中国笔石为正笔石目、无轴亚目的一属。笔石体由两个下曲的笔石枝组成。胞管强烈曲折，始部形成背褶，末部形成腹褶，背褶和腹褶的顶端均具有相当发育的刺。出现于早奥陶世，分布于中国及北美。我国产于南方宁国组。

【奇笔石】

奇笔石为正笔石目、无轴亚目的一属。笔石体平伸生长，具有两个原始枝，其中一枝又正分枝成两个次级枝，因而形成具有 3 个笔石枝的笔石体。胞管始部具有背褶，口穴相当显著。出现于早奥陶世，分布于中国及北美。我国产于南方宁国组。

【丝笔石】

丝笔石为正笔石目、无轴亚目的一属。两个纤细的笔石枝从胎管中部伸出与胎管构成“十”字形，枝常弯曲，有时弯成“3”形。在主枝的腹侧又生出若干次枝，次枝间的距离近等。胞管长管状，呈波浪状弯曲。出现于中奥陶世，分布于亚洲、欧洲、大洋洲及北美。我国产于甘肃平凉组及浙西胡乐组、鄂西庙坡组等。

【叉笔石】

叉笔石为正笔石目、无轴亚目的一属。笔石体具两个笔石枝，两枝上斜生长呈叉状。胞管曲折，口部向内转曲，口穴显著，即叉笔石式胞管。出现于奥陶纪，分布于亚洲、欧洲、大洋洲及北美。我国主要产于南方的中、上奥陶统，如中奥陶统胡乐组及上奥陶统五峰组，祁连山下奥陶统也有产出。

【纤笔石】

纤笔石为正笔石目、无轴亚目的一属。笔石体由两枝组成，两枝平伸或上斜，枝细而微曲。胞管波状弯曲，即纤笔石式胞管。出现于奥陶纪，分布于亚洲、欧洲、大洋洲及北美。在我国南方奥陶系下、中、上统均有产出。

【双头笔石】

双头笔石为正笔石目、无轴亚目的一属。笔石体由两枝组成，始部攀合，末部分开，仍为两个单列的枝，笔石体外形像“Y”字形。胞管性质和叉笔石相同，口部向内转曲，口穴显著。出现于中奥陶世至晚奥陶世，分布于亚洲、美洲及大洋洲。我国多产于南方及西北中奥陶统。

【棠垭笔石】

棠垭笔石为正笔石目、无轴亚目的一属。笔石体两主枝上斜生长，每枝背侧具有不成对的次枝，胞管细长，口部向内转曲，口穴显著，即叉笔石式胞管。产于我国南方上奥陶统五峰组。

【叶笔石】

叶笔石为正笔石目、隐轴亚目的一属。笔石体由四个攀合的笔石枝组成，横切面呈“十”字形，胞管简单，掩盖部分大。出现于早奥陶世，分布于世界各地。我国产于南方及祁连山下奥陶统。

【假三角笔石】

假三角笔石为正笔石目、隐轴亚目的一属。笔石体为四个攀合的笔石枝组成的长纺锤体，每个枝的横切面近于三角形，四枝背部及侧面均互相靠拢，使笔石体的横切面呈圆形或近正方形。胞管口部为扁宽的多边形，始端尖窄，形似压扁的漏斗，全部掩盖。此属保存为完好的立体标本时，可见4个笔石枝，但一般标本常易裂开，仅露出两枝并列的侧面。出现于早奥陶世至中奥陶世，分布于亚洲、欧洲、大洋洲及北美。我国产于南方宁国组、大湾组及祁连山石灰沟页岩组。

【舌笔石】

舌笔石为正笔石目、隐轴亚目的一属。笔石体由上攀的两枝组成。两枝侧面相迭，形成单肋式排列，侧视多仅见一列胞管。胞管为直管状，具强硬的胞管口刺。出现于奥陶纪，分布于亚洲、大洋洲、欧洲及北美。我国产于南方及西北下、中奥陶统。

【双笔石】

双笔石为正笔石目、有轴亚目的一属。笔石体具双列胞管，横切面为卵形。始部胞管弯曲，形成方形口穴，似栅笔石式胞管，末部胞管为直管状。出现于奥陶纪至早志留世，分布于亚洲、欧洲、美洲、大洋洲。我国多产于南方上奥陶统上部及下志留统，祁连山下奥陶统也有产出。

【雕笔石】

雕笔石为正笔石目、有轴亚目的一属。笔石体具双列胞管，横切面近圆形。胞管腹缘波状曲折，口部有时稍向内曲，口缘通常呈波形弯曲。出现于早奥陶世至早志留世。分布于亚洲、欧洲、美洲及大洋洲。我国多产于南方下、中奥陶统及下志留统。

【栅笔石】

栅笔石为正笔石目、有轴亚目的一属。笔石体直，具双列胞管。胞管强烈弯曲，腹缘呈现“S”形曲折，形成方形口穴，即栅笔石式胞管。出现于奥陶纪至早志留世，分布于世界各地。在我国南方及西北的奥陶系及下志留统中均有产出。

【细网笔石】

细网笔石为正笔石目、有轴亚目的一属。笔石体具双列胞管，胞管直，倾角大，全部掩盖。体壁退化，成为网状，具有大网及细网，两中间线条，一直一曲。出现于早志留世至中志留世，分布于亚洲、欧洲及北美。我国产于南方下、中志留统。

【单笔石】

单笔石为正笔石目、有轴亚目的一属。笔石体仅有一个笔石枝。胞管单列，口部向外弯曲，呈钩状。出现于志留纪至早泥盆世，分布于世界各地。我国产于南方及西北等地志留系；在西藏珠穆朗玛峰及广西、滇西、川西等地的下泥盆统中也有发现。

【耙笔石】

耙笔石为正笔石目、有轴亚目的一属。笔石体仅有一个笔石枝，细而弯曲。胞管细长孤立，没有掩盖，口部向内弯曲。出现于早志留世，分布于亚洲、欧洲及北美。我国产于南方及祁连山下志留统。

【锯笔石】

锯笔石为正笔石目、有轴亚目的一属。笔石体直或微曲，仅有一个笔石枝。胞管为简单的直管状。出现于志留纪，分布于亚洲、欧洲、大洋洲及北美。我国多产于南方地区的志留系。

【螺旋笔石】

螺旋笔石为正笔石目、有轴亚目的一属。笔石体仅有一个笔石枝，螺旋状卷曲，胞管单列，向外弯曲呈钩状，常具有口刺。出现于志留纪，分布于亚洲、欧洲、大洋洲及北美。我国产于南方地区及祁连山的下志留统。

【新单笔石】

新单笔石为正笔石目、有轴亚目的一属。笔石体仅有一个笔石枝，上攀生长。胞管单列，为新单笔石式，即其口部向后退缩，形成明显的口穴。胎管宽锥形，口部宽大，呈喇叭状。出现于早泥盆世，分布于亚洲、欧洲、大洋洲及北美。我国产于珠穆朗玛峰、川西及云南等地的下泥盆统。新单笔石胞管的外形颇似志留纪的单栅笔石，但其胞管间的缝合线是斜的，而单栅笔石胞管间的缝合线则是直的。

【单栅笔石】

单栅笔石为正笔石目、有轴亚目的一属。笔石体一枝上攀，胞管腹部强烈褶曲，膝上腹缘直，与轴平行，胞管间缝合线直，口穴多呈方形。出现于早志留世，分布于世界各地。我国产于南方及西北地区的下志留统。

【弓笔石】

弓笔石为正笔石目、有轴亚目的一属。笔石体的一个主枝弯曲或卷曲，从主枝的胞管口部生出幼枝，有的幼枝又再生出二级幼枝或更高级的幼枝。胞管一般为三角形。出现于中志留世，分布于亚洲、欧洲、大洋洲及北美。我国产于南方及西北地区的中志留统。

【中华反向笔石】

中华反向笔石为正笔石目、有轴亚目的一属。笔石体具有一个上攀的主枝及一个胎管幼枝，主枝及胎管幼枝均生有胞管幼枝，所有胞管幼枝均向其母枝的背侧方向伸出，排列规则。胞管向外卷曲，为卷笔石式。我国产于四川南江的下志留统。

【沟鳞鱼】

沟鳞鱼为胴甲鱼目、沟鳞鱼科的一属。头部及胸部覆以甲片。头部较小，背面覆以坚厚甲片；胸部背、腹面由十余块骨片连接成匣状。头甲六边形，眶孔中位。后松果片小，与侧片之间为中颈片所隔开。后侧片与后背侧片愈合为复合侧片。胸鳍分为两节，中间有关节相连，向后超过躯甲长度。头甲和躯甲背部具“V”字形感觉沟。在我国湖南、广东、广西、贵州、云南、宁夏等地的中泥盆统中均有此类化石。

【弓鲛】

弓鲛为软骨鱼纲、板鳃亚纲、弓鲛目中的一属。其牙齿及背鳍棘刺常可保存为化石，常见于中生代。牙齿略呈“山”形，常单个保存。背鳍两个，鳍前具坚硬棘刺。棘刺化石表面常具纵行的纹饰凸起等，后缘常具锯齿。由于牙齿及背刺不能同时保存为化石，故根据牙齿或背刺分别建立的属间关系是不清楚的。在我国云南、四川、甘肃、陕西等地的三叠纪地层中均发现此类化石。

【北票鲟】

北票鲟为软骨硬鳞鱼类、鲟鱼目的一属。鲟类除内骨骼全部为软骨质外，其外骨骼（鳞片）亦退化，只有数列纵行骨板，故鱼体几乎全部裸露无鳞。北票鲟体小，长约20cm，呈梭形。头略低平，吻圆钝。只具小的侧线鳞。尾歪型。我国产于辽宁北票侏罗纪地层。

【中华弓鳍鱼】

中华弓鳍鱼为弓鳍鱼目、中华弓鳍鱼科的一属。体形细长，背鳍基长，尾鳍后缘圆形。口裂中等，具尖锥形齿。体被菱形硬鳞，其外露部分具闪光质层，鳞片后缘有锯齿。化石首先发现于山东蒙阴上侏罗统，以后陆续发现于陕西、甘肃、青海、内蒙古、浙江、安徽等地。

【狼鳍鱼】

狼鳍鱼为硬骨鱼纲、狼鳍鱼目的一属。体小，长纺锤形，椎体为脊索所洞穿。上、下颌骨上都有小而尖的牙齿。背鳍位置偏后，与臀鳍近于相对。有上神经棘。尾正型，最末尾椎骨向上扬。鳞片圆形。生活于淡水，主要产于我国北方，晚侏罗世地层中化石甚多。

【满洲鱼】

满洲鱼为原始真骨鱼类，属鲑形目。体长约

5cm。被圆鳞，大而薄。头长约为全长的 1/4，为头高的 1.5 倍。口裂中等，口缘无齿，背鳍基短，位于背部中点；胸鳍长；腹鳍腹位，起点略后于背鳍起点；臀鳍小，靠后；尾鳍为正型尾，深分叉，有较大的尾棱鳞。具上神经棘和上髓弓小骨。发现于我国东北早白垩世地层中。

【拉蒂曼鱼】

拉蒂曼鱼为又称“矛尾鱼”，为残存至现代的总鳍鱼类，1938 年首次在非洲南部海中捕获，近年又多次发现，是著名的“活化石”。

【禄丰龙】

禄丰龙为蜥形纲、蜥臀目的一属，因化石首次发现于我国云南禄丰而得名。体高 2~3m，长 4~5m。头小。牙少而扁平，有的呈粗大的锯齿状。颈部很长，尾大而长，尾椎骨 45 个或稍多。前肢特短，后肢长大，用后足行走。主要以植物为食。发现于早侏罗世地层。我国产于云南禄丰下禄丰群。

【马门溪龙】

马门溪龙为蜥形纲、蜥臀目的一属，包括 8 个种，其中两个种较为著名，一个为发现于四川宜宾马门溪的建设马门溪龙，身长 13.16m，高约 3m；另一个为发现于四川合川的合川马门溪龙，身长 22m，体高 3.5m，是迄今为止在我国发现的最大的蜥臀目化石。马门溪龙头小，长不到半米，颈长，四足行走，后肢比较瘦小。生活于湖泊沼泽地带，大部分时间生活在水中，以植物为食。我国产于四川合川、宜宾及甘肃永登晚侏罗世地层。

【霸王龙】

霸王龙是已知最大的食肉恐龙之一，为蜥形纲、蜥臀目、兽脚亚目的一属。身长约 13m，体重 6~8t。头大颈短，颌骨甚长，牙齿锐利，前肢纤小，后肢粗壮，用后足行走。产于北美上白垩统。

【鹦鹉嘴龙】

鹦鹉嘴龙为蜥形纲、鸟臀目、鸟足亚目的一属。是身体很小的恐龙，大小与家犬相似。头骨短，宽而高，吻尖，具角质喙，向下弯曲，很像鹦鹉的嘴，因而得名。两足行走，陆地生活，以植物为食。亚洲早白垩世地层中分布很广。在我国山东、内蒙古、辽宁等地均有产出。

【青岛龙】

青岛龙为蜥形纲、鸟臀目的一属。是中华人民共和国建立后最早发现的完整恐龙骨架，化石发现于青岛附近，故得名青岛龙。体长 6.6m，身高 4.9m。头骨鼻部向上向前伸出一长棘。前肢短小，后肢粗大，主要用后足行走。尾长。以植物为食，两栖习性，生活于池沼湖泊及沿岸地带。我国产于山东莱阳上白垩统。

【恐龙蛋】

恐龙类产的卵具有坚厚的外壳，易保存为化石，即为恐龙蛋。蛋为卵圆形，常整窝保存。我国河南西峡、山东莱阳、广东南雄、江西赣州等地白垩纪地层中均发现有丰富的恐龙蛋化石。山东莱阳的恐龙蛋化石可分为两种，一种为短圆蛋，蛋形短圆，长径为 80~95mm，短径为60~74mm，壳厚 2~3m，壳面具小丘状的凹凸。一种为长形蛋，蛋形长而扁，一端钝，一端略尖，长径可达 170mm，短径约为 60mm，壳厚 1~2mm，壳面粗糙，具虫条状刻纹。江西赣州发现的恐龙蛋化石，有一窝共 24 枚，分为三层，为椭圆形的圆圈呈放射状排列。

【始祖鸟】

始祖鸟为最早的鸟类化石，最初发现于德国上侏罗统，大小如乌鸦，体外被有羽毛，前肢已变为翼，有由锁骨愈合形成的叉骨，耻骨向后伸长，足具四趾，这些特征与鸟类相似。但始祖鸟却又具有由多节尾椎组成的长尾，双凹形椎体，胸骨不发达，没有龙骨，骨骼本身没有气窝，颚上有齿，已变成翼的前肢上还有 3 个分开的指骨，尖端具爪等，这些特征又不同于鸟类而与爬行动物相似。故始祖鸟是爬行动物演化到鸟类的过渡类型，为现代鸟类的祖先，代表了脊椎动物由陆地向空中发展的一支。始祖鸟具有较发育的羽毛及翼，已是温血动物，但从其骨骼特点来看，始祖鸟还是一种飞行能力较低、仅能在树枝间滑翔的原始鸟类。

【鸵鸟蛋】

鸵鸟蛋为鸵鸟的卵化石，我国北方更新统中常有产出，分布很广，安徽等地也有发现。尤以产于更新世黄土中的安氏鸵鸟蛋为常见，蛋化石呈椭圆形，长径167~193mm，短径135~155m，壳厚2~2.6mm，多为浅黄色，壳面光滑，或因溶蚀而呈粗糙状。有时能与蛋化石一起发现鸵鸟的骨骼化石。

【卞氏兽】

卞氏兽为近似哺乳动物的一种古爬行动物。牙齿已初步分化，身体骨骼上也有许多与哺乳动物相似的性质。但下颌骨不是由单一的齿骨组成，仍有关节骨与上隅骨的残余，这一点又与哺乳动物不同，而显示了爬行动物的特征。故认为卞氏兽属于由爬行动物演化到哺乳动物的一类未成功的分支。化石产于我国云南禄丰下禄丰群。

【远藤兽】

远藤兽为哺乳纲中接近于真兽亚纲祖先类型的一属。化石采自我国辽宁阜新东北约10km的新邱煤矿晚侏罗世或早白垩世地层中，共生的还有狼鳍鱼和蜥蜴化石。标本仅为一下颌残段，带有第1至第3臼齿，全长不超过2cm，下臼齿三角座高，跟座很低，由3个大小相等的尖组成，是我国目前已经发现的唯一确切的中生代接近于真兽亚纲祖先类型的化石，也是世界上少数几个时代最老的这类化石之一，具有较高的科学价值。目前对它的分类位置和时代还有不同意见。

【鬣狗】

鬣狗属哺乳纲、鬣狗亚科，体形似狗，但颈部具鬣毛，后肢较前肢短而弱，以动物尸体为食，多夜间活动。其裂齿（上第四前臼齿及下第一臼齿）发达。鬣狗毛皮上具暗色条纹，现代产于非洲和亚洲，我国更新世早期及中期发现极多。更新世中晚期发现较多的是鬣狗亚科中的另一属，其毛皮具暗色斑点，现代只生于非洲，名斑鬣狗或缟鬣狗。

【斑鬣狗】

斑鬣狗又称“缟鬣狗”，属哺乳纲、鬣狗亚科。其外形与鬣狗相似，唯毛皮具暗色斑点为其特征，现代只分布于非洲，更新世中晚期在我国发现较多的是最后斑鬣狗，北部尚有洞穴斑鬣狗等，但以前者分布较广泛。

【大熊猫】

大熊猫为哺乳纲、真兽亚纲、食肉目的一属。体形似熊，但头部较圆，吻部和鼻部较短，又与熊不同。牙齿宽大，多瘤状，前臼齿复杂，臼齿低冠，齿带发达，第1上臼齿方形，第3上臼齿长三角形，下臼齿的跟座有许多成泡沫状的瘤状尖。主要以嫩竹为食。化石分布于亚洲更新统，是广布于我国南方各地第四纪洞穴堆积中大熊猫-剑齿象动物群的主要成员，现仅分布于我国四川、陕西及甘肃省内的狭小地区。

【铲齿象】

铲齿象为哺乳纲、真兽亚纲、长鼻目的一属。上颌骨前面部分宽扁，门齿退化。下颌骨接合部宽，呈长匙状，下颌骨与宽扁门齿连在一起形成方头铲形。颊齿为丘形-脊形齿。产于亚洲、欧洲中新统及北美上新统。在我国内蒙古、甘肃、陕西、宁夏等地的中新统中均有化石产出。

【剑齿象】

剑齿象为哺乳纲、真兽亚纲、长鼻目的一属。与现在的象类同属于真象科。上门齿长大，弯度很小。下颚短。臼齿低冠至半高冠。中间臼齿有6~11个横脊，最后一个臼齿有9~15个横脊。产于亚洲上新统至更新统。我国是世界上剑齿象化石种最多的国家，东方剑齿象是我国南方更新世大熊猫-剑齿象动物群的主要成员。1973年1月在甘肃合水县发现一具剑齿象化石，身高4m，体长8m，门齿长3.03m，是目前世界上已知个体最大、保存最完整的剑齿象化石，命名为黄河剑齿象，简称黄河象。

【真猛犸象】

真猛犸象为哺乳纲、真兽亚纲、长鼻目、真象科的一种。大小与近代象相近，是高度特化的真象类。体外被有长毛，故又名长毛象。头骨短而高，正面呈弓形，侧视顶部呈圆顶三角形，额部下凹，枕脊部凸起很高。门齿长大，强烈弯曲并旋卷，最长的可达5m。臼齿宽大，高冠，第三臼齿有个齿板，排列整齐而紧密。时代为更新世晚期，甚至可能到全新世初期。分布于亚洲、欧洲及北美阿拉斯加的寒冷地区，在西伯利亚北部冻土层中和北美阿拉斯加半岛都曾发现皮肉保存完好的个体。我国东北及内蒙古更新统中也发现有真猛犸象化石。真猛犸象是我国东北地区更新世晚期动物群的代表动物，一般把这个动物群称为猛犸象动物群或猛犸象-披毛犀动物群。

【三趾马】

三趾马为哺乳纲、真兽亚纲、奇蹄目的一属。身体较现代马稍小。前后肢均各有三趾，中趾很粗，侧趾较小。生活于草原及湖沼地区。化石大量发现于欧洲、亚洲、非洲及北美的上新世地层中，非洲更新统中也有产出。在我国华北上新统中化石很多。

【披毛犀】

披毛犀为哺乳纲、真兽亚纲、奇蹄目的一种。体披长毛，头具前后排列的双角，分别长在鼻骨与额骨上。门齿退化，臼齿齿冠高，外壁呈波浪状。上臼齿呈“Π”形，二横脊很斜，彼此平行，前刺及小刺均发达。下臼齿前叶近方形，后叶呈新月形，前叶比后叶长。生活于寒冷地区，产于亚洲、欧洲及北非更新统。在我国北方上更新统中化石很多。

【巨犀】

巨犀为哺乳纲、真兽亚纲、奇蹄目的一属。体格庞大，身高可达4~5m，为已知最大的陆生哺乳动物。头、颈及四肢均很长，头长1m多，但与躯干相比仍然较小。头上无角，有一对钝的门齿，臼齿低冠。以植物为食。产于亚洲、欧洲东部渐新统。最早和比较原始类型的化石发现于我国始新世地层中，在我国内蒙古、宁夏及云南等地均有发现。

【古鼷鹿】

古鼷鹿为哺乳纲、真兽亚纲、偶蹄目的一属。是反刍动物（如鹿、牛、羊等）的祖先类型。个体小，无角，四肢长，背脊弯曲，具长尾，上臼齿方形，臼齿由四个新月形小尖组成，前臼齿未臼齿化。尺骨、腓骨完整。前后足中有四枚分离的掌骨或骨，中间的二枚稍长。我国产于内蒙古、新疆、云南、广西等地上始新统。

【肿骨鹿】

肿骨鹿为哺乳纲、真兽亚纲、偶蹄目、鹿科、大角鹿属的一种。头骨和四肢骨粗壮，下颌骨有明显肿厚现象，因而得名。角相当大而粗壮；眉枝垂直扁平；主枝圆筒状，但远端呈掌状分叉，掌状面与眉枝形成45°夹角，或掌状面几乎平行于眉枝的面。臼齿大而低冠，为新月形齿。在我国华北中更新统中化石很多。

【皇冠鹿】

皇冠鹿为哺乳纲、真兽亚纲、偶蹄目的一属。原始的鹿类，个体小。角呈掌状，成年的个体角具6~8个分叉，幼年与老年的较少，分叉从掌状的中心部分近水平伸出。角柄相当长，与掌状角的中心部分直接相接，无基节部。分布于亚洲及欧洲中新统。我国产于北方地区的中新统上部。